Проф. д-р Борис Бигальке (Prof. Dr. Boris Bigalke)

Едим бессмертно (Yedim bessmertno)

Профессор д-р мед. Борис Бигальке работает старшим врачом и руководителем квалификационного центра DGK CardioMRI в Немецком кардиологическом центре Шарите (DHZC), кампус Бенджамина Франклина, клиника кардиологии, ангиологии и медицины интенсивной терапии. Медицина интенсивной терапии. Кроме того, он занимается комплементарной медициной: традиционной китайской медициной (ТКМ), традиционной тибетской медициной (ТТМ) и теорией движения в йоге в качестве побочного направления. Профессор Бигальке является специалистом по внутренней медицине и имеет специализацию и дополнительную квалификацию в области кардиологии, акупунктуры, диетологии DAEM/DGEM® и специализированной магнитно-резонансной томографии. После изучения медицины человека в Свободном университете Берлина он продолжил свою научную и клиническую карьеру в Университете Эберхарда-Карла. Тюбингенском университете. Дальнейшее обучение привело его к хирургии в Медицинском центре LIJ, Медицинский колледж Альберта Эйнштейна, Нью-Йорк, США, к ТКМ в Сотрудничающем центре ВОЗ, Пекин, Китай, и к ТТМ в Тибетском центре исцеления Кусар, Дхарамсала, Химачал-Прадеш, Индия.
Во время долгосрочной научной стажировки он также работал в Королевском колледже Лондона, отделении Колледж Лондона, отделение наук об изображениях и биомедицинской инженерии Лондон в качестве доцента/почетного преподавателя. Он также получил степень магистра делового администрирования (MBA) в области управления здравоохранением в Колледже Магна Карта, Оксфорд, Великобритания, и степень магистра права (LL.M.) со специализацией в области медицинского права в Дрезденском университете. Магистр права (LL.M.) по специальности "Медицинское право" в Дрезденском международном университете.
Он является ассоциированным редактором журнала "ESC Heart Failure", рецензентом различных медицинских журналов и автором более 130 научных рецензируемых публикаций. Профессор Бигальке был признан лучшим врачом Германии в категории кардиологической спортивной медицины в FOCUS-Gesundheit 2021 года, а также в категориях гипертонии и диетологии в 2023 и 2024 годах.врач в Германии.

Проф. д-р Борис Бигальке (Prof. Dr. Boris Bigalke)

Едим бессмертно:

Новаторские идеи для вечной молодости, взрывной энергии и жизни на полную катушку!

(Yedim bessmertno:
Novatorskiye idei dlya vechnoy molodosti, vzryvnoy energii i zhizni na polnuyu katushku!)

Отказ от ответственности:
Содержание этой книги представлено в меру наших знаний и добросовестности и соответствует современному уровню научных знаний. Представленное здесь содержание предназначено исключительно для нейтральной информации и общего образования. Оно не является рекомендацией или рекламой описанных или упомянутых методов диагностики, лечения или лекарств. Приведенные инструкции, упражнения и советы могут помочь не каждому читателю и основаны исключительно на личном мнении. Содержание книги не претендует на полноту, а также не может быть гарантировано своевременность, точность и сбалансированность представленной информации. Содержание этой книги ни в коем случае не заменяет профессиональной консультации врача, фармацевта, физиотерапевта и/или лицензированного фитнес-тренера, и не должно использоваться в качестве основы для самостоятельной диагностики, а также для начала, изменения или прекращения лечения заболеваний. Всегда обращайтесь к врачу, которому вы доверяете, если у вас есть вопросы или жалобы на здоровье! Автор не несет ответственности за любые неудобства или ущерб, возникшие в результате использования представленной здесь информации.
Для удобства чтения формулировки не являются гендерно-нейтральными. Все написания мужского рода относятся в равной степени ко всем полам.

Адрес для корреспонденции:
Prof. Dr. med. Boris Bigalke, MBA (Oxford, UK), LL.M.
Klinik für Kardiologie, DHZC – Charité Campus Benjamin Franklin
Hindenburgdamm 30, D-12203 Berlin, Германия

Библиографическая информация Немецкой национальной библиотеки:
Немецкая национальная библиотека включила это издание
Издание включено в Немецкую национальную библиографию;
Подробные библиографические данные доступны в Интернете
можно получить по адресу http://dnb.dnb.de.

Эта книга была переведена профессором Борисом Бигальке, доктором медицины, с оригинального немецкого издания под названием:"Unsterblich essen: Bahnbrechende Erkenntnisse für ewige Jugend, explosive Energie und ein Leben in Vollgas!".

Производство и издательство:
BoD – Books on Demand, Norderstedt

ISBN: 978-3-7578-8335- 5

Для Уллы и для всех, кто хочет прожить долгую и здоровую жизнь!

Оглавление

Введение

Биологический и хронологический возраст: рассмотрение различий между возрастом и здоровьем

Понятие возраста является сложным и многомерным. В то время как хронологический возраст просто измеряет количество лет, прошедших с момента рождения человека, биологический возраст отражает физиологическое состояние и функционирование организма.[1] Это различие между биологическим и хронологическим возрастом имеет решающее значение для всестороннего понимания старения и его влияния на здоровье и благополучие.

Хронологический возраст - это наиболее часто используемый метод определения возраста человека. Это простое число, основанное на календаре, которое указывает на время, прошедшее с момента рождения человека. Неоспоримо, что хронологический возраст играет важную роль в жизни, поскольку влияет на правовой статус, социальные нормы и личные ожидания. Однако хронологический возраст часто не учитывает индивидуальные различия в физическом состоянии и здоровье.

В отличие от этого, биологический возраст относится к фактическому состоянию организма и его систем органов. Он учитывает функциональность органов, наличие заболеваний, генетические факторы, а также образ жизни и факторы окружающей среды, влияющие на здоровье.

Например, человеку может быть хронологически 50 лет, но его биологический возраст составляет 40 лет благодаря здоровому образу жизни и хорошей генетической предрасположенности. И наоборот, биологический возраст может быть старше хронологического из-за болезней, неправильного питания и других факторов риска. Несоответствие между биологическим и хронологическим возрастом имеет далеко идущие последствия для здоровья и старения. Люди с более молодым биологическим возрастом зачастую лучше функционируют физически, более устойчивы к заболеваниям и имеют большую продолжительность жизни. Они также могут поддерживать более высокий уровень активности и независимости. С другой стороны, люди, чей биологический возраст превышает хронологический, более подвержены заболеваниям, физическим ограничениям и сокращению продолжительности жизни.

Различие между биологическим и хронологическим возрастом важно для здравоохранения, политики в области общественного здоровья и индивидуального выбора образа жизни. В ней подчеркивается важность профилактических мер, направленных на замедление биологического старения и сохранение здоровья на протяжении всей жизни. Придерживаясь здорового образа жизни, регулярно занимаясь физическими упражнениями, питаясь сбалансированно, избегая табака и правильно справляясь со стрессом, люди могут помочь уменьшить свой биологический возраст и улучшить качество жизни. Конечно, увеличение возраста не должно происходить в ущерб качеству жизни. Качество жизни у разных людей оценивается по-разному, включая физическое здоровье, психологическое благополучие, социальные отношения, материальный достаток, образование, качество окружающей среды и личную безопасность.

В целом, различие между биологическим и хронологическим возрастом иллюстрирует сложность процесса старения и множество факторов, влияющих на наше здоровье и продолжительность жизни. Более глубокое понимание этих концепций может помочь сделать индивидуальный выбор, способствующий благополучию, и разработать мероприятия, улучшающие здоровье и качество жизни на протяжении всей жизни.

Цель книги

Цель этой книги - вдохновить заинтересованных людей на обман хронологического возраста путем радикального омоложения тела, разума и духа, чтобы биологический возраст прогрессировал не так быстро. Как этого добиться, подробно описано в следующих главах; в конечном итоге это включает в себя общую концепцию физической активности, фазы сна и отдыха, питание, подготовку к образу жизни, избегание вредных воздействий (вредных веществ) и рекомендации по кулинарным рецептам.

Глава 1: Физическая активность

Физическая активность является неотъемлемой частью здорового образа жизни и играет ключевую роль в поддержании здоровья и снижении риска возникновения широкого спектра заболеваний и проблем со здоровьем. Важно включать регулярные физические упражнения в повседневную жизнь и вести активный образ жизни, чтобы способствовать долгосрочному здоровью и благополучию.

Что такое правильная доза спорта?

Общепринятой рекомендацией по физической активности и здоровью является ходьба 10 000 шагов в день. Эта цифра выбрана не случайно, а основана на результатах исследований и рекомендациях различных организаций здравоохранения. В настоящее время растет число исследований, которые считают достаточным даже 8 000 шагов в день.[2] А мета-анализ, то есть изучение результатов исследований, показал, что больше не существует значительного преимущества для выживания, если делать более 8000 шагов в день.[3] В ходе дальнейшего мета-анализа восьми проспективных обсервационных исследований с участием более 20 000 человек было установлено, что у пожилых людей (>60 лет), делающих 6000-9000 шагов в день, сердечно-сосудистый риск снижается на 40-50% по сравнению с людьми того же возраста, делающими 2000 шагов в день.[4] Помимо сердечно-сосудистых заболеваний, физические упражнения, по-видимому, также помогают предотвратить развитие различных видов рака, даже если точные биологические механизмы их действия еще не изучены до конца.[5]

Однако есть и хорошие новости для людей, ведущих сидячий образ жизни: британское исследование (Vitality Habit Index 2024), проведенное рабочей группой профессора Джоан Коста-Фонт из Лондонской школы экономики в течение десятилетнего периода наблюдения, показало, что всего 5000 шагов в день могут значительно увеличить продолжительность жизни.[6]

Однако важно отметить, что количество шагов - не единственный показатель физической активности. Важны также интенсивность, продолжительность и разнообразие занятий. Поэтому рекомендуется не зацикливаться исключительно на количестве шагов, а включать в повседневную жизнь другие формы физической активности, такие как силовые тренировки, растяжка и аэробные упражнения. Здоровые люди среднего и пожилого возраста, а также пациенты с раком или сердечно-сосудистыми заболеваниями получают большее преимущество, если они регулярно занимаются спортом, независимо от предыдущей физической активности.[7]

Американский колледж спортивной медицины (ACSM) рекомендует уделять около 150 минут умеренной, "аэробной" физической активности три-пять дней в неделю и укреплять крупные группы мышц силовыми тренировками два-три раза в неделю.[8]

Спорт на выносливость или силовые тренировки?

Что лучше - спорт на выносливость или силовые тренировки - зависит от индивидуальных целей, предпочтений и состояния здоровья человека. Обе формы тренировок дают разные преимущества.

Спорт на выносливость

Улучшает здоровье сердечно-сосудистой системы: такие виды спорта на выносливость, как бег, езда на велосипеде или плавание, укрепляют здоровье сердца и снижают риск сердечно-сосудистых заболеваний.

Повышает выносливость: регулярные тренировки на выносливость повышают физическую выносливость, а значит, вы сможете дольше оставаться активным и не уставать.

Способствует сжиганию жира: упражнения на выносливость помогают уменьшить количество лишнего жира в организме и контролировать вес.

Хорошо известно, что быстрое насыщение и ограничение калорий способствуют снижению веса. Исследование показало, что спорт на выносливость, в частности, приводит к более быстрому насыщению за счет повышенного образования N-лактоил-фенилаланина - молекулы, состоящей из лактата (молочной кислоты) и аминокислоты фенилаланина.[9]

Силовые тренировки

Увеличивает мышечную силу и массу: силовые тренировки с сопротивлением способствуют увеличению мышечной силы и массы, что может улучшить физическую работоспособность.
Улучшение композиции тела: наращивая мышечную массу, силовые тренировки помогают уменьшить количество жира в организме и улучшить композицию тела.
Укрепляет кости: Силовые тренировки могут увеличить плотность костей и снизить риск остеопороза и переломов.
Часто лучше всего сочетать тренировки на выносливость и силовые тренировки, поскольку и те, и другие являются важными компонентами комплексной фитнес-программы. Однако аэробные и силовые тренировки должны проводиться с разницей не менее трех часов, поскольку силовые нагрузки ослабевают во время одного и того же занятия.[10] Тип и интенсивность тренировок должны быть адаптированы к индивидуальным целям и потребностям, с учетом состояния здоровья и возможных ограничений.

"Воины выходного дня"
Роль укрепления здоровья так называемых "воинов выходного дня", то есть людей, которые сильно заняты на работе и занимаются спортом только по выходным, вызывает много споров. В принципе, такой компактный спортивный график, даже если физические нагрузки выполняются реже и интенсивнее, чем обычные ежедневные тренировки, все равно оказывается полезным для здоровья и предотвращает внезапную сердечную смерть.[11] Ретроспективный анализ британской базы данных также показал, что физические нагрузки, сконцентрированные в один или два дня, имели сравнительно благоприятный прогноз по сравнению с физическими нагрузками, распределенными равномерно в течение недели, благодаря значительному снижению сердечно-сосудистого риска в обеих группах.[12]
Чтобы не оправдываться по поводу плохой погоды, стоимости или усилий, связанных с покупкой силового оборудования и гантелей или регулярным посещением тренажерного зала, в следующем разделе представлены виды спорта, которые позволят вам сделать что-то для своего физического и психического здоровья и долголетия без особых затрат времени и средств.

Калистеника

Термин "калистеника" происходит от греческого и буквально означает "красивая сила". Это вид физической подготовки, направленный на развитие силы, выносливости, гибкости, координации и контроля над телом с использованием веса собственного тела, то есть тренажерный зал, бассейн, силовые тренажеры или гантели для этого вида спорта не нужны. Упражнения включают подтягивания, отжимания, наклоны (опускание и подъем между параллельными брусьями), приседания, выпады.

Интервенционные исследования подчеркивают преимущества калистенических тренировок из-за низких затрат времени, средств и оборудования, которые также могут быть включены в повседневную рутину нетренированных людей практически в любом месте с целью укрепления здоровья и профилактики заболеваний.[13]

Подтягивания

Подтягивания - это упражнение, которое укрепляет мышцы верхней части спины, бицепсы, плечи и сердечник. Их можно использовать как для наращивания мышц, так и для улучшения функциональной силы и тренировки с весом тела. Существуют различные положения рук, используемые для подтягиваний. Выбор положения рук влияет на то, какие мышцы больше задействованы во время выполнения упражнения.

Варианты

Широкий хват (верхний хват шире ширины плеч): Ладони обращены наружу. Такая позиция нацелена на внешние части латиссимус дорси, а также дает большую нагрузку на плечи и верхнюю часть спины. Однако широкий хват может привести к чрезмерной нагрузке на плечи (ротаторную манжету). По этой причине людям с проблемами плечевого сустава следует быть более осторожными или рассмотреть альтернативные варианты хвата.

Узкий хват (хват сверху на ширине плеч или ближе): Как и при широком хвате, ладони обращены наружу. При узком хвате больше внимания уделяется центру спины (latissimus dorsi) и бицепсы. Трапециевидные и ромбовидные мышцы участвуют в сведении лопаток вместе.

Обратный хват (обратный хват или гребенчатый хват): В этом положении ладони обращены внутрь. Обратный хват акцентирует внимание на бицепсах и нижней части латиссимус дорси. Брахиалис, расположенный под бицепсом, также подвергается большей нагрузке.

Параллельный хват (молотковый хват): Это подтягивания на параллельном турнике с ладонями, обращенными друг к другу. В этом положении также работают бицепсы и центральные мышцы спины. Плечевые мышцы, особенно дельтовидные, также активизируются для поддержки движения.

Группы мышц

Latissimus dorsi (широчайшая мышца спины): Латиссимус дорси - основная мышца, задействованная в подтягиваниях. Это упражнение особенно эффективно для развития внешней части латиссимуса.

Бицепс плеча: Бицепс, расположенный в передней части верхней части руки, сильно активизируется при сгибании локтей и подтягивании тела вверх.

Мышцы спины: помимо latissimus dorsi, активизируются и другие мышцы верхней части спины, такие как трапециевидная и ромбовидная мышцы, которые сводят лопатки вместе и стабилизируют мышцы спины.

Брахиалис: эта мышца лежит под бицепсом и также поддерживает сгибание локтя.

Нижняя часть трапециевидной мышцы: нижняя часть трапециевидной мышцы, которая покрывает верхнюю часть спины, активируется во время движения вниз, чтобы стабилизировать лопатки.

Брахиорадиалис: Брахиорадиалис - это мышца предплечья, которая также активна во время подтягиваний.

Мышцы живота: Мышцы живота используются для стабилизации туловища во время подтягиваний.

Отжимания

Отжимания - это универсальное упражнение, которое укрепляет трицепсы, грудные мышцы, плечи, спину и позвоночник. Отжимания часто включают в фитнес-программы, военную подготовку и общие программы тренировок.

Варианты

Отжимания на ширине плеч: руки расположены шире, чем на ширине плеч, чтобы больше проработать мышцы груди.

Близкие отжимания: руки расположены ближе друг к другу, чтобы больше задействовать трицепсы.

Алмазное отжимание: руки расположены так, что пальцы и большие пальцы образуют треугольник, акцентируя внимание на трицепсах.

Отжимания на одной руке: для повышения интенсивности отжиманий положите одну руку на спину.

Группы мышц

Грудные мышцы (pectoralis major): При различном положении рук, например, широком или узком хвате, грудные мышцы могут быть задействованы в разной степени.

Передняя дельтовидная мышца (deltoideus anterior): Во время отжиманий активизируются мышцы плеча, особенно передняя часть дельтовидной мышцы.

Трицепс: Задняя часть верхней части рук, трицепс, активируется во время разгибания локтей.

Передняя серповидная мышца: эта мышца, покрывающая боковые части груди и верхние ребра, используется для стабилизации лопаток и поддержки движения.

Мышцы живота (прямая мышца живота и косые мышцы): Для поддержания устойчивости тела во время отжиманий также задействуются мышцы живота.

Мышцы спины: мышцы верхней части спины также используются для стабилизации плечевого пояса.

Ягодичные мышцы (gluteus maximus): Ягодичные мышцы используются для поддержания бедер в стабильном положении, а тела - в прямом.

Дипы

Опускания (упор на брусья) - это упражнение с весом тела, которое прорабатывает несколько групп мышц верхней части тела и рук. Обычно это упражнение выполняется на параллельных брусьях (брусьях для сосков). Более крупным и сложным гимнастическим снарядом являются параллельные брусья, известные из школьных уроков.

Группы мышц

Трицепс брахи: основную работу во время наклонов выполняют трицепсы. Эта мышца, расположенная на задней поверхности верхней части руки, отвечает за разгибание локтевого сустава.

Грудные мышцы (pectoralis major): Опускания также нацелены на грудные мышцы, особенно когда верхняя часть тела наклонена вперед. Этот эффект усиливается, если наклоны выполняются широким хватом.

Передняя дельтовидная мышца (deltoideus anterior): Передние мышцы плеча активизируются для поддержки движения рук вперед.

Ромбовидная мышца (ромбоиды): Ромбовидная мышца, расположенная между лопатками, активируется во время наклонов, чтобы обеспечить стабильность плечевого пояса.

Ягодичные мышцы (gluteus maximus): Ягодичные мышцы используются для поддержания бедер и вертикального положения тела.

Нижняя часть трапециевидной мышцы: нижняя часть трапециевидной мышцы, которая покрывает верхнюю часть спины, также задействована.

Мышцы живота (прямая мышца живота и косые мышцы): Мышцы живота задействованы для поддержания устойчивости туловища.

Приседания

Приседания - отличное упражнение в калистенике, форме тренинга, которая фокусируется на упражнениях с весом тела без дополнительного оборудования. Приседания укрепляют мышцы ног, особенно бедра (квадрицепсы), ягодицы (ягодичные мышцы) и мышцы бедра.

Разновидности

Базовая техника приседаний: Базовая техника приседаний в калистенике - встать прямо, поставить ноги на ширине плеч и согнуть колени, отводя бедра назад. Спина должна быть прямой, а тело опущено вниз, как будто вы сидите на невидимом стуле. Во время выполнения движения необходимо следить за равномерным дыханием. Распространенная ошибка - задержка дыхания. Вдыхать следует при опускании в приседание, а выдыхать - при подъеме из него.

Глубокие приседания: нужно стараться опускаться как можно глубже, сохраняя при этом правильную форму. Это помогает задействовать мышцы в большем диапазоне движения и способствует развитию гибкости.

Пистолетные приседания: это усовершенствованная вариация приседаний, в которой весь вес тела балансируется на одной ноге, а другая нога вытянута. Эта форма рекомендуется для хорошо подготовленных атлетов.

Взрывные приседания: это тоже продвинутая форма приседаний, также известная как прыжковые или плиометрические приседания. Поднимаясь из глубокого приседа, вы подпрыгиваете в воздух. Это упражнение объединяет силу, скорость и координацию и является эффективным способом укрепления мышц ног и улучшения прыгучести. Этот вид упражнений особенно популярен в таких видах спорта, как баскетбол, волейбол и спринтерский бег.

Группы мышц

Квадрицепс (передняя мышца бедра): Для разгибания коленей.

Хамстринги (задние мышцы бедра): Для сгибания и разгибания бедра в коленях.

Ягодичные мышцы (gluteus maximus): Для разгибания бедра.

Аддукторы и абдукторы: Для стабилизации ног.

Основные мышцы: обеспечивают стабильность сердечника во время упражнений.

Выпады

Выпады - это упражнение, которое прорабатывает мышцы ног, ягодиц и сердечника. Это функциональное упражнение, которое способствует развитию силы и устойчивости нижних конечностей.

Варианты

Стационарные выпады: Классическая вариация, в которой задняя нога не двигается после выпада.

Выпады с шагом назад: Здесь шаг делается не вперед, а назад.

Бегущие выпады: Здесь выпады выполняются в непрерывном, динамичном движении.

Группы мышц

Квадрицепс (передняя мышца бедра): Активируются во время сгибания передней части колена.

Ягодичные мышцы (gluteus maximus): Активизируются при вставании из опущенного положения.

Ишиокруральные мышцы (задние мышцы бедра): Помогают стабилизировать и сгибать заднюю часть колена.

Аддукторы и абдукторы: Работают вместе, чтобы стабилизировать ноги.

Основные мышцы: активируются для стабилизации верхней части тела во время выполнения упражнения.

Скакалка

Хотя прыжки со скакалкой не относятся непосредственно к калистеническим упражнениям ее можно использовать в качестве дополнения к калистенической тренировке. Это эффективный способ сжечь калории, укрепить сердечно-сосудистую систему и улучшить скорость. Прыжки со скакалкой требуют синхронности и координации между глазами, руками и ногами, что позволяет улучшить двигательные навыки. Упражнения можно выполнять как в помещении, так и на открытом воздухе, для этого потребуется только скакалка, среди которых, помимо простых пеньковых веревок, сейчас есть скакалки с металлическими тросами с пластиковым покрытием и утяжелителями на ручках для более быстрых движений. При прыжках со скакалкой задействуются различные группы мышц, включая ноги, торс, руки и плечи. Таким образом, это тренировка для всего тела.

Кардиоваскулярная тренировка

Прыжки со скакалкой - отличный способ укрепить сердечно-сосудистую систему. Она увеличивает частоту сердечных сокращений, повышает выносливость и способствует общему здоровью сердца. По данным Гарвардского степ-теста, примерно 10 минут прыжков со скакалкой эквивалентны 30 минутам бега трусцой для развития сердечно-сосудистой выносливости.[14]

Сжигание калорий

Прыжки со скакалкой - эффективный способ сжигания калорий, поэтому их можно включить в фитнес-программу для похудения.[15] Помимо продолжительности и интенсивности физической активности, расход калорий также зависит от возраста, пола, роста и физического состояния. Даже если в ходе исследований было определено точное потребление калорий, приведенные ниже цифры калорийности являются скорее приблизительной оценкой.[16,17]

Легкие прыжки со скакалкой: Примерно 200-300 калорий за полчаса. Эта оценка основана на весе тела около 70 кг.
Умеренные прыжки со скакалкой: Примерно 300-400 калорий за полчаса. Это немного более интенсивная тренировка с более высокой скоростью и возможными изменениями в технике.
Интенсивный роуп-скиппинг или высокоинтенсивная интервальная тренировка (HIIT): до 500 калорий и более за полчаса. Высокоинтенсивный роуп-скиппинг, особенно в форме интервальной тренировки, может еще больше увеличить расход калорий.

Варианты

Базовый роуп-скиппинг:

Базовая форма прыжков со скакалкой, которая предполагает простое перепрыгивание через скакалку, когда она непрерывно качается по полу. Это можно делать как с продвижением вперед, так и оставаясь на месте с одним или двумя прыжками за оборот.

Прыжки со скакалкой на одной ноге:

Прыгайте только на одной ноге, чтобы улучшить равновесие и укрепить мышцы с одной стороны.

Прыжки со скакалкой крест-накрест:

При прыжках со скакалкой "крест-накрест" руки скрещиваются перед телом, а скакалка проносится над головой и под ногами.

Обратный роуп-скиппинг:

Движение происходит назад, что повышает координацию и улучшает зрение.

Интервальный скиппинг:

Чередуйте интенсивные и умеренные прыжки, чтобы повысить интенсивность тренировки.

Прыжки с высоким подниманием коленей:

Во время прыжков колени поочередно поднимаются вверх, чтобы активизировать мышцы живота.

Двойные подтягивания:

В этой продвинутой вариации скакалка проходит под ногами дважды за прыжок. Это требует большей скорости, высоких прыжков и точности.

Группы мышц

Икроножные мышцы (gastrocnemius и soleus): Икроножные мышцы задействуются при каждом прыжке, чтобы оттолкнуть ноги от земли.

Квадрицепс (передняя мышца бедра): Квадрицепсы помогают сгибать колени при отталкивании от пола.

Подколенные сухожилия (задняя мышца бедра): Подколенные сухожилия работают вместе с квадрицепсами, сгибая и разгибая колени.

Ягодичные мышцы (gluteus maximus): Ягодичная мышца активизируется при отталкивании от пола.

Брюшные мышцы (прямой живот и косые мышцы): Мышцы живота задействованы для поддержания устойчивости туловища и вертикальной позы во время прыжков на скакалке.

Плечевые мышцы (дельтовидные): Плечевые мышцы используются для размахивания руками и поворота скакалки.

Мышцы спины: мышцы спины помогают сохранять вертикальное положение и поддерживают плечи при движении рук.

Мышцы рук (бицепсы и трицепсы): Мышцы рук участвуют в раскачивании каната и координируют движения рук.

Мышцы в области бедра: Мышцы в области бедра, такие как подвздошная кость и сарториус, также задействованы для поднятия ног во время прыжков.

Йога

Йога - это традиционная теория движения, которая берет свое начало в буддийско-индуистском культурном пространстве. Слово "йога" первоначально происходит от санскритского **योग**, означающего "союз" или "интеграция". Йога тесно связана с принципами аюрведической медицины. Йога направлена на гармонизацию тела, ума и души.

Существуют различные формы и стили йоги, но большинство из них включает в себя позы (асаны), контроль дыхания (пранаяму) и медитацию. Основное внимание уделяется развитию осознанности тела, гибкости, силы и внутреннего спокойствия.

Доказано, что йога помогает справиться со стрессом, снять тревогу, снизить высокое кровяное давление, улучшить качество сна и когнитивные способности, а также облегчить депрессию.[18,19,20,21,22,23] Согласно буддийско-индуистской традиции, в теле человека существует 7 чакр (энергетических центров).[24]

Йога направлена на укрепление физического и психического здоровья путем улучшения потока энергии в теле и повышения общего баланса и гибкости. Она состоит из ряда движений и поз, которые могут быть адаптированы к различным уровням физической подготовки, и часто используется как для физических упражнений, так и в терапевтических целях.

Важно отметить, что йога не ограничивается какой-либо конкретной религией, хотя ее часто ассоциируют с индуистскими, буддийскими или философскими традициями. Во многих культурах йога ценится как целостная практика, способствующая благополучию и саморазвитию.

Десять простых поз из йоги для стояния были адаптированы из известных источников.25,26,27 Все упражнения должны быть сосредоточены на вдохе и выдохе. Каждое отдельное движение и удержание позы следует повторять от трех до пяти раз, так что в общей сложности на эти десять упражнений следует тратить всего 10 минут в день.

1. облачная рука
2. низкая мудра (символическое движение/положение руки)
3. высокая мудра (символическое движение/положение руки)
4. движение вправо и влево
5. наклоны вперед и назад
6. стойка на одной ноге справа и слева
7. вращение по часовой стрелке
8. глубокий прыжок через бедро с освобождением рук
9. баланс стоя
10. ветряная мельница

При выполнении "руки облака" руки располагаются на нижней части живота ладонями вверх. Как бы зачерпывая воду, поднимите руки к солнечному сплетению (уровень грудной кости) и вытяните руки ладонями наружу, как будто облако отодвигается в сторону, а вместе с ним заботы, стресс и проблемы. Важно выдыхать, когда вы вытягиваете руки.

Рис. 1: облачная рука

Глубокая мудра предназначена для сакральной чакры. Сцепленные ладони направлены вниз на уровне солнечного сплетения (перед грудиной) и движутся вниз. Затем ладони поворачиваются вверх и возвращаются в исходное положение в области солнечного сплетения.

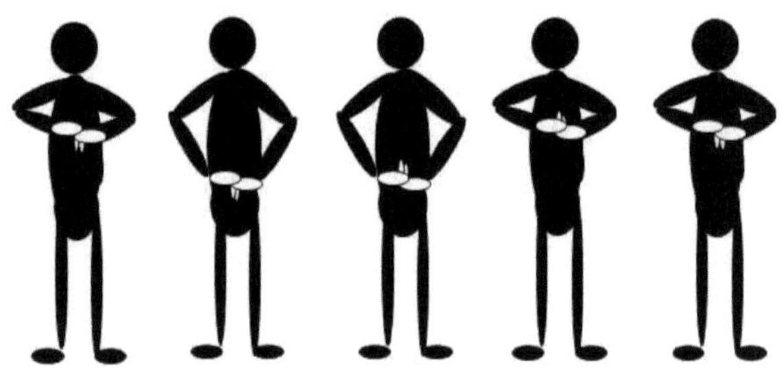

Рис. 2: низкая мудра

Высокая мудра сосредоточена на горловой и коронной чакрах. Руки сжимаются в кулаки перед шеей и заносятся над головой полукругом. При этом кулаки раскрываются, ладони поворачиваются изнутри наружу и втягивают энергию снизу, которая затем поднимается обратно в тело. Помимо "руки-облака", это упражнение хорошо подходит для снятия стресса.

Рис. 3: высокая мудра

При правостороннем и левостороннем движении руки сначала вытягиваются вверх, а затем и затем выравниваются параллельно соответствующей верхней части тела. Выровнены. Это простые движения, которые особенно полезны после длительного пребывания в сидячем положении.

Рис. 4: движение вправо и влево

При наклонах вперед и назад руки сначала опираются на бедра спереди, как при поклоне или молитве, затем верхняя часть тела выпрямляется, руки вытягиваются вверх, а затем отводятся назад, почти как при поклонении солнцу.

Рис. 5: наклоны вперед и назад

Стойка на одной ноге справа и слева предполагает стояние на одной ноге в течение примерно 10 секунд, в то время как другая нога согнута в стойке. Это упражнение важно для развития координации и внутреннего равновесия. Если вы не уверены в своей устойчивости и центре тяжести, вы можете вытянуть руки для опоры.

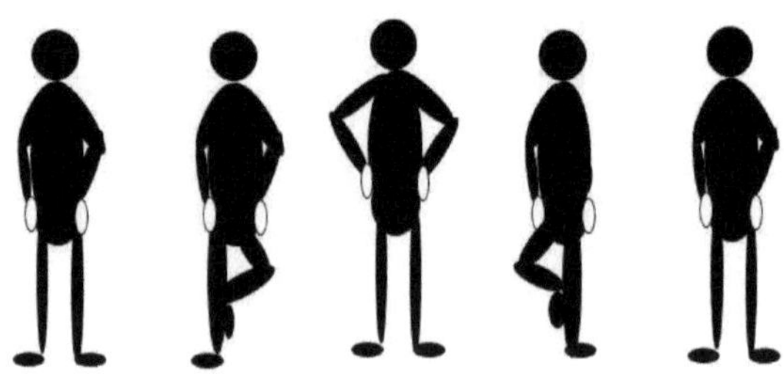

Рис. 6: стойка на одной ноге справа и слева

При выполнении "крутящейся верхушки" руки разводятся в стороны, ладони направлены наружу, а затем вращаются вокруг собственной оси по часовой стрелке. Как и стойка на одной ноге, это упражнение также используется для внутреннего баланса. Для лучшей концентрации внимания на продвинутом этапе упражнение можно выполнять с закрытыми глазами. Как и во всех других упражнениях, следует уделять внимание вдоху и выдоху.

Рис. 7: вращение по часовой стрелке

При выполнении глубокого прыжка через бедро с освобождающим подтягиванием на руках Из положения на корточках прыжковое должно выполняться от бедер, а не от коленей. Это упражнение также помогает снять напряжение.

Рис. 8: глубокий прыжок через бедро с освобождением рук

Баланс стоя предполагает стояние на одной ноге, в то время как другая нога вытянута назад в горизонтальном положении. Соответственно, туловище наклоняется вперед, а обе руки параллельно вытягиваются вперед. Затем переключитесь на другую ногу. Опять же, цель - достичь внутреннего равновесия.

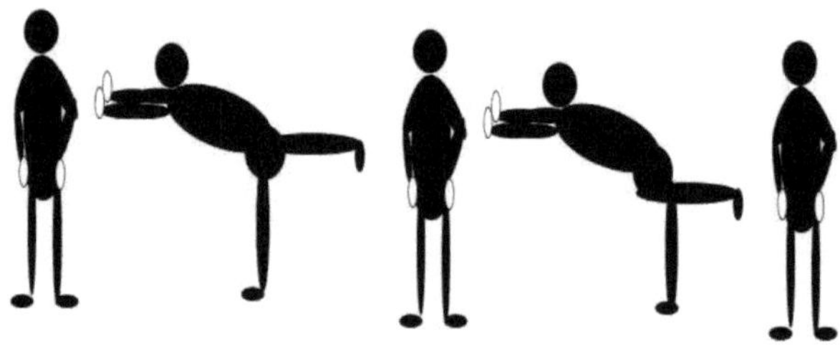

Рис. 9: баланс стоя

Ветряная мельница тренирует несколько групп мышц рук, плеч, шеи и спины, снимая напряжение. Руки вытягиваются в стороны в нейтральном положении, затем левая рука поднимается вверх, а правая располагается по диагонали вниз. Ноги и нижняя часть туловища остаются неизменными на протяжении всего упражнения. Левая рука отводится назад с поворотом верхней части тела влево, а правая рука следует за ней в горизонтальном положении с поворотом верхней части тела влево. Затем правая рука становится ведущей и вытягивается вверх, а левая рука направлена по диагонали вниз. Верхняя часть тела возвращается в исходное нулевое положение. Затем левая рука снова поднимается вверх, теперь направляя верхнюю часть тела с поворотом вправо. Правая рука снова опускается по диагонали вниз и переходит в горизонтальное положение вместе с левой рукой, а верхняя часть тела поворачивается назад вправо. Теперь правая рука берет инициативу в свои руки и тянется вверх, а левая рука опускается по диагонали вниз. Правая рука возвращает верхнюю часть тела в исходное нулевое положение. Вначале "ветряную мельницу" следует выполнять медленно и с паузами. Когда вы усвоите последовательность движений, вы сможете выполнять и быстрые движения лопатками.

Рис. 10: ветряная мельница

Заключение

- Небольшая доза спорта - это эффективная "таблетка". Просто делайте это!
- Всего 10 минут упражнений в день помогают предотвратить проблемы со здоровьем, справиться со стрессом и улучшить качество жизни
- Независимо от погоды, экономя деньги и время: гимнастикой, прыжками со скакалкой и йогой можно заниматься практически в любом месте и в любое время, без тренажерного зала, оборудования и тяжестей

Глава 2: Сон, отдых, музыка: недооцененные столпы здоровья

В нашем суматошном и современном мире, который характеризуется постоянной активностью и чрезмерным стремлением к продуктивности, многие люди склонны недооценивать важность достаточного сна, отдыха и успокаивающей музыки. А ведь сон, релаксация и музыка - это не просто приятные аспекты повседневной жизни, а фундаментальные столпы здоровья.

Сон

Как биологический процесс, сон играет важнейшую роль в восстановлении организма. Во время сна не только восполняются запасы энергии, но и активизируются механизмы восстановления. Клетки восстанавливаются, иммунная система укрепляется, а выработка гормонов регулируется. Отсутствие достаточного количества сна может привести к различным проблемам со здоровьем, включая ослабление иммунной защиты, повышение риска сердечно-сосудистых заболеваний, сахарного диабета и психических расстройств.

Кроме того, сон оказывает значительное влияние на когнитивные функции и эмоциональную стабильность. Хорошо отдохнувший человек лучше концентрируется, быстрее реагирует и лучше решает проблемы. Связь между недостатком сна и когнитивными нарушениями хорошо задокументирована и должна служить предупреждающим знаком о важности регулярного и достаточного количества сна. Продолжительность, качество и глубина сна играют решающую роль в нашем здоровье.

Продолжительность сна

Сокращение продолжительности сна на три часа нарушает работу Т-клеток, которые отвечают за защиту от инфекций.[28] В исследовании, в котором приняли участие более 116 000 человек из 21 страны с учетом региональных и культурных различий, было показано, что средняя продолжительность сна 6-8 часов в сутки наилучшим образом защищает от таких тяжелых первичных прогностических конечных точек, как сердечно-сосудистые события и смерть.[29] Как слишком много, так и слишком мало сна вредно для здоровья. В одном из обзоров было обнаружено, что за пределами оптимального периода сна недостаток сна в один час приводит к риску смерти, ишемической болезни сердца, инсульта и сахарного диабета 2 типа на 11 %, а избыток сна в один час приводит к еще большему риску (до 17 %) инсульта, ишемической болезни сердца и сахарного диабета 2 типа.[30]

Депривация сна как терапия

Лишение сна в психиатрии неоднозначно обсуждается как терапевтическая мера при депрессии. С 1970-х годов были проведены некоторые исследования, которые показали, что лишение сна может оказывать кратковременный антидепрессивный эффект, особенно у людей с депрессией.[31] Точные механизмы, лежащие в основе этого кратковременного улучшения, до конца не изучены, но предполагается, что определенную роль могут играть изменения циркадного ритма ("внутренних часов") и нейротрансмиттерных систем. Антидепрессивный эффект лишения сна обычно оказывается временным, и у большинства людей симптомы депрессии возвращаются, когда они возвращаются к нормальному сну. Недавний обзор и мета-анализ не выявил никаких доказательств и, следовательно, не обосновал показаний для лечения депрессии с помощью депривации сна.[31]

Силовой сон

Энергетический сон, то есть короткий сон продолжительностью от 10 до 30 минут, при правильном использовании может принести много пользы для здоровья.[32] Короткий сон поможет снизить уровень стресса и улучшить бдительность, концентрацию и когнитивные способности, особенно после интенсивной физической нагрузки или напряженной работы. Кроме того, сон помогает бороться с усталостью в течение дня и сокращает время реакции. Исследования показали, что короткий сон может способствовать улучшению памяти и обучения, запоминанию новой информации и улучшению долгосрочной памяти.[33] Идеальный вариант - вздремнуть в начале дня (своего рода "сиеста"), чтобы использовать естественный спад энергии в течение дня, не нарушая ночной сон. Люди, которые дремлют слишком поздно (например, в конце дня), дремлют более 30 минут в течение дня или уже проспали более шести часов накануне, подвержены повышенному риску сердечно-сосудистых заболеваний и смерти.[32,29]

Качество сна

Исследования показали, что большинство людей с расстройствами сна испытывают проблемы с засыпанием, а затем проблемы с тем, чтобы проспать всю ночь или проснуться рано.[34] Проблемы с ночным сном провоцируют кальцификацию сосудов (атеросклероз) за счет повышенного выброса воспалительных клеток, что связано с развитием инфарктов и инсультов.[35] Согласно обзору, нарушения сна приводят к повышению риска инсульта (до 55%), сердечно-сосудистой смерти (до 33%), ишемической болезни сердца (до 28%), высокого кровяного давления (до 27%), деменции (до 50%) и рака гормонально-активного органа - щитовидной железы (до 24%).[36]

Глубина сна

Стадии сна часто делятся на пять фаз: четыре стадии не-римского сна (NREM) и фаза быстрого движения глаз (REM).[37] Фаза REM - это фаза сна, характеризующаяся быстрыми движениями глаз, повышенной активностью нейронов и яркими сновидениями с обработкой эмоций. Запоминание или консолидация содержимого памяти в основном происходит во время сна NREM, особенно во время глубокого (N3) и среднего (N2) сна.[38] Глубину сна можно оценить с помощью различных методов, включая полисомнографию (исследование сна, при котором измеряются мозговые волны, мышечная активность и другие параметры), актиграфию (измерение движений во время сна) и субъективные отчеты о качестве сна самого человека.[39] Сон необходимой продолжительности важен для регенерации, восстановления и общего самочувствия.

Циркадный ритм

Циркадный ритм ("внутренние часы") - это биологический процесс, который повторяется примерно в 24-часовом цикле и контролирует многочисленные физиологические и поведенческие изменения в организме. Эти ритмичные колебания влияют на многие аспекты нашей жизни, включая цикл сна и бодрствования, температуру тела, выработку гормонов, метаболическую активность и работу памяти. На внутренние часы в основном влияет свет. Чередование дня и ночи помогает синхронизировать внутренние часы и поддерживать циркадный ритм. Результаты экспериментов в пещерах показали, что циркадный ритм человека сохраняется даже в отсутствие внешних цейтнотов, таких как свет.[40] Это особенно важно для сменных работников, шахтеров, командировочных и летного состава, совершающего трансконтинентальные перелеты, так как доказано, что внешние нарушения циркадного ритма могут повлиять на физическое и психическое здоровье.[41]

Гормоны

Мелатонин и кортизол - два важных гормона, которые играют ключевую роль в регуляции цикла сон-бодрствование. Оба эндогенных гормона взаимодействуют между собой, контролируя цикл сон-бодрствование и влияя на качество сна.[42] Мелатонин помогает вызвать и поддерживать сон, сигнализируя о готовности ко сну, в то время как кортизол способствует более активному состоянию и пробуждает организм. Сбалансированное выделение мелатонина и кортизола в циркадном ритме важно для здорового сна и хорошего самочувствия в течение дня.[43] Нарушение этого баланса может привести к расстройствам сна и другим проблемам со здоровьем.

Прием искусственно полученного мелатонина стал довольно популярным, особенно в путешествиях через несколько часовых поясов (джетлаг) или при работе по сменам. Однако он подходит не всем и может вызывать такие побочные эффекты, как головная боль, головокружение, тошнота и сонливость.

Поэтому мелатонин всегда следует принимать под наблюдением врача, особенно детям, беременным или кормящим женщинам, а также людям с другими заболеваниями или принимающим лекарства. Кроме того, мелатонин не следует рассматривать как замену здоровой гигиене сна и изменениям в образе жизни, таким как создание спокойной обстановки для сна, ограничение экранного времени перед сном и поддержание регулярного цикла сон-бодрствование.

Натуральные экстракты

Помимо мелатонина, для лечения расстройств сна очень популярны натуральные экстракты шафрана (Crocus sativus) или валерианы (Valeriana officinalis). Оба они обладают потенциально успокаивающими и способствующими сну свойствами. Считается, что успокаивающий эффект экстракта шафрана обусловлен его взаимодействием с такими нейротрансмиттерами, как серотонин и ГАМК (γ-аминомасляная кислота).[42] Валериана содержит соединения, известные как валериановые кислоты, которые могут оказывать успокаивающее действие, повышая активность нейромедиатора ГАМК в мозге, а также оказывать стимулирующее воздействие на серотониновые рецепторы.[44] Эффективность экстрактов шафрана и валерианы при лечении расстройств сна может сильно различаться.

Бензодиазепины

Бензодиазепины - это класс препаратов, которые назначаются для лечения тревоги и эпилепсии, но также часто используются для лечения расстройств сна. Хотя они могут быть эффективны для улучшения сна, они не лишены риска и могут иметь различные побочные эффекты.

Хотя бензодиазепины могут быть эффективны при лечении тревоги, нарушений сна и других заболеваний, они также способны вызывать такие побочные эффекты, как похмелье с дневной сонливостью, ухудшение памяти и концентрации, замедление реакции, проблемы с дыханием, парадоксальные реакции (возбуждение, агрессия, галлюцинации) и зависимость, особенно при длительном применении или при использовании больших доз.[45]

Как правило, люди с нарушениями сна должны проконсультироваться с врачом, прежде чем принимать снотворные препараты. Кроме того, для поддержания хорошей гигиены сна следует изменить образ жизни, о чем подробно рассказано ниже.[46]

Гигиена сна

Регулярный цикл сон-бодрствование: старайтесь ложиться спать и вставать в одно и то же время каждый день, даже в выходные. Регулярный цикл сна и бодрствования помогает регулировать внутренние часы организма и улучшает сон.

Условия для сна: создайте комфортные условия для сна - прохладные, тихие и темные; при необходимости используйте беруши или маску для сна, чтобы свести к минимуму мешающие шумы и источники света.

Избегайте кофеина и стимуляторов: Потребление кофеина (кофе, чай), теобромина (шоколад, какао) и других стимулирующих веществ, таких как никотин и алкоголь, особенно за несколько часов до сна, должно быть ограничено. Они могут нарушить сон и продлить время, необходимое для засыпания.

Методы релаксации: такие методы релаксации, как аутогенная тренировка, йога, медитация, прогрессивная мышечная релаксация или дыхательные упражнения, могут помочь снизить стресс и подготовить организм ко сну.

Ограничьте время работы с экраном перед сном: Следует избегать использования электронных устройств, таких как мобильные телефоны, планшеты и компьютеры, непосредственно перед сном, поскольку синий свет, излучаемый экранами, может препятствовать выработке мелатонина в организме.

Регулярная физическая активность: Регулярные физические упражнения помогают улучшить качество сна, но следует избегать интенсивных физических нагрузок непосредственно перед сном, так как это может помешать засыпанию из-за выброса адреналина.

Время приема пищи: следует избегать обильных приемов пищи и большого количества жидкости непосредственно перед сном.

Избегайте дремоты: Если вы дремлете в течение дня, ограничьте его продолжительность и избегайте длительного сна в конце дня, так как это может нарушить ночной сон.

Разработайте режим сна: создайте расслабляющий режим сна, который поможет подготовиться ко сну, например, читая, принимая теплую ванну или слушая успокаивающую музыку.

Отдых

В современном быстро меняющемся мире, где нужно быть продуктивным и постоянно быть на связи, многие склонны считать отдых второстепенным или даже лишним. Однако все обстоит с точностью до наоборот: помимо вышеупомянутого сна, отдых - это важнейшая составляющая здоровья и благополучия, которой не стоит пренебрегать.

Во-первых, отдых играет важнейшую роль в восстановлении организма. Во время отдыха организм получает возможность для самовосстановления и ремонта. Ткани обновляются, мышцы восстанавливаются, а иммунная система укрепляется. Без достаточного отдыха эти процессы регенерации могут замедлиться или нарушиться, что в долгосрочной перспективе может привести к проблемам со здоровьем.

Кроме того, отдых важен для психического здоровья. В мире, который часто характеризуется стрессом, суетой и чрезмерными требованиями, релаксация дает возможность успокоить разум и снять стресс. Такие техники релаксации, как медитация, йога и дыхательные упражнения, помогают успокоить разум и способствуют психическому расслаблению. Это, в свою очередь, помогает предотвратить тревогу, депрессию и выгорание.

Отдых также важен для поддержания работоспособности и продуктивности. Регулярные периоды отдыха могут улучшить когнитивные функции и концентрацию. Уделяя время отдыху, можно повысить производительность и улучшить качество работы.

Отдых также играет ключевую роль в развитии отношений и социальных связей. Совместный досуг может укрепить дружеские отношения, углубить семейные узы и улучшить общее самочувствие. Отдых дает возможность пообщаться, посмеяться вместе и поделиться положительным опытом.

Образ жизни "всегда в сети": яд для вашего здоровья

Расслабление важно для поддержания жизненного баланса. В обществе, которое часто характеризуется образом жизни "всегда в сети", легко потерять себя в работе и пренебречь потребностями своего тела и разума. Увеличение интенсивного использования экранов (теперь в основном через смартфоны) негативно сказывается на физическом и психическом здоровье.[47]

Последствия для здоровья

Стресс и перегрузка: постоянный доступ к цифровым устройствам и постоянная доступность может привести к ощущению постоянного волнения и чрезмерных требований. Необходимость всегда быть на связи и немедленно отвечать на сообщения может вызвать стресс и тревогу.

Нарушения сна: Постоянное использование экранов перед сном может повлиять на качество сна. Как уже упоминалось в разделе о сне, синий свет от экранов может подавлять выработку мелатонина, гормона сна, что может привести к бессоннице и недосыпанию.

Физическая неактивность: чрезмерное использование цифровых устройств может привести к тому, что люди будут меньше времени проводить на свежем воздухе и станут менее физически активными. Это может привести к сидячему образу жизни, который связан с повышенным риском ожирения, сердечно-сосудистых заболеваний и других проблем со здоровьем.

Социальная изоляция: хотя цифровые технологии могут облегчить общение, они также могут привести к социальной изоляции. Чрезмерное использование онлайн-медиа может привести к тому, что люди будут меньше времени проводить в общении лицом к лицу, что может привести к одиночеству и изоляции.

Цифровые отвлекающие факторы: Постоянная доступность развлечений и информации в Интернете может заставить людей тратить свое время и внимание непродуктивно. Это может повлиять на производительность и привести к тому, что важные задачи будут проигнорированы.

Цифровая усталость: Постоянное использование цифровых устройств может привести к напряжению глаз, головным болям и другим симптомам цифровой усталости. Это может повлиять на качество жизни и увеличить риск возникновения долгосрочных проблем со зрением и здоровьем.

Важные шаги для восстановления

Отдых дает возможность восстановить силы, поразмыслить и расставить приоритеты. Сознательно выделяя время для отдыха и ухода за собой, вы сможете вести сбалансированную и полноценную жизнь.

Сон: Сон - одна из самых важных форм восстановления. Как уже говорилось выше, во время сна организм имеет возможность регенерировать, восстанавливать ткани, балансировать гормоны и закреплять воспоминания. Достаточная продолжительность и качество сна имеют решающее значение для здоровья и благополучия.

Техники релаксации: такие техники релаксации, как медитация, дыхательные упражнения, прогрессивная мышечная релаксация и йога, помогут снять стресс, уменьшить мышечное напряжение и успокоить разум.[48] Эти практики способствуют расслаблению и восстановлению на физическом и психическом уровне.

Досуг: Досуг, который приносит удовольствие и расслабляет, является важным компонентом восстановления. К ним относятся хобби, художественная деятельность, экскурсии на природу, чтение, прослушивание музыки и общение с друзьями и семьей. Такие занятия дают возможность отдохнуть от повседневной жизни и способствуют душевному облегчению.

Физические упражнения и спорт: хотя физическая активность является важной частью здорового образа жизни, важно также выделять достаточно времени для отдыха и релаксации. Чередование периодов активности и отдыха позволяет организму восстанавливаться и регенерировать, что в конечном итоге улучшает работоспособность и предотвращает травмы.

Здоровое питание: сбалансированная и полноценная диета способствует восстановлению, обеспечивая организм необходимыми питательными веществами и энергией для регенерации. Также важно потреблять достаточное количество жидкости, чтобы поддерживать организм в нормальном состоянии и поддерживать обмен веществ.

Уход за собой: такие виды ухода за собой, как массаж, баня, сауна и спа-процедуры, помогут снять напряжение, расслабить мышцы и улучшить общее самочувствие.

Мышление и самоанализ: выделение времени для практики мышления и самоанализа поможет успокоить ум, снять стресс и сформировать позитивный настрой. Это можно сделать с помощью медитации, ведения дневника, наблюдения за природой или других целенаправленных занятий.[49]

Ограничение времени использования цифровых устройств: Если сократить время работы с экраном, особенно со смартфоном, в сочетании с увеличением физической активности, это может способствовать укреплению психического здоровья эффективно и с минимальными затратами.[50]

В целом, восстановление - это неотъемлемая составляющая здоровья, которая включает в себя целостный подход к благополучию. Находя время для отдыха, вы можете укрепить свое физическое и психическое здоровье, повысить работоспособность и вести полноценную жизнь. Важно уделять отдыху первостепенное внимание и сделать его важным компонентом здорового образа жизни.

Целительная сила музыки: создание музыки для здравоохранения

В современном цивилизованном обществе люди постоянно подвергаются стрессу, суете и потоку раздражителей, поэтому они ищут способы сохранить свое здоровье и благополучие. Один из часто упускаемых из виду, но чрезвычайно эффективных методов укрепления здоровья - это занятия музыкой. Музыка всегда оказывала глубокое воздействие на разум, тело и дух человека, а многочисленные исследования показали, что активное музицирование приносит множество преимуществ для здоровья, которые выходят далеко за рамки простого эстетического удовольствия. Ниже приведены некоторые причины, по которым занятия музыкой являются важным профилактическим средством для здоровья.

Снижение стресса и эмоциональное благополучие: Музыка обладает уникальной способностью влиять на наши эмоции и приводить нас в расслабленное состояние.[51] Занятие музыкой позволяет сосредоточиться на текущем моменте, отпустить повседневный стресс и достичь состояния спокойствия и безмятежности. Творческое саморазвитие во время занятий музыкой также может стать выходом для эмоций, что помогает уменьшить негативные переживания и повысить эмоциональное благополучие.[52]

Когнитивные функции и здоровье мозга: Занятия музыкой требуют сложных функций мозга, включая внимание, память, координацию и решение проблем. Регулярное занятие музыкой может улучшить и поддержать эти когнитивные способности, особенно у пожилых людей.[51,53] Также было установлено, что занятия музыкой могут снизить риск развития нейродегенеративных заболеваний, таких как слабоумие и болезнь Альцгеймера.[54] Исследования показали, что у музыкантов часто наблюдается более высокая производительность мозга в таких областях, как обработка языка, память и пространственное мышление. Эти положительные эффекты также были описаны при прослушивании музыки, например фортепианной сонаты Вольфганга Амадея Моцарта, и часто называются "эффектом Моцарта".[55] Занятия музыкой могут оказывать благоприятное воздействие на психическое здоровье ребенка уже на перинатальном этапе, то есть после рождения.[56]

Социальное взаимодействие и сообщество: музыка - это универсальный язык, который объединяет людей разных культур и происхождения.[52] Занятия музыкой в группах способствуют социальному взаимодействию, командной работе и чувству принадлежности. Обмениваясь музыкальным опытом, можно укрепить отношения и расширить социальную сеть, что, в свою очередь, улучшает психическое благополучие и качество жизни.

Физическое здоровье: Занятия музыкой тренируют различные физические навыки, такие как мелкая моторика, координация и контроль дыхания. Игра на инструментах часто требует хорошей осанки и контроля над мышцами, что помогает укрепить спину, позвоночник и другие группы мышц. Кроме того, пение может улучшить дыхание и увеличить жизненную емкость легких, что положительно сказывается на общей физической подготовке.[57]

Сердечно-сосудистая система: Помимо религиозных и развлекательных причин, музыка представляется дополнительным немедикаментозным средством улучшения прогноза здоровья, особенно при сердечно-сосудистых заболеваниях.[58] Исследование MANTRA показало, что пациенты с сердечно-сосудистыми заболеваниями после катетеризации сердца лучше переносят ноэтические ("расширяющие сознание") меры, то есть успокаивающую музыку, целительные молитвы и биополевую терапию (возложение рук, например, Рейки).[59] Однако последующее исследование MANTRA II, проведенное в девяти различных центрах в США, не выявило никаких преимуществ в выживании, поскольку "вибрации" музыки, голоса или близости к терапевту оказывают совершенно разное воздействие на человека и, по-видимому, не поддаются измерению.[60]

Если музыка воспринимается как приятная, она может оказывать благоприятное воздействие на кровяное давление и частоту сердечных сокращений.[61] Биение сердца и регуляция кровяного давления не могут контролироваться добровольно, поскольку обеспечиваются вегетативной нервной системой ("вегетативкой"). Поэтому от стиля музыки (жанра) и громкости зависит, будет ли стимулироваться или тормозиться вегетативная нервная система.[58] Активная практика релаксационной музыки может благоприятно влиять на экспрессию генов у пациентов с ишемической болезнью сердца и, следовательно, является более эффективным средством оздоровления, чем "спокойное чтение" книг.[62]

Снижение стресса и укрепление иммунной системы: было установлено, что занятия музыкой снижают уровень кортизола в организме - гормона, связанного со стрессом.[63] Низкий уровень кортизола может укрепить иммунную систему и повысить защиту организма от болезней. Однако доказано, что не только активное музицирование, но даже просто прослушивание музыки помогает снизить уровень кортизола и справиться со стрессом в повседневной жизни.[64] Кроме того, выделение эндорфинов во время музицирования может привести к чувству благополучия и расслабления, что, в свою очередь, укрепляет иммунную систему. Одной из иммунных реакций, наблюдаемых во время "эффекта Моцарта", было "увеличение количества естественных клеток-киллеров, лимфоцитов и интерферона-γ", что может представлять интерес, в частности, для лечения рака.[55]

В целом, исследования показывают, что занятия музыкой - это не просто художественная деятельность, а эффективная форма оздоровления тела, ума и души. Регулярно занимаясь музыкой, мы можем не только поддерживать свое физическое и психическое здоровье, но и глубже общаться с собой и окружающими. Сейчас, когда все большее признание получает важность профилактики и целостного благополучия, мы должны рассматривать преобразующую силу музыки как важнейшую составляющую нашей оздоровительной практики.

Заключение

- Лекарства и пищевые добавки способствуют улучшению сна, но имеют и побочные эффекты, которые не следует упускать из виду.
- Простые меры помогают соблюдать гигиену сна
- Слушание и создание музыки может способствовать укреплению здоровья

Глава 3: Изменения в диетологии

Со временем диетология превратилась в важнейшую область здравоохранения. От лечения недоедания до профилактики хронических заболеваний - значение питания для здоровья человека и общества постоянно возрастает. Однако медицина питания находится в состоянии постоянного движения, обусловленного научными открытиями, технологическим прогрессом и изменениями в обществе. Изменения в диетологии открывают новые возможности для улучшения здоровья и качества жизни людей во всем мире.

Полезны или опасны яйца?

В прошлом считалось, что для снижения риска сердечно-сосудистых заболеваний следует избегать продуктов, богатых холестерином, таких как яичный желток (около 270 мг холестерина), сливочное масло и креветки.

Употребление яиц, в частности, уже много лет является предметом крайне противоречивых дебатов в диетологии из-за порой противоречивых результатов исследований, так что ранее неопровержимая доктрина теперь колеблется.

Исследования и мета-анализы, доказывающие связь между повышенным сердечно-сосудистым риском и потреблением холестерина, не прекращаются.[65,66] Употребление 100 мг холестерина повышает уровень холестерина в сыворотке крови на 2 мг/дл.[67] Однако в настоящее время существует множество исследований и мета-анализов, которые, даже при сравнении 50 стран, не выявили никакой связи между потреблением холестерина с пищей и развитием сердечно-сосудистых заболеваний и смертностью от сердечно-сосудистых заболеваний.[68,69]

Важные ингредиенты в яйцах: холин и лютеин

Яйца могут даже оказывать кардиопротекторное действие благодаря содержанию холина в лецитине, поскольку холин может снижать уровень гомоцистеина, а аминокислота гомоцистеин, как считается, повышает риск сердечно-сосудистых заболеваний.[70] Холин, по-видимому, препятствует выведению холестерина из печени, а также оказывает противовоспалительное действие (снижает уровень провоспалительного интерлейкина-6).[71,72] Помимо холина, яичный желток содержит антиоксидант лютеин, который лучше усваивается при употреблении яиц, чем в виде пищевой добавки.[73] Это еще один аргумент в пользу яиц! Согласно исследованиям "голубых зон" - пяти регионов мира, где проживает больше всего столетних, то есть 100-летних людей, - секрет долголетия, похоже, кроется не в диете или холестерине в сыворотке крови, а в рационе с антиоксидантами, обладающими противовоспалительным действием.[74]

Спорные рекомендации

Однако в современных рекомендациях Европейского общества кардиологов (ESC) по-прежнему догматично придерживаются рекомендации не потреблять более 300 мг пищевого холестерина в день.[75]

Кардиологические общества США (AHA/ACC) и Консультативный комитет по диетическим рекомендациям (DGAC), состоящий из ученых и экспертов, назначенных Министерством сельского хозяйства США (USDA) и Министерством здравоохранения и социальных служб США (HHS), напротив, больше не видят связи между риском потребления холестерина и возникновением сердечно-сосудистых заболеваний, поэтому от первоначальной рекомендации ограничить потребление холестерина в рационе до 300 мг в день отказались.[76,69]

Руководящие принципы ≠ медицинский стандарт

Согласно Закону о правах пациентов от 2013 года и статье Гражданского кодекса Германии (§ 630a BGB), врачи обязаны соблюдать медицинские стандарты. Даже если врачи хотели бы рассматривать рекомендации профессиональных ассоциаций как своего рода медицинский закон о правильном лечении пациентов, очевидно, что лечение в соответствии с рекомендациями не обязательно защищает от ответственности врача. В конце концов, какими рекомендациями какого специализированного общества следует руководствоваться - американского, европейского, немецкого, кардиологов, диабетологов, нефрологов? Их рекомендации не всегда совпадают, иногда противоречат друг другу, а иногда даже устаревают со ссылкой на определенные источники. По этой причине Федеральный суд справедливости (BGH) в 2008 году постановил, что рекомендации не могут отражать медицинские стандарты, а в 2014 году - что не могут.[77,78]

В диетических рекомендациях США теперь подчеркивается важность общего здорового питания и образа жизни, а не только снижение уровня холестерина. Это включает в себя рекомендации употреблять больше овощей, фруктов, цельного зерна, жиров из авокадо, орехов и оливкового масла в соответствии со средиземноморской диетой, ограничивая при этом потребление насыщенных и трансжиров.

Средиземноморская диета

Средиземноморская диета - это способ питания, вдохновленный традиционными пищевыми привычками жителей регионов Средиземноморья. Эта диета часто считается одной из самых здоровых в мире. Две из вышеупомянутых "голубых зон" с самой высокой долей 100-летних людей в населении расположены в Средиземноморье: Сардиния в Италии и Икария в Греции.

Основные характеристики

Богатая фруктами и овощами: в средиземноморской диете особое внимание уделяется потреблению свежих фруктов и овощей. Эти продукты содержат важные витамины, минералы, антиоксиданты и клетчатку. Было доказано значительное снижение уровня холестерина при ежедневном употреблении от ½ до 1 ½ авокадо.[79]

Оливковое масло как основной источник жира: Оливковое масло используется в качестве основного источника жира в средиземноморской диете. Оно богато мононенасыщенными жирными кислотами и антиоксидантами, которые могут способствовать здоровью сердца. Однако этот эффект был доказан только при употреблении 1 литра оливкового масла в неделю.[76]

Умеренное потребление рыбы и морепродуктов: Средиземноморская диета включает в себя регулярное употребление рыбы и морепродуктов, которые богаты омега-3 жирными кислотами и помогают снизить риск сердечных заболеваний.

Умеренное потребление мяса птицы, яиц и молочных продуктов: Эти источники белка также потребляются в умеренных количествах в рамках средиземноморской диеты.

Сокращение потребления красного мяса: красное мясо, такое как говядина, свинина и баранина, в средиземноморской диете употребляется реже и заменяется другими источниками белка, такими как рыба, птица, бобовые и орехи.

Частое употребление бобовых, орехов и семян: Бобовые, такие как фасоль, чечевица и нут, а также орехи и семечки являются важными компонентами средиземноморской диеты и обеспечивают организм белком, клетчаткой и жирами. В частности, употребление 30 г орехов в день может значительно снизить сердечно-сосудистый риск.[80] Вид орехов играет меньшую роль в снижении уровня холестерина, чем их количество (особенно сильный эффект наблюдается при употреблении 60 г орехов в день).[81] Несмотря на большее количество потребляемых орехов, наблюдается значительное снижение массы тела.[82]

Умеренное потребление вина: Средиземноморская диета также рекомендует умеренное потребление красного вина, которое считается полезным для здоровья благодаря содержанию антиоксидантов и полифенолов. Положительный эффект красного вина стал известен благодаря "французскому парадоксу" - феномену, согласно которому, в отличие от региона Эльзаса, где производится белое вино, население Франции имеет более низкий уровень сердечных приступов и ишемической болезни сердца, несмотря на традиционно предпочтительное потребление сыра, масла и других продуктов, содержащих насыщенные жиры.[83]

Что лучше - масло или маргарин?

Помимо рекомендации есть яйца и не есть яйца, в диетологии существует еще один дуализм, когда речь заходит о сливочном масле и маргарине.

Что полезнее - масло с высоким содержанием холестерина или маргарин с ограниченным содержанием холестерина? Текущие рекомендации ESC и заявление группы немецких экспертов по питанию по-прежнему рекомендуют употреблять маргарин, а не сливочное масло.[75,84]

Однако, как и в случае с обсуждением яиц, теперь возникает вопрос о том, не следует ли отдавать предпочтение умеренному использованию сливочного масла перед маргарином.[85] Например, так называемая портфельная диета предполагает строгое исключение яиц и сливочного масла и рекомендует увеличить потребление растительных стеринов для долгосрочной защиты от сердечно-сосудистых заболеваний.[86]

Следует помнить, что маргарин содержит растительные стерины, которые действительно помогают снизить уровень холестерина, но в больших дозах сами оказывают атерогенное действие (вызывают кальцификацию сосудов), а также содержат глицидиловые эфиры жирных кислот, которые даже обладают потенциально канцерогенным действием, то есть могут быть канцерогенами.[87,88]

Поэтому чрезмерное потребление обработанных продуктов, включая маргарин, не всегда полезно для здоровья. Сбалансированная диета, богатая натуральными, необработанными продуктами, обычно считается более здоровым выбором. Если есть опасения по поводу ингредиентов маргарина, вместо него следует использовать альтернативные источники жира, например, оливковое масло, орехи или авокадо.

Оправдана ли демонизация жира?

Жировая ткань играет важную роль в регулировании уровня сахара в крови. Она является не только местом пассивного хранения избыточной энергии в виде жира, но и вырабатывает различные гормоны и сигнальные вещества. Кроме того, жировые клетки могут вырабатывать провоспалительные вещества, такие как цитокины и жирные кислоты, которые могут ухудшать чувствительность к инсулину.

Таким образом, жировая ткань является активным эндокринным органом, который влияет на регуляцию уровня сахара в крови и метаболизм в организме посредством выработки различных гормонов и сигнальных веществ. Здоровая регуляция этих гормонов и соответствующая функция жировой ткани важны для поддержания стабильного уровня сахара в крови и предотвращения метаболических нарушений, таких как сахарный диабет. Ученые Йельского университета имплантировали новую жировую ткань мышам с инсулинорезистентностью, которые затем смогли накапливать избыток глюкозы.[89]

Еще в 2008 году исследование показало, что низкожировая диета оказывает наибольший эффект йо-йо на массу тела через 2 года по сравнению со средиземноморской диетой и гипокалорийной диетой, то есть практически ничего не удается достичь в желаемом снижении веса, так как исходный уровень достигается снова.[90]

В 2011 году Гарвардское исследование, проведенное рабочей группой профессора Дариуша Мозаффариана на 120 000 американцев в течение четырех лет, показало, что люди, употреблявшие молочные продукты с высоким содержанием жира, потеряли массу тела, а те, кто употреблял молочные продукты с низким содержанием жира, (как это ни парадоксально) набрали вес.[91] В качестве возможных объяснений можно выделить следующие моменты:

1. Молочные продукты с низким содержанием жира не обладают таким же насыщающим эффектом, как молочные продукты с высоким содержанием жира.

2. люди склонны потреблять вдвое больше полужирных продуктов.

3. полужирные продукты часто содержат больше сахара/углеводов, чем низкожирные.

4. Продукты с высоким содержанием жира содержат больше кальция, который оказывает благоприятное воздействие на функцию адипоцитов во время усвоения жира через гормоны паратиреоидный гормон и кальцитриол.

В Дании в 2011 году был введен налог на жир, чтобы сделать продукты с высоким содержанием жира более дорогими, но он был отменен всего через 15 месяцев.[92] Хотя, возможно, с политической точки зрения было решено поощрять граждан страны к якобы более здоровому питанию, оказалось, что люди, как правило, переходят на еще более вредные для здоровья продукты, например, на продукты с высоким содержанием сахара или покупки в соседних странах.

Некоторые исследования выявили связь между высоким потреблением молочных продуктов, особенно цельного молока, и повышенным риском развития рака простаты, в то время как другие исследования не выявили никакой связи или даже показали защиту от рака груди, рака толстой кишки, сахарного диабета 2-го типа, сердечно-сосудистых заболеваний и остеопороза благодаря потреблению молока.[93,94]

Диаболизация жира и дуализм "яйца против яиц" или "масло против маргарина" не должны игнорировать взрывные разоблачения.

Взрывные разоблачения конфликта интересов

Следующие заявления гарвардских ученых, опубликованные в журнале New England Journal of Medicine в 1967 году, заложили основу для направления исследований в области сердечно-сосудистых заболеваний на более чем полвека и, возможно, на более поздний период:[95]

"Нет никаких сомнений в том, что уровень холестерина в сыворотке крови можно изменить, манипулируя количеством жира и холестерина в рационе".
"...практическая значимость различий в углеводах в рационе минимальна по сравнению с различиями в жирах и холестерине в рационе".

Разоблачение, опубликованное в престижном медицинском журнале JAMA Internal Medicine в 2016 году, показало, что у авторов исследования был конфликт интересов с сахарной промышленностью.[96]

Стоит также отметить, что в 2016 году ESC опубликовала карту оценки риска, которая классифицирует риск сердечной смерти.[97] Для определения индивидуального риска учитываются следующие факторы: возраст, пол, курящий/некурящий, показатели артериального давления, уровень холестерина.

Что же было забыто?

Правильно: сахар!

Неужели это простое совпадение, что комиссия по разработке рекомендаций просто забывает о таком классическом факторе риска сердечно-сосудистых заболеваний, как сахарный диабет?

После анализа текущей ситуации с исследованиями и с учетом взрывоопасных конфликтов интересов, которые исторически оказывали огромное влияние на научные исследования в течение последних 60 лет, не все кажется однозначным. Не исключено, что результаты исследований были направлены в нужное русло, ведь кто захочет представлять результаты исследований, противоречащие аподиктическому преобладающему мнению? Поэтому остается надеяться, что большинство научных исследований все же проводились беспристрастно. В принципе, однако, кажущиеся очевидными выводы о якобы здоровом питании должны быть гораздо более дифференцированными.

Ограничение калорий

В дополнение к средиземноморской диете ограничение калорий также может помочь добиться желаемого снижения веса.[98] Сокращение потребления калорий без ущерба для питательных веществ связано с увеличением продолжительности жизни и снижением числа возрастных заболеваний. Считается, что ограничение калорий замедляет метаболизм и способствует активации генов, связанных с долголетием и здоровьем.[99]

Кетогенная диета, низкоуглеводная диета и диета Аткинса - это три различных подхода к снижению потребления углеводов, от которых могут выиграть, в частности, спортсмены:

1. за счет улучшения спортивных результатов благодаря более эффективному использованию жиров в качестве топлива,
2. за счет более стабильного уровня сахара в крови,
3. сокращение времени восстановления после тренировок благодаря снижению склонности к воспалениям.

Кетогенная диета

Основная цель кетогенной диеты - привести организм в состояние кетоза, при котором сжигается жир, а кетоны, являющиеся побочными продуктами жирового обмена в печени, используются в качестве источника энергии.

Доля углеводов в кетогенной диете очень низкая, обычно она составляет не более 5-10 % от дневной нормы калорий. Обычно это составляет менее 50 граммов углеводов в день.

Основным источником энергии в кетогенной диете являются жиры, которые составляют около 70-80 % дневной нормы калорий.

Белки составляют оставшиеся 20-25 % дневной нормы калорий. Однако кетогенная диета может привести к повышению уровня мочевой кислоты, так как организм расщепляет больше жиров и вырабатывает кетоны, что может увеличить риск возникновения приступов подагры.[100]

Низкоуглеводная диета

При низкоуглеводной диете основное внимание уделяется снижению потребления углеводов для поддержания стабильного уровня сахара в крови и улучшения чувствительности к инсулину без обязательного введения организма в кетогенное состояние. Содержание углеводов в низкоуглеводной диете обычно выше, чем в кетогенной, но все же значительно ниже, чем в обычной западной диете.

Потребление углеводов может варьироваться в зависимости от индивидуальных потребностей, но обычно углеводы составляют около 15-20 % дневной нормы калорий.

Потребление жиров ниже, чем в кетогенной диете, - около 60 %, но может варьироваться в зависимости от предпочтений и целей.

Доля белка составляет около 30 % и находится в умеренном диапазоне при более высоком уровне суточного потребления калорий, чем в кетогенной диете.

Даже если низкоуглеводная диета кажется полезной для здоровья в целом, ее следует рассмотреть более детально: Качество и источники питательных веществ в низкоуглеводных диетах оказывают значительное влияние на выживаемость, так как низкоуглеводная диета в сочетании с животными жирами и белками имеет плохой прогноз, в то время как низкоуглеводная диета с растительными жирами и белками имеет лучший прогноз.[101]

Диета Аткинса

Диета Аткинса - это вариант низкоуглеводной диеты, разработанный американским кардиологом доктором Робертом Аткинсом и ставший популярным во всем мире в 1970-х годах.[102] Основной принцип диеты Аткинса - резкое сокращение потребления углеводов при увеличении потребления белков и жиров.

Как и в случае с низкоуглеводной диетой, количество углеводов составляет примерно 15-20 %.

Содержание жиров ниже, чем в кетогенной или низкоуглеводной диете, и составляет около 40-45 %.

Содержание белка относительно высокое - около 40 %, поэтому диету Аткинса часто называют высокобелковой.

В диете Аткинса особое внимание уделяется богатым белком продуктам, таким как мясо, рыба, яйца и сыр, поэтому высокое содержание клеточного животного белка (за исключением сыра и молочных продуктов) может привести к повышению уровня мочевой кислоты в крови.[103] Как ни парадоксально, но диете Аткинса приписывают рост сердечно-сосудистых заболеваний, что, возможно, объясняется сокращением потребления фруктов, овощей и цельнозерновых продуктов и легким доступом к белку за счет промышленно переработанных мясных продуктов.[104]

Сигнальный путь mTOR - ключ к долголетию

Низкокалорийная диета дает многообещающие преимущества для здоровья и долголетия благодаря влиянию на сигнальный путь mTOR (mechanistic Target of Rapamycin), который играет ключевую роль в регуляции клеточного роста, биосинтеза белка и метаболизма глюкозы.[105] Иммунодепрессант рапамицин ингибирует сигнальный путь mTOR и был первоначально получен из образцов бактерий с острова Пасхи (полинезийское название Рапа-Нуи) и назван в его честь. Сигнальный путь mTOR реагирует на различные сигналы окружающей среды и клеток, такие как питательные вещества, факторы роста, энергетический статус клетки и стресс. Нарушение работы сигнального пути mTOR может приводить к различным заболеваниям, таким как рак, нарушения обмена веществ и нейродегенеративные заболевания.[106] Поэтому исследование этого сигнального пути представляет большой интерес для медицины и разработки новых методов лечения долголетия. Помимо ограничения калорий, в сигнальный путь mTOR вмешиваются, например, диетические добавки куркумин, ресвератрол и препарат для лечения диабета метформин.

Осторожно:

Кетоацидоз - серьезное осложнение, которое может возникнуть у людей, страдающих сахарным диабетом. Он возникает, когда организм не вырабатывает достаточно инсулина для регулирования уровня глюкозы в крови и вместо этого сжигает жиры для получения энергии, что приводит к повышению уровня кетонов в крови. Симптомы кетоацидоза могут включать: чрезмерную жажду, частое мочеиспускание, тошноту, рвоту, боль в животе, слабость, спутанность сознания, затрудненное дыхание и сладковатый запах изо рта, напоминающий запах жидкости для снятия лака. Люди, придерживающиеся кетогенной диеты и не страдающие сахарным диабетом, обычно не подвержены кетоацидозу, поскольку выработка инсулина у них обычно достаточна для регулирования уровня сахара в крови.

Еще один аспект - высокое содержание белка в кетогенной диете. Даже если превышение рекомендуемой суточной нормы белка в 0,8 г на килограмм веса тела все еще считается безопасным, недавнее исследование на животных рекомендует соблюдать осторожность и призывает к дальнейшим клиническим исследованиям диет с высоким содержанием белка, поскольку повышенное содержание циркулирующей аминокислоты лейцина приводит к усилению активации сигнального пути mTOR, что, в свою очередь, ведет к усилению атеросклероза (кальцификации сосудов).[107]

Прежде чем приступить к ограничению калорий, рекомендуется обсудить этот вопрос с врачом или диетологом, чтобы убедиться в том, что сахарный диабет исключен и что нет нежелательных последствий других сопутствующих заболеваний. Кроме того, люди, ограничивающие калории, должны делать это под наблюдением врача, чтобы обеспечить поступление достаточного количества питательных веществ и сохранить оптимальное состояние здоровья.

Употребление мяса в сравнении с вегетарианской или веганской диетой

Употребление мяса

В целом мясо в умеренных количествах является частью сбалансированной диеты и может быть важным источником необходимых питательных веществ. Однако для улучшения эффекта для здоровья следует учитывать качество мяса и способы его приготовления.

Красное мясо

Красное мясо получают от млекопитающих, таких как крупный рогатый скот, свиньи и овцы. Как правило, оно имеет темный цвет из-за высокого содержания миоглобина - белка, который накапливает кислород в мышечной ткани.

Красное мясо богато незаменимыми аминокислотами, железом, цинком, витамином B12 и другими витаминами группы B. Чрезмерное потребление красного мяса, особенно переработанного (колбасы и бекон), связано с повышенным риском сердечных заболеваний, инсульта, диабета второго типа и некоторых видов рака.[108]

Опасения вызывает и палео-диета - форма питания по образцу эпохи неолита, в которой мало клетчатки из-за отсутствия зерновых продуктов и которая, благодаря повышенному потреблению мяса, позволяет кишечным бактериям вырабатывать продукты метаболизма, вредные для здоровья кишечника и кровеносных сосудов (атеросклероз).[109]

Однако несколько мета-анализов показали лишь очень слабое и неопределенное влияние на общую смертность и развитие рака при отказе от красного мяса, так что общая рекомендация избегать красного мяса невозможна.[110,111,112]

Белое мясо

Белое мясо обычно получают из птицы, такой как курица и индейка, и морепродуктов, таких как рыба и моллюски. Оно светлее по цвету из-за низкого содержания миоглобина. Белое мясо также содержит много белка, а также витамин B12, цинк и другие питательные вещества, хотя содержание железа в нем, как правило, ниже, чем в красном мясе. Белое мясо, как правило, более постное и содержит меньше насыщенных жиров. В частности, мясо птицы без кожи является источником белка с низким содержанием жира.

Белое мясо, особенно птица без кожи, часто считается более здоровой альтернативой красному мясу. Оно не связано с таким же риском сердечных заболеваний и рака. Более того, белое мясо часто рекомендуют, потому что оно содержит меньше насыщенных жиров и может оказывать более благоприятное воздействие на уровень холестерина. Однако недавний обзор и мета-анализ пришли к неутешительному выводу, что белое мясо не приносит ни пользы, ни вреда здоровью в отношении развития сердечно-сосудистых заболеваний и сахарного диабета 2 типа.[113]

Вегетарианская или веганская диета

Вегетарианская диета не включает мясные и рыбные продукты, но может включать молочные продукты, яйца, мед и другие продукты животного происхождения, в то время как веганская диета исключает все продукты животного происхождения. Вегетарианская или веганская диета может быть полезной для здоровья, если она сбалансирована и содержит все необходимые питательные вещества. Чтобы обеспечить удовлетворение всех потребностей в питании, необходимо тщательно планировать рацион.

Риски для здоровья при вегетарианской или веганской диете

Дефицит витамина B12: витамин B12 содержится в основном в продуктах животного происхождения, таких как мясо, рыба, молочные продукты и яйца. Дефицит витамина B12 может привести к анемии и неврологическим проблемам. Поэтому вегетарианцы и веганы должны получать витамин B12 из обогащенных продуктов, пищевых добавок или достаточных порций растительной пищи, богатой витамином B12, например, обогащенных соевых продуктов или препаратов из водорослей.

Дефицит фолиевой кислоты: Фолиевая кислота содержится в печени и яйцах, а также в растительных продуктах, таких как капуста, шпинат, помидоры, бобовые и апельсины. Дефицит фолиевой кислоты может иметь потенциально серьезные последствия для здоровья ребенка, особенно для беременных веганов.

Фолиевая кислота, иногда называемая витамином B9, имеет решающее значение для развития нервной трубки у развивающегося плода. Дефицит фолиевой кислоты и витамина B12 во время беременности повышает риск необратимых повреждений у новорожденного из-за дефектов нервной трубки, таких как spina bifida и анэнцефалия.[114]

Дефицит железа: железо из растительных источников обычно усваивается организмом менее эффективно, чем железо из животных источников. Люди, придерживающиеся вегетарианской или веганской диеты, должны регулярно употреблять богатые железом растительные продукты, такие как бобовые, орехи, семена, зеленые листовые овощи и обогащенные злаки, и сочетать их с продуктами, богатыми витамином С, чтобы улучшить усвоение. Недостаток железа может привести к снижению поступления кислорода в клетки, что может вызвать усталость, слабость и снижение физической работоспособности.[115]

Дефицит кальция: молочные продукты являются основным источником кальция в рационе. Люди, придерживающиеся вегетарианской или веганской диеты, должны включать в свой рацион альтернативные источники кальция, такие как обогащенное растительное молоко, зеленые листовые овощи (например, кейл, брокколи), тофу и миндаль. Симптомами дефицита кальция могут быть судороги, мышечные подергивания, онемение, покалывание, переломы костей, сердечная аритмия и усталость.[116,117]

Недостаток незаменимых аминокислот: незаменимые аминокислоты не могут вырабатываться организмом самостоятельно и обычно содержатся в больших количествах в мясе (говядина, свинина, птица), рыбе, морепродуктах и молочных продуктах. Для вегетарианской и/или веганской диеты подходят следующие растительные источники белка: бобовые (фасоль, чечевица, нут), соевые продукты (тофу, темпе, эдамаме), цельнозерновые продукты (коричневый рис, киноа, овсяные хлопья), орехи и семена (миндаль, грецкие орехи, семена подсолнечника, семена чиа). Недостаток незаменимых аминокислот может ослабить иммунную систему и повысить восприимчивость к инфекциям, поскольку белки играют важную роль в иммунной функции.[118] Некоторые незаменимые аминокислоты являются предшественниками нейротрансмиттеров в мозге, которые важны для регуляции настроения, сна и других неврологических функций.[119]

Хотя растительные белки могут быть источником белка, важно употреблять разнообразные богатые белком растительные продукты, чтобы обеспечить достаточное количество всех незаменимых аминокислот.

Другие мясные альтернативы

Искусственное мясо

Искусственное мясо, также известное как культивированное мясо или мясо in vitro, производится в лаборатории из клеток животных без необходимости их забоя. Процесс производства разработан таким образом, чтобы способствовать росту мышечной ткани в контролируемой среде.

В производстве искусственного мяса используются так называемые иммортализованные клетки, которые способны размножаться бесконечно долго, в отличие от обычных клеток, которые проходят ограниченное количество делений, прежде чем стареют и умирают.

Иммортализация ("превращение в бессмертные") клеток может происходить естественным путем, например, в стволовых или раковых клетках, или может быть достигнута экспериментальными методами. Хотя раковые клетки часто обладают способностью к иммортализации, не все иммортализованные клетки обязательно являются раковыми.[120]

Однако это также создает следующие проблемы: "Попытки продавать культивированное мясо как обычное и наоборот могут привести к многочисленным юридическим проблемам.

Возможность неправильной маркировки продуктов и производства мяса из неживотных видов также может привести к серьезным проблемам со здоровьем, поскольку, как показывают исследования, употребление канцерогенных клеточных линий in vitro может передавать ДНК [дезоксирибонуклеиновую кислоту]".[121]

Насекомые

В некоторых культурах насекомых употребляют в пищу как источник белка. Такие продукты, как мучные черви, кузнечики или сверчки, все чаще рассматриваются как богатая белком альтернатива обычному мясу. Производство насекомых обычно требует меньше земли, воды и ресурсов по сравнению с животноводством. Насекомых также можно разводить на биологических отходах или побочных продуктах сельского хозяйства, что еще больше снижает воздействие на окружающую среду. Согласно Целям устойчивого развития ВОЗ, съедобные насекомые, такие как мучные черви, кузнечики и сверчки, могут служить богатой белком заменой мяса.[122] Однако здесь возникают проблемы со здоровьем, например, из-за воздействия микотоксинов ("токсинов плесени"), которые играют особенно важную роль для видов жуков, или из-за непереносимости хитиновой оболочки.[123]

В принципе, альтернативы традиционному мясу представляют собой интересный подход для будущего, но при этом необходимо уделять внимание безопасности пищевых продуктов и возможным рискам для здоровья в процессе производства. Для этого еще необходимо провести большое количество исследований и тестов.

Дилемма с солью в пище

"Хлеб и соль" - это культурный символ, который имеет значение во многих частях мира. Он часто используется в качестве подарка по различным поводам и символизирует гостеприимство, процветание и здоровье.

Всемирная организация здравоохранения (ВОЗ) рекомендует употреблять не более 5 г соли в день, что составляет всего около чайной ложки, для поддержания хорошего здоровья.[124] Не указано, какое количество соли является слишком малым.

С медицинской точки зрения поваренная соль не является принципиально вредной для здоровья, но играет важную роль в организме человека. Натрий, один из химических компонентов соли, необходим для различных жизненно важных функций организма, включая регуляцию баланса жидкости, работу нервов и сокращение мышц. Однако как избыточное, так и недостаточное потребление соли может быть вредным для здоровья.

Много соли в рационе

Чрезмерное потребление соли может вызвать целый ряд проблем со здоровьем. Вот некоторые из наиболее распространенных вредных последствий для здоровья, связанных с высоким потреблением соли:

Сердечно-сосудистые заболевания: Через повышение кровяного давления и другие механизмы чрезмерное потребление соли может увеличить риск сердечно-сосудистых заболеваний.[125] К ним относятся инфаркты, инсульты, атеросклероз (затвердение кровеносных сосудов) и сердечная недостаточность. Во время имитации полета на Марс, который длился 105 дней в России, членам экипажа, заключенным в контейнер, давали пищу с пониженным ВОЗ уровнем соли, которую участники испытаний не заметили по вкусовым качествам и которая привела к значительному снижению показателей систолического ("верхнего") артериального давления.[126]

Проблемы с почками: Почки выполняют важную функцию по восстановлению водно-натриевого баланса в организме. Чрезмерное потребление соли может создать нагрузку на почки и увеличить риск образования камней в почках, дисфункции почек и других почечных проблем.[127]

Остеопороз: высокое потребление соли может привести к тому, что организм будет выводить с мочой больше кальция. В долгосрочной перспективе это может привести к потере костной массы и увеличить риск развития остеопороза и переломов костей.[126] Однако одно исследование ставит под сомнение нарушение кальциевого баланса, вызванное высоким потреблением соли, и считает, что в этом больше виноват сахар.[128]

Здоровье желудка: чрезмерное потребление соли может вызвать раздражение слизистой оболочки желудка и увеличить риск развития язвы и даже рака желудка.[129]

Задержка жидкости и отеки: Высокое потребление соли может вызвать задержку воды в организме, что может привести к отекам конечностей и других областей тела.

Меньше соли в рационе

Однако слишком малое количество соли также может нанести вред здоровью. Соль важна для организма, поскольку она обеспечивает его натрием и хлоридом, которые необходимы для различных жизненно важных функций. Слишком малое потребление соли может привести к дисбалансу жидкости и другим проблемам со здоровьем. Возможные последствия недостаточного потребления соли следующие

Гипонатриемия: слишком малое потребление натрия может привести к снижению уровня натрия в крови, что называется гипонатриемией. Это состояние может вызывать такие симптомы, как усталость, головные боли, тошнота, мышечные судороги, спутанность сознания, а в тяжелых случаях даже судороги и потеря сознания.

Обезвоживание: соль играет важную роль в регулировании баланса жидкости в организме. Слишком малое потребление соли может привести к тому, что организм не будет задерживать достаточное количество воды, что может привести к обезвоживанию и дисбалансу электролитов ("солей крови"). В тяжелых случаях обезвоживание может привести к более серьезным проблемам, таким как коллапс системы кровообращения, отказ почек, потеря сознания и даже смерть, если не оказать своевременную помощь.

Сердечно-сосудистые заболевания: Низкое потребление соли может увеличить риск развития сердечно-сосудистых заболеваний с повышенным риском инфаркта, инсульта и сердечной недостаточности.[130] Отчасти это может быть связано с влиянием на кровяное давление и баланс жидкости.

Задержка жидкости и отеки: Когда уровень натрия в крови слишком низок, организм может испытывать трудности с выведением лишней жидкости, что приводит к накоплению жидкости в тканях. Это накопление жидкости может проявляться в виде отеков (отек), которые часто возникают в ногах, лодыжках или животе.

Проблемы с почками: слишком низкое потребление соли может привести к перегрузке почек, поскольку им не хватает жидкости для эффективной фильтрации продуктов распада.[128] Недостаточное потребление жидкости может привести к повышению концентрации веществ в моче, что способствует образованию камней в почках. Это может вызывать дискомфорт и со временем привести к повреждению почек.

Парадоксальные реакции

Тот факт, что сердечно-сосудистые заболевания возникают как при высоком, так и при низком потреблении соли, поначалу кажется парадоксальным. Это может быть связано с противоречивыми сообщениями о парадоксальных реакциях, например, чрезмерное потребление соли в клинических исследованиях и на животных вызывает снижение артериального давления, в то время как низкое потребление соли может привести к повышению артериального давления.[129] Попытки объяснить это начинаются с вегетативной функции почек, которые чутко реагируют на изменение содержания солей в крови и артериального давления, а затем также осуществляют контррегуляцию, в ту или иную сторону.

Недавнее китайское исследование показало, что снижению артериального давления и укреплению здоровья способствует не ограничение соли в рационе, а использование хлорида калия в качестве заменителя соли по сравнению с хлоридом натрия ("поваренной солью").[131]

Поэтому распространенная рекомендация "Много соли - вредно для здоровья, мало соли - полезно для здоровья!" не является достаточно обоснованной и в некоторых случаях даже нуждается в сомнении. Представляется целесообразным достичь баланса, который, вероятно, должен быть оценен по-разному для каждого человека. Необходимо провести дальнейшие исследования, чтобы определить ежедневное количество соли, потребляемое для достижения этого баланса.

Прерывистое голодание

Прерывистое голодание - это метод питания, ставший очень популярным в последние годы и подразумевающий чередование фаз приема пищи и голодания. Существуют различные формы прерывистого голодания, но все они подразумевают периоды отказа от пищи, за которыми следуют периоды нормального питания. Преимущества прерывистого голодания заключаются в снижении веса, улучшении метаболизма, повышении чувствительности к инсулину и, возможно, увеличении продолжительности жизни.[132]

Наиболее известными формами прерывистого голодания являются

Метод 16/8: при этом методе вы поститесь 16 часов в день, а затем принимаете пищу в течение 8 часов.[133]

Диета 5:2: пять дней в неделю вы питаетесь нормально, а в остальные два дня сокращаете потребление калорий до 500-600 калорий в день.[134]

Ешь-стоп-ешь: эта форма прерывистого голодания предполагает голодание в течение 24 часов один или два раза в неделю, употребление только воды, чая или кофе без калорий во время голодания, а согласно недавно опубликованному исследованию, интервал водного голодания был даже увеличен до целой недели.[135]

Чередование дней голодания: эта схема предполагает чередование дня нормального питания и дня голодания со значительным ограничением калорий.[134]

Предостережение:

Однако в некоторых случаях прерывистое голодание может быть проблематичным.

может быть проблематичным. Например, людям с недостаточным весом или расстройствами пищевого поведения, такими как анорексия или булимия, следует избегать прерывистого голодания, поскольку это может привести к дальнейшей потере веса и нанести вред здоровью. Беременным и кормящим женщинам также не следует поститься, поскольку они и их дети нуждаются в полноценном питании. Более длительные интервалы водного голодания также могут способствовать тромбозу, потере костной массы и сердечной недостаточности из-за изменений в белковом балансе.[135] Людям, принимающим определенные лекарства или имеющим определенные заболевания, такие как сахарный диабет или гормональные нарушения, перед началом прерывистого голодания следует проконсультироваться с врачом, чтобы убедиться, что оно не окажет негативного влияния на их здоровье. В 2024 году в Китае было проведено исследование, в котором утверждалось, что риск сердечной смерти при прерывистом голодании увеличивается на 91 % на основе данных здравоохранения США, хотя данные этого исследования не прошли процедуру экспертной оценки и оказались "недостаточно мощными" для прогностического значения, поскольку в результате исследования был зарегистрирован 31 случай смерти.[136]

Имитация голодания

Имитация голодания или "диета, имитирующая голодание" - это довольно новая диетическая стратегия, которая направлена на имитацию полезных свойств голодания при употреблении пищи. Имитация голодания основана на определенном составе продуктов, которые употребляются в течение определенного периода времени, чтобы имитировать состояние, подобное голоданию, для организма. Принцип мнимого голодания включает в себя следующее

Ограничение калорий: во время мнимого голодания потребление калорий значительно снижается, обычно до 40-50% от обычного.[137]

Состав питательных веществ: Имитационное голодание состоит из определенных продуктов, которые содержат определенные питательные вещества в определенном составе, чтобы обеспечить организм достаточным количеством питательных веществ, несмотря на сокращение потребления калорий. Эти продукты включают ненасыщенные жиры, такие как оливковое масло или орехи, составляющие 44-46% от общего количества потребляемых калорий, потребление белков ограничено примерно 9-11% от общего количества потребляемых калорий, а потребление углеводов ограничено примерно 43-47% от общего количества потребляемых калорий.[138]

Контролируемая продолжительность: притворное голодание обычно проводится в течение 5 дней подряд.[139] Этот период выбран таким образом, чтобы организм перешел в режим голодания и активизировались определенные метаболические процессы, связанные с пользой голодания для здоровья.

Циклическое повторение: Шамское голодание можно повторять циклически, как правило, каждые несколько месяцев.[139] Рекомендуется проводить мнимое голодание под наблюдением врача и предварительно проконсультироваться с ним, особенно если у вас есть определенные заболевания или медицинские проблемы.

Мнимое голодание призвано способствовать аутофагии (очищению и восстановлению клеток), уменьшению воспаления, улучшению обмена веществ и долголетию, при этом минимизируя риски полного голодания.[139]

Воздействие холода

Воздействие холодом может помочь сбросить вес, но эффект от одного только холодового воздействия довольно ограничен.

Криотерапия

Криотерапия подразумевает воздействие на организм экстремально низких температур в течение короткого периода времени, обычно в специальной холодильной камере или путем местного применения холодных пакетов. Температура в холодильных камерах может достигать -100°С и ниже, в то время как локальные холодовые процедуры обычно проводятся при менее экстремальных температурах от -10°С до -30°С.[140] Продолжительность процедуры обычно варьируется от нескольких минут до максимум 15 минут за сеанс, в зависимости от индивидуальной переносимости и указаний терапевта.

Применение холодной воды

Процедуры с холодной водой, такие как холодные ванны или холодные бассейны, также могут использоваться для восстановления после физических нагрузок или для общего укрепления здоровья. Температура воды здесь обычно составляет от 10 до 15 °С.[141] Продолжительность воздействия холодной воды может быть разной, но обычно рекомендуются короткие ванны продолжительностью 5-10 минут.

Существует несколько механизмов, которые могут объяснить, почему воздействие холода может косвенно способствовать снижению веса:

Сжигание калорий для получения тепла: когда тело подвергается воздействию холода, ему приходится тратить больше энергии для поддержания основной температуры. Это может привести к увеличению энергозатрат, что, в свою очередь, приводит к сжиганию большего количества калорий.[142]

Активация бурой жировой ткани: бурая жировая ткань - это тип жира, который вырабатывает тепло за счет сжигания жира и глюкозы. Воздействие холода может усилить активацию бурой жировой ткани, что увеличивает расход энергии.[143]

Подавление аппетита: некоторые исследования показывают, что воздействие холода может снижать аппетит. Это может привести к тому, что люди будут есть меньше и, следовательно, потреблять меньше калорий.[144]

Долгая жизнь благодаря обработке холодом?

Идея о том, что лечение холодом или воздействие холода может привести к увеличению продолжительности жизни, основана на различных теориях. Воздействие холода может стимулировать метаболизм и способствовать активации метаболических путей, таких как сигнальный путь AMPK (аденозинмонофосфат-активируемая протеинкиназа) (см. главу "Диетология в переходный период"; подраздел "Сигнальный путь mTOR - ключ к долгой жизни").[144] Кроме того, воздействие холода может увеличить выработку антиоксидантных ферментов, которые помогают снизить окислительный стресс и предотвратить повреждение клеток.[144]

Осторожно:

Однако холодные процедуры следует применять с осторожностью, особенно людям с некоторыми заболеваниями, такими как сердечно-сосудистые заболевания или синдром Рейно (рефлекторное сужение сосудов).[145] Перед началом лечения холодом рекомендуется проконсультироваться с врачом и/или квалифицированным терапевтом, чтобы определить подходящую температуру и время применения во избежание риска для здоровья.

Заключение

- Догма о плохом имидже яиц, жира и соли отчасти необоснованна и отвлекает от опасности сахара
- Аспекты долголетия, связанные с кето- или низкоуглеводной диетой, подтверждены результатами исследований на молекулярном уровне
- Мясо не обязательно является вредной пищей
- Холодные процедуры помогают контролировать вес

Глава 4: Добавки и суперпродукты для долгой жизни

Добавки, направленные на продление жизни, - сложная тема, и нет четких доказательств того, что некоторые продукты действительно могут продлить жизнь. Однако есть некоторые добавки, ассоциирующиеся со здоровьем и долголетием, о которых стоит упомянуть.

Суперпродукты

"Суперпродукты" - это термин, используемый для обозначения некоторых близких к пище продуктов, которые особенно богаты питательными веществами и, предположительно, могут обеспечить различные преимущества для здоровья. Эти продукты часто содержат высокую концентрацию витаминов, минералов, антиоксидантов, омега-3 жирных кислот, клетчатки и других важных питательных веществ, которые считаются полезными для здоровья организма, от укрепления иммунной системы до предотвращения болезней.

Среди примеров суперфудов - ягоды (ягоды годжи и черника), зеленые листовые овощи (шпинат и кейл), орехи и семена (семена чиа и грецкие орехи), киноа, авокадо, куркума и имбирь.[146]

Термины "суперпродукты" или "функциональные продукты питания" не имеют научного определения и не признаны официальными органами, такими как Управление по контролю за продуктами и лекарствами (FDA) или Европейское управление по безопасности пищевых продуктов (EFSA).146 Однако этот термин часто используется в СМИ и маркетинге для обозначения продуктов, которые считаются особенно полезными для здоровья.

Следует также отметить, что сами по себе суперпродукты не могут заменить сбалансированную диету.

Антиоксиданты

Антиоксиданты, такие как витамин C, витамин E, бета-каротин, флавоноиды и полифенолы, известны своей способностью нейтрализовать свободные радикалы и уменьшать повреждение клеток.

Свободные радикалы

Свободные радикалы - это молекулы с неспаренным электроном во внешней оболочке, что делает их нестабильными. Чтобы уменьшить эту нестабильность, свободные радикалы ищут другую молекулу, у которой они могут украсть электрон. Этот процесс называется окислением. Молекула, лишенная электрона, сама становится свободным радикалом, поскольку теперь у нее есть неспаренный электрон.[146] Это может привести к цепной реакции, в ходе которой многие молекулы повреждаются, теряя электроны и превращаясь в свободные радикалы.[145]

Свободные радикалы могут возникать различными путями: в результате естественных метаболических процессов в организме, а также под воздействием внешних факторов, таких как ультрафиолетовое излучение, курение, загрязнение окружающей среды и неправильное питание. Они играют роль в различных заболеваниях и процессах старения, повреждая клетки и ткани и разрушая ДНК, белки и липиды, что может способствовать развитию различных заболеваний, таких как рак, сердечно-сосудистые заболевания, нейродегенеративные заболевания

(заболевания, при которых погибают нервные клетки) и сокращению продолжительности жизни.[147]

Однако в организме есть механизмы борьбы со свободными радикалами. Антиоксиданты - это молекулы, которые могут захватывать и выключать свободные радикалы, отдавая им электрон и не становясь при этом нестабильными сами. Диета, богатая антиоксидантными продуктами, такими как ягоды, зеленые овощи, орехи и специи, может помочь снизить разрушительное воздействие свободных радикалов, укрепить здоровье и, возможно, способствовать долголетию. Это обусловлено противораковыми, кардиопротекторными (защищающими сердечно-сосудистую систему) и нейропротекторными (защищающими нервные клетки) свойствами антиоксидантов.

Витамин С

Витамин С - вторая по распространенности пищевая добавка в мире. Известный также как аскорбиновая кислота, он представляет собой водорастворимый витамин, играющий важную роль в биологических процессах организма. Дефицит витамина С может привести к серьезному заболеванию, называемому цингой, которое характеризуется усталостью, мышечной слабостью, болью в суставах, кровоточивостью десен, выпадением зубов и нарушением заживления ран. В настоящее время цинга редко встречается в развитых странах, но исторически она была болезнью моряков, поскольку свежие фрукты и овощи, являющиеся важными источниками витамина С, часто были недоступны, и этот факт признал британский морской хирург Джеймс Линд в 1754 году.[148] Во время более поздних плаваний знаменитый кругосветный мореплаватель, британский капитан Джеймс Кук, давал своей команде "пиво (приготовленное из экспериментального концентрированного солодового экстракта)", квашеную капусту и свежее мясо морского льва для профилактики и лечения цинги.[149]

Витамин С действует как мощный антиоксидант в организме и может способствовать долголетию благодаря следующим биологическим функциям:

Антиоксидантное действие: витамин С обладает мощным антиоксидантным действием, нейтрализуя свободные радикалы и уменьшая окислительное повреждение клеток и тканей. Снижая окислительный стресс, витамин С помогает замедлить процесс старения и снизить риск возрастных заболеваний, таких как болезни сердца, рак и нейродегенеративные заболевания.[150]

Иммунная функция: витамин С играет важную роль в поддержке иммунной системы, укрепляя защитные силы организма от инфекций и болезней, особенно при опухолевых заболеваниях.[151] Укрепляя иммунную систему, витамин С может способствовать укреплению здоровья и долголетию.

Выработка коллагена: витамин С необходим для образования коллагена - белка, который играет важную роль в здоровье кожи, костей, зубов и соединительной ткани. Достаточное потребление витамина С может помочь поддержать выработку коллагена и сохранить здоровье этих тканей.[152]

Кардиопротекторный эффект: витамин С помогает поддерживать здоровье сердечно-сосудистой системы, улучшая работу кровеносных сосудов, снижая кровяное давление и уменьшая образование амилоидных бляшек при сосудистой деменции (болезни Альцгеймера).[153,154] Это поможет снизить риск сердечно-сосудистых заболеваний и увеличить продолжительность жизни.[155]

Нейропротекторный эффект: некоторые исследования показывают, что витамин С может выступать в роли нейропротектора, помогая снизить вероятность развития нейродегенеративных заболеваний, таких как болезнь Альцгеймера и болезнь Паркинсона, уменьшая повреждение нервных клеток и поддерживая функции мозга.[156]

Осторожно:

Сбалансированная диета иногда считается лучшим источником витамина C. К продуктам, богатым витамином C, относятся такие фрукты, как апельсины, грейпфруты, клубника и киви, а также овощи, такие как перец, брокколи, шпинат, шнитт-лук и квашеная капуста, приготовленная из белокочанной капусты с молочнокислыми бактериями. При необходимости можно также использовать пищевые добавки, содержащие витамин C, чтобы обеспечить организм достаточным количеством этого важного питательного вещества. Однако высокие дозы могут вызвать побочные эффекты, такие как образование камней в почках (из-за повышения содержания щавелевой кислоты) или развитие гемолиза (растворение красных кровяных телец).[157]

Цинк

Цинк - важнейший микроэлемент, который действует в организме как антиоксидант. Он защищает клетки от окислительного стресса, нейтрализуя свободные радикалы и тем самым уменьшая воспаление и повреждение клеток. Цинк играет важную роль в различных физиологических процессах в организме, включая иммунную систему, заживление ран, метаболизм глюкозы и рост клеток.[158] Красное мясо, такое как говядина, баранина и свинина, птица, такая как курица и индейка, а также рыба и морепродукты богаты цинком. Бобовые (фасоль, чечевица, нут, горох), орехи (орехи кешью, миндаль, грецкие орехи), семена (тыквенные семечки и кунжут) и цельнозерновые продукты (овсяные хлопья, цельнозерновой хлеб и коричневый рис) также являются хорошими источниками цинка. Молоко, сыр и йогурт также содержат цинк и кальций. Фрукты не являются особенно хорошим источником цинка, в то время как некоторые овощи, такие как шпинат, капуста, брокколи и спаржа, содержат цинк, хотя и в меньших количествах по сравнению с другими источниками. Цинк оказывает множество положительных эффектов на организм человека.

Некоторые из наиболее важных эффектов перечислены ниже:

Иммунная функция: Цинк является важным помощником иммунной системы. Цинк помогает регулировать работу иммунных клеток и выработку антител, что помогает бороться с инфекциями и повышает сопротивляемость болезням.[159]

Заживление ран: цинк необходим для нормального заживления ран. Он поддерживает образование новых клеток и тканей, способствует выработке коллагена и ускоряет процесс заживления травм и ран.[160]

Антиоксидантное действие: как и витамин С, цинк обладает сильным антиоксидантным действием, защищая клетки от разрушительного воздействия свободных радикалов. Это помогает уменьшить воспаление и замедлить процесс старения.[158]

Регуляция гормонов: Цинк участвует в регуляции многих гормонов, включая инсулин, который контролирует уровень сахара в крови, и половые гормоны, такие как тестостерон и эстроген.[161]

Здоровая кожа: цинк помогает регулировать выработку кожного сала и облегчает такие проблемы кожи, как акне. Цинк играет важную роль в поддержании здоровья и целостности кожи.[162]

Неврологическая функция: Цинк необходим для нормальной неврологической функции. Он играет роль в передаче сигналов между нервными клетками, может стабилизировать когнитивные функции и настроение, а также останавливает преждевременное старение.[163]

Синтез ДНК: цинк служит кофактором для различных ферментов, участвующих в синтезе ДНК (дублирование молекул нуклеиновых кислот, являющихся носителями генетической информации клетки). Ферменты - это белки, которые катализируют химические реакции в организме. Без достаточного количества цинка эти ферменты не могут функционировать должным образом, что нарушает синтез ДНК. Цинк, участвующий в синтезе ДНК, важен для роста, восстановления и функционирования клеток.[164]

Осторожно:

Чрезмерное потребление цинка может вызвать желудочно-кишечные расстройства, такие как тошнота, рвота и желудочные спазмы. В долгосрочной перспективе может нарушиться усвоение меди и железа, что может привести к дальнейшим проблемам со здоровьем, таким как железодефицитная анемия.[165] Поэтому, прежде чем планировать регулярное употребление цинка, необходимо проконсультироваться с врачом.

Витамин Е

Витамин Е - жирорастворимое соединение и мощный антиоксидант, содержащийся в различных продуктах питания. Он играет важную роль в поддержании здоровья и потенциально полезен для долголетия. Аспекты влияния витамина Е на продолжительность жизни таковы:

Антиоксидантное действие: витамин Е - один из самых важных жирорастворимых антиоксидантов в организме. Он нейтрализует свободные радикалы и снижает окислительный стресс, что помогает предотвратить повреждение клеток и замедлить процесс старения.[166]

Кардиопротекторный эффект: витамин Е помогает поддерживать здоровье сердечно-сосудистой системы, уменьшая образование бляшек в артериях, улучшая кровоток и поддерживая функцию кровеносных сосудов. Это помогает снизить риск сердечных заболеваний (доказано на примере женщин с ожирением) и увеличить продолжительность жизни.[167]

Иммунная функция: витамин Е играет важную роль в поддержке иммунной системы и помогает укрепить защиту организма от инфекций и болезней. Достаточное потребление витамина Е способствует укреплению здоровья и долголетию.[168]

Противовоспалительный эффект: витамин Е обладает противовоспалительными свойствами, которые помогают противостоять хроническому воспалению в организме. Хроническое воспаление может вызывать различные возрастные заболевания, поэтому некоторые исследования показывают, что противовоспалительные питательные вещества, такие как витамин Е, помогают укрепить здоровье и поддержать долголетие.[169]

Здоровье кожи: Витамин Е также важен для здоровья кожи и способен защитить ее от повреждений, вызванных ультрафиолетовым излучением и токсинами окружающей среды. Достаточное потребление витамина Е помогает улучшить текстуру кожи и уменьшить проявление признаков старения кожи, таких как морщины и тонкие линии.[170]

Осторожно:

Как и в случае с витамином С, лучшим источником витамина Е считается сбалансированное питание. К продуктам, богатым витамином Е, относятся орехи, семечки, растительные масла, авокадо, зеленые листовые овощи и цельнозерновые продукты.

Несмотря на многообещающие результаты отдельных исследований, Целевая группа по профилактическим услугам США (USPSTF) 2022 рекомендовала не использовать витамин Е в качестве пищевой добавки для профилактики сердечно-сосудистых заболеваний и рака, поскольку данные исследований о положительных или отрицательных эффектах противоречивы.[171] USPSTF - это независимая группа специалистов в области здравоохранения, созданная правительством США для разработки научно обоснованных рекомендаций по клинической профилактике с целью улучшения здоровья населения США.

Бета-каротин

Бета-каротин - предшественник витамина А и каротиноид, содержащийся в различных оранжевых и темно-зеленых овощах и фруктах. Он является мощным антиоксидантом и потенциально полезен для здоровья и долголетия. Вот несколько способов, с помощью которых бета-каротин может влиять на продолжительность жизни:

Антиоксидантное действие: бета-каротин - мощный антиоксидант, который нейтрализует свободные радикалы и уменьшает окислительное повреждение клеток и тканей. Снижая окислительный стресс, бета-каротин может способствовать замедлению процесса старения и уменьшению вероятности развития возрастных заболеваний.[172]

Кардиопротекторный эффект: несмотря на свой антиоксидантный эффект, бета-каротин, вопреки прежним предположениям, не только не поддерживает здоровье сердечно-сосудистой системы, но даже, похоже, способствует развитию сердечно-сосудистых заболеваний.[173]

Здоровье кожи: Бета-каротин часто используется в качестве пищевой добавки для улучшения здоровья кожи, поскольку он помогает защитить ее от вредных воздействий, таких как ультрафиолетовое излучение и токсины окружающей среды. Достаточное потребление бета-каротина помогает улучшить текстуру кожи и уменьшить проявление таких признаков старения кожи, как морщины и тонкие линии.[174]

Здоровье глаз: бета-каротин важен для зрительной функции и может помочь поддержать здоровье глаз. Он преобразуется в витамин А, который играет важную роль в работе зрительных клеток и адаптации к различным условиям освещения.[175]

Осторожно:

К продуктам, богатым бета-каротином, относятся морковь, сладкий картофель, тыква, шпинат, манго и абрикосы. Однако к приему бета-каротина в качестве пищевой добавки также следует относиться критически. Крупное исследование, так называемое "Испытание эффективности бета-каротина и ретинола" (CARET), показало, что курильщики, принимавшие добавки с бета-каротином и витамином А, имели повышенный риск развития рака легких. Исследование было досрочно прекращено, когда выяснилось, что прием добавок повышает риск развития рака легких.[176] Как и в случае с витамином Е, Целевая группа по профилактике заболеваний США (USPSTF) 2022 также не рекомендует принимать добавки с бета-каротином для профилактики сердечно-сосудистых и онкологических заболеваний, тем более что в случае сомнений эти заболевания могут даже способствовать их развитию.[169] Исторически сложилось так, что полярные исследователи в Арктике часто употребляли печень белого медведя, богатую витамином А, чтобы восполнить потребность в витамине С, что приводило к передозировке витамина А, в том числе к выпадению волос и потере зубов.

Лютеин

Лютеин также является антиоксидантом и относится к группе каротиноидов - природных пигментов. Лютеин содержится в яичных желтках и во многих видах фруктов и овощей, особенно в зеленых листовых овощах, таких как шпинат, кейл, мангольд и руккола, а также в продуктах оранжевого (содержащих каротиноид бета-каротин) и желтого (содержащих каротиноид зеаксантин) цвета, таких как морковь и кукуруза.

Антиоксидантное действие: лютеин помогает защитить организм от вредного воздействия свободных радикалов, нейтрализуя их. Свободные радикалы - это нестабильные молекулы, которые могут вызывать повреждение клеток и связаны с различными проблемами со здоровьем, включая воспаление, преждевременное старение и развитие хронических заболеваний. Например, было доказано, что лютеин подавляет рост клеток рака молочной железы.[177]

Здоровье глаз: Лютеин особенно хорошо известен своей ролью в защите здоровья глаз. Он накапливается в макуле глаза - области сетчатки, отвечающей за остроту центрального зрения. Там лютеин действует как фильтр для вредного сине-фиолетового света и защищает чувствительные клетки от окислительного стресса, помогая предотвратить возрастные заболевания глаз, такие как макулярная дегенерация.[175]

Осторожно:

Как и в случае с другими антиоксидантами, лютеин желательно принимать в натуральном виде, например, через яйца, а не через пищевые добавки, поскольку яйца обладают лучшей биодоступностью, то есть количество активного вещества лютеина лучше усваивается и перерабатывается в организме для достижения своего биологического эффекта.[73]

Analog zur CARET Studie mit Beta-Carotin- und Vitamin-A-Präparaten zeigte die **„VITamins And Lifestyle (VITAL) Kohortenstudie"**, dass bei Rauchern die langzeitige Einnahme von Lutein als Nahrungsergänzungsmittel zu **einem erhöhten Lungenkrebsrisiko** führt.[178]

Ликопин

Ликопин - это природный пигмент и каротиноид, содержащийся в различных растениях, в основном в томатах, а также в других красных фруктах, таких как арбузы, розовые грейпфруты, красный перец и папайя. Он известен своими антиоксидантными свойствами и потенциально полезен для здоровья. Некоторые из биологических эффектов ликопина таковы:

Антиоксидантное действие: ликопин является мощным антиоксидантом, который помогает нейтрализовать разрушающие клетки свободные радикалы. Благодаря этому антиоксидантному действию ликопин помогает уменьшить повреждение клеток и тем самым предотвратить хронические заболевания, такие как сердечно-сосудистые и некоторые виды рака.[179]

Противораковый эффект: некоторые исследования показывают, что ликопин оказывает положительное влияние на некоторые виды рака, в частности на рак простаты, легких и желудка. Считается, что его антиоксидантные свойства, а также способность модулировать рост клеток и воспаление могут способствовать снижению риска развития рака.[179]

Кардиопротекторный эффект: Ликопин может быть полезен при сердечно-сосудистых заболеваниях, поскольку поддерживает здоровье кровеносных сосудов и помогает регулировать кровяное давление. Считается, что его антиоксидантные свойства могут помочь предотвратить развитие сердечных заболеваний.[180]

Противовоспалительный эффект: Ликопин также обладает противовоспалительными свойствами. Хроническое воспаление считается первопричиной многих заболеваний, в том числе метаболических, таких как сахарный диабет 2 типа.[181]

Осторожно:

И снова, как правило, лучше отдать предпочтение натуральной форме, а не приготовленной. Поскольку приготовление и обработка томатов облегчает высвобождение и поглощение ликопина из клеток, потребление ликопина из приготовленных или обработанных томатных продуктов может быть выше, чем из сырых томатов.

Как и в случае с лютеином, в когортном исследовании "VITamins And Lifestyle (VITAL) Cohort Study" также было выявлено, что ликопин повышает риск развития рака легких у курильщиков, длительно принимающих эту пищевую добавку.[178]

Селен

Селен - важный микроэлемент, жизненно необходимый организму. Он содержится во многих продуктах питания, таких как бразильские орехи, рыба, морепродукты, цельнозерновые продукты и мясо, и играет важную роль в различных физиологических процессах.

Некоторые важные функции селена

Антиоксидантная функция: селен выступает в качестве кофактора для различных ферментов, особенно глутатионпероксидазы, которая помогает нейтрализовать свободные радикалы в организме.[182] Таким образом, селен помогает уменьшить повреждение клеток, вызванное окислительным стрессом, сохранить их здоровье и увеличить продолжительность жизни.[183]

Функция щитовидной железы: селен важен для нормальной работы щитовидной железы. Он играет роль в преобразовании гормонов щитовидной железы (Т4) в их активную форму (Т3) и помогает сбалансировать уровень гормонов щитовидной железы в организме.[184]

Сердечно-сосудистые заболевания: Мета-анализ показал, что низкий уровень селена приводит к увеличению сердечно-сосудистых заболеваний и общей смертности, и, наоборот, более высокий уровень может улучшить прогноз.[185]

Иммунная функция: селен играет важную роль в регуляции иммунной системы и иммунного ответа. Он поддерживает функцию иммунных клеток и помогает поддерживать иммунную защиту от инфекций и болезней.[186]

Противовоспалительный эффект: селен обладает противовоспалительными свойствами и может помочь уменьшить воспаление в организме. Это может быть особенно полезно при хронических воспалительных заболеваниях, таких как артрит или воспалительные заболевания кишечника.[187]

Противораковый эффект: некоторые исследования показывают, что достаточное потребление селена может быть связано со снижением риска развития некоторых видов рака, особенно таких, как рак простаты, легких и толстой кишки. Однако точные механизмы, с помощью которых селен может предотвратить рак, еще не до конца изучены.[188,189]

Осторожно:

Отравление селеном, селеноз, возникает, когда количество поступившего в организм селена превышает допустимый уровень потребления (≥200 мкг в день); в тяжелых случаях отравление селеном может привести к опасным для жизни осложнениям, таким как печеночная или почечная недостаточность.[190]

Флавоноиды

Флавоноиды - это большой класс антиоксидантов, содержащихся в различных продуктах питания, включая ягоды (чернику, клубнику, малину), цитрусовые, яблоки, лук, чай и темный шоколад. Флавоноиды относятся к группе полифенолов. Употребление в пищу продуктов, богатых флавоноидами, позволяет обеспечить достаточное поступление в организм этих важных питательных веществ без необходимости принимать дополнительные добавки для укрепления здоровья и поддержания долголетия. Перечисленные здесь флавоноиды представляют собой лишь широкий обзор некоторых из наиболее распространенных антиоксидантов и продуктов, в которых они в основном содержатся.

Кверцетин

Кверцетин - это антиоксидант и противовоспалительный флавоноид. Он содержится во многих фруктах и овощах, таких как яблоки, лук, чеснок, ягоды, виноград, капуста и кейл. Он обладает целым рядом доказанных эффектов:

Антиоксидантное действие: как антиоксидант, кверцетин помогает уменьшить повреждение клеток, вызванное свободными радикалами. Он защищает клетки от окислительного стресса, снижает риск возрастных заболеваний и тем самым, возможно, продлевает жизнь.[191]

Противовоспалительный эффект: Кверцетин обладает противовоспалительными свойствами, которые помогают уменьшить воспаление в организме. Это может помочь снять воспаление при таких заболеваниях, как артрит.[192]

Иммунная функция: кверцетин может модулировать иммунную систему и улучшать иммунный ответ организма на инфекции. Его часто используют в качестве пищевой добавки для поддержки иммунной системы.[193]

Кардиопротекторное действие: кверцетин помогает улучшить здоровье сердечно-сосудистой системы, снижая уровень холестерина в крови, улучшая работу кровеносных сосудов и предотвращая образование тромбов.[194,195]

Противораковый эффект: есть данные, что кверцетин может обладать противораковыми свойствами, подавляя рост раковых клеток, предотвращая образование опухолей и подавляя распространение раковых клеток в организме.[196]

Нейропротекторный эффект: кверцетин демонстрирует потенциал для поддержания здоровья мозга и нервной системы, защищая от нейродегенеративных заболеваний, таких как болезнь Альцгеймера и Паркинсона.[194,197]

Метаболические заболевания: Оказывается, кверцетин также может использоваться для лечения сахарного диабета 2 типа, что особенно важно для прогноза сердечно-сосудистых заболеваний.[197]

Осторожно:

Следует отметить три проблемы использования кверцетина в качестве диетической добавки: 1) "низкая растворимость", 2) "низкая биодоступность", то есть количество принятого внутрь активного вещества и его биологический эффект слабы, и 3) он может ингибировать свертываемость крови и усиливать действие препаратов, разжижающих кровь, таких как варфарин или фенпрокумон.[198,199] Людям, принимающим препараты для разжижения крови или имеющим другие хронические заболевания, перед приемом добавок с кверцетином следует проконсультироваться с врачом. Таким образом, согласно современному состоянию науки, ожидания от кверцетина как сильного кандидата на долголетие должны быть умеренными.

Каэмпферол

Каемпферол - это флавоноид, содержащийся во многих растениях, включая шпинат, капусту, брокколи, помидоры, ракету, чай и некоторые фрукты, такие как яблоки и клубника. Он обладает рядом биологических эффектов, включая

Антиоксидантное действие: каэмпферол - это антиоксидант, который может защищать клетки от окислительного стресса, нейтрализуя свободные радикалы.[200] Это помогает замедлить процесс старения и снизить вероятность развития различных заболеваний, таких как болезни сердца, рак и нейродегенеративные заболевания (болезнь Альцгеймера или Паркинсона).

Противовоспалительный эффект: каэмпферол способен уменьшать воспаление в организме, подавляя выработку провоспалительных молекул и активируя противовоспалительные сигнальные пути.[201] Это может помочь уменьшить воспаление, связанное с различными заболеваниями, такими как артрит, сахарный диабет и болезни сердца.

Противораковый эффект: продукты, богатые каемпферолом, могут обладать противораковыми свойствами, подавляя рост раковых клеток, предотвращая образование опухолей и подавляя распространение раковых клеток в организме. Кемпферол также может способствовать апоптозу (запрограммированной гибели клеток) раковых клеток.[202] В частности, он может снизить риск развития таких онкологических заболеваний, как рак кожи, печени и толстой кишки.[203]

Кардиопротекторный эффект: исследования показали, что каэмпферол помогает улучшить здоровье сердечно-сосудистой системы, снижая уровень холестерина, регулируя кровяное давление, препятствуя свертыванию крови и улучшая работу кровеносных сосудов.[195] Это может помочь снизить риск сердечных заболеваний и инсультов.

Нейропротекторное действие: Каэмпферол может способствовать сохранению здоровья мозга и нервной системы, защищая от нейродегенеративных заболеваний, таких как болезнь Альцгеймера и Паркинсона. Он также может улучшать работу мозга и уменьшать образование амилоидных бляшек-β, которые ассоциируются с болезнью Альцгеймера.[204]

Осторожно:

Как уже говорилось в отношении кверцетина, каэмпферол в качестве пищевой добавки также имеет проблему низкой биодоступности, то есть количество поглощенного активного ингредиента и его биологический эффект слабы, поскольку каэмпферол поглощается в меньшей степени из-за "большего размера частиц и плохой растворимости в воде".[205]

Лютеолин

Лютеолин - флавоноид с противовоспалительными и противораковыми свойствами, который уже был известен и использовался в традиционной китайской медицине (ТКМ).[206] Лютеолин содержится в таких продуктах, как перец, сельдерей, морковь, артишоки, розмарин и тимьян.

Антиоксидантное действие: Лютеолин является антиоксидантом и защищает клетки от окислительного стресса. Благодаря этому он обладает противовоспалительными, сердечно-сосудистыми, противораковыми и защитными свойствами для нервных клеток.[207]

Противовоспалительный эффект: лютеолин способен уменьшать воспаление в организме, подавляя выработку провоспалительных молекул и активируя противовоспалительные сигнальные пути.[201]

Противораковый эффект: доказано, что лютеолин обладает противораковыми свойствами в отношении следующих видов рака: Опухоль головного мозга (глиобластома), рак легких, молочной железы, простаты, толстой кишки и поджелудочной железы.[208] Лютеолин также может подавлять распространение метастазов (вторичных опухолей).[209]

Нейропротекторный эффект: лютеолин способен улучшать работу мозга, защищать от болезни Паркинсона и уменьшать образование бляшек амилоида-β, которые ассоциируются с болезнью Альцгеймера.[210]

Осторожно:

В принципе, лютеолин обладает положительными свойствами, включая нейропротекторную роль. Однако в одном из исследований было замечено, что, вопреки ожиданиям, лютеолин тормозит дифференциацию нейронов в эмбриональных стволовых клетках.[211] Поэтому необходимо провести дополнительные исследования, чтобы сделать однозначный вывод о безопасности применения.

Катехины

Катехины - это флавоноиды, содержащиеся в таких продуктах, как зеленый чай, красное вино, темный шоколад, яблоки и ягоды. Они обладают сильными антиоксидантными свойствами и помогают укреплять здоровье и поддерживать долголетие.

Антиоксидантное действие: одно из выдающихся свойств катехинов - их способность действовать как антиоксиданты. Являясь мощными антиоксидантами, катехины уничтожают свободные радикалы.[212] Свободные радикалы - это нестабильные химические соединения, которые образуются в результате метаболических процессов в организме и способны повреждать клетки, что может привести к различным заболеваниям и преждевременному старению.

Противовоспалительный эффект: Воспаление в организме является основополагающим фактором многих хронических заболеваний. Катехины обладают противовоспалительными свойствами, которые могут помочь уменьшить развитие и воздействие инфекций.[213] Это может снизить вероятность развития заболеваний, связанных с воспалением, таких как артрит и некоторые виды рака.[213]

Кардиопротекторный эффект: многочисленные исследования показали, что потребление катехинов, например, через употребление темного шоколада, может снизить риск сердечно-сосудистых заболеваний.[214,215] Содержащееся в шоколаде какао способно снижать кровяное давление, расслаблять кровеносные сосуды и улучшать кровоток, что в целом ведет к оздоровлению работы сердца.[216] Однако недавно опубликованные результаты исследования COSMOS показали, что, несмотря на ежедневное употребление 500 мг флавоноидов какао (включая 80 мг эпикатехина), снизить риск сердечно-сосудистых заболеваний не удается.[217,218]

Эффект ускорения метаболизма: некоторые исследования показывают, что катехины могут ускорять метаболизм и усиливать сжигание жира. Это может помочь контролировать вес тела и снизить риск ожирения и связанных с ним заболеваний.[216]

Противораковое действие: катехины могут обладать противораковыми свойствами, подавляя образование, рост и распространение опухолей.[215] Катехины, содержащиеся в зеленом чае, могут предотвратить следующие виды рака: Рак легких, груди, пищевода, желудка, печени и простаты.[212] Однако исследование COSMOS не показало снижения риска развития рака в связи с приемом флавоиноидов какао.[218]

Нейропротекторный эффект: катехины также обладают нейропротекторными свойствами, то есть защищают нервные клетки, улучшая память и снижая риск развития нейродегенеративных заболеваний, таких как болезнь Альцгеймера и Паркинсона.[219] Анализ подгрупп в исследовании COSMOS показал, что пожилым людям ежедневное употребление флавоноидов какао помогает улучшить память.[220]

Осторожно:

Как и в случае со всеми диетическими добавками и биологически активными соединениями, важно учитывать потенциальные лекарственные взаимодействия в метаболизме печени. Некоторые исследования показали, что повышенная концентрация катехинов в зеленом чае может влиять на действие некоторых лекарств, особенно тех, которые влияют на кровяное давление или свертываемость крови.[221] Поэтому людям, регулярно принимающим лекарства, следует следить за потреблением катехинов и консультироваться с врачом.

Антоцианы

Антоцианы - это флавоноиды, которые придают продуктам красный, фиолетовый или синий цвет. Они содержатся в таких продуктах, как ягоды (черника, ежевика, черная смородина, голубика, малина, клубника), вишня, красный виноград, свекла, красная капуста и баклажаны. Антоцианы обладают сильными антиоксидантными свойствами и связаны с различными преимуществами для здоровья, включая поддержку сердечно-сосудистого здоровья и улучшение памяти. Антоцианы обладают следующими специфическими свойствами:

Антиоксидантная активность: Антоцианы являются мощными антиоксидантами, которые уменьшают повреждение клеток свободными радикалами. Эти антиоксидантные свойства могут снизить риск развития хронических заболеваний, таких как сосудистые заболевания, рак и нервные расстройства.[222]

Противовоспалительный эффект: антоцианы могут уменьшать воспаление в организме, подавляя некоторые провоспалительные ферменты. Это может помочь облегчить симптомы воспаления и снизить риск развития заболеваний, связанных с воспалением, таких как хронические воспалительные заболевания кишечника (болезнь Крона или язвенный колит).[223]

Кардиопротекторный эффект: Исследования показали, что регулярное употребление продуктов, богатых антоцианами, таких как черника, может снизить риск сердечно-сосудистых заболеваний за счет снижения уровня холестерина, уменьшения кровяного давления и улучшения работы кровеносных сосудов.[224]

Нейропротекторный эффект: некоторые исследования показывают, что антоцианы могут способствовать улучшению памяти и снижению риска нейродегенеративных заболеваний, таких как болезнь Альцгеймера и деменция.[225] Они также могут способствовать улучшению настроения и снижению риска депрессии.

Здоровье глаз: некоторые исследования показывают, что антоцианы могут способствовать сохранению здоровья глаз, защищая от возрастных заболеваний глаз, таких как макулярная дегенерация и катаракта (помутнение хрусталика).[226]

Метаболические заболевания: Антоцианы, по-видимому, оказывают противодействие развитию неалкогольной жировой болезни печени.[222] Неалкогольная жировая болезнь печени - распространенное заболевание, вызванное накоплением жира в печени у людей, употребляющих мало или совсем не употребляющих алкоголь. Это заболевание часто ассоциируется с ожирением, сахарным диабетом 2 типа, инсулинорезистентностью и другими метаболическими нарушениями. Таким образом, антоцианы, по-видимому, способны регулировать уровень сахара в крови и улучшать чувствительность к инсулину, что снижает риск развития сахарного диабета и его осложнений (сердечно-сосудистых, нервных, почечных, глазно-ретинальных заболеваний).

Осторожно:

Антоцианы могут влиять на действие различных лекарственных препаратов через одни и те же ферментативные пути распада в печени. Описано взаимодействие с такими препаратами, как антигипертензивные средства, средства для разжижения крови, транквилизаторы, иммунодепрессанты (препараты, подавляющие иммунную систему и необходимые пациентам с пересаженными органами) и противоэпилептические средства (препараты для профилактики и лечения эпилептических припадков).[227] Поэтому людям, принимающим такие лекарства, следует следить за потреблением антоцианов и консультироваться с врачом.

Полифенолы

Полифенолы - это группа антиоксидантов, входящих в состав многих растительных продуктов, таких как ягоды (черника, малина, клубника, ежевика), красный виноград, яблоки, груши, цитрусовые (апельсины, грейпфруты, лимоны), зеленый и черный чай, орехи (грецкие, миндаль, фундук), зеленые листовые овощи, такие как шпинат и капуста, и другие овощи, такие как артишоки, брокколи и лук.

Помимо вышеупомянутой подгруппы флавоноидов, стоит упомянуть следующих представителей полифенолов за их потенциальную пользу для здоровья и возможное замедление процесса старения.

Дубильные вещества

Дубильные вещества (название происходит от французского слова "дубление") играют важную роль в качестве растительных дубителей в производстве кожи.[228] Процесс дубления превращает шкуру животного в кожу, химически стабилизируя ее, чтобы придать ей прочность, гибкость и устойчивость.

В науках о жизни и медицине танины находят различные применения и интенсивно изучаются благодаря их разнообразной биологической активности. Дубильные вещества содержатся в различных растительных продуктах, включая чайные листья, особенно черный и зеленый чай, в красном вине из кожицы и косточек винограда, которые попадают в вино в процессе ферментации, в орехах (грецкие, миндаль, фундук, пекан), в бобовых (фасоль, чечевица, нут), в ягодах (черника, малина, клюква), в хурме, гранатах, яблоках, грушах и в специях (гвоздика, корица, тимьян).[228]

С точки зрения здоровья танины интересны своими антиоксидантными свойствами и способностью уменьшать воспаление, в том числе защищать от болезней сердца и рака. Описаны следующие эффекты:

Антиоксидантный эффект: некоторые танины обладают антиоксидантными свойствами, которые помогают задерживать свободные радикалы, способные вызывать повреждение клеток. Это может помочь уменьшить воспаление и снизить риск развития рака и сердечно-сосудистых заболеваний.[229]

Противовоспалительный эффект: некоторые танины обладают противовоспалительными свойствами, которые помогают уменьшить воспаление в организме. Например, была обнаружена сильная антибактериальная активность против очень распространенных патогенных микроорганизмов - кишечной палочки и золотистого стафилококка.[230]

Эффект снижения артериального давления: некоторые исследования показывают, что танины, особенно содержащиеся в чае, могут оказывать эффект снижения артериального давления. Это может помочь регулировать кровяное давление и снизить риск сердечно-сосудистых заболеваний.[231]

Липидомодифицирующий эффект: некоторые исследования показывают, что танины, особенно из красного вина и чая, являются липидомодифицирующими, то есть оказывают благоприятное воздействие на уровень холестерина в крови, как это было описано, например, на примере плодов хурмы.[232]

Противораковый эффект: некоторые исследования показали, что танины могут подавлять рост и распространение опухолей. Это может указывать на то, что танины потенциально могут играть роль в замедлении прогрессирования опухолей. Некоторые исследования показывают, что танины могут вызывать апоптоз (запрограммированную гибель клеток) в раковых клетках, помогая уничтожить аномальные клетки, что изучается в качестве терапевтического подхода, например, при раке легких.[233]

Кстати, калифорнийские красные деревья, которые вырастают до 90 метров в высоту, имеют диаметр до 7 метров и могут жить до 3000 лет, также содержат танины. Дубильные вещества содержатся в коре, иголках и других частях красного дерева. Эти соединения служат для защиты растения от хищников, болезней и ультрафиолетового излучения.[234] Дубильные вещества также отвечают за характерный красноватый цвет коры многих секвой.

Осторожно:

Однако при употреблении в больших количествах дубильные вещества могут оказывать и негативное воздействие. Именно поэтому танины иногда рассматриваются как антипитательные вещества - природные молекулы, которые могут нарушать усвоение питательных веществ в организме. Антипитательные вещества не обязательно вредны, но могут снижать биодоступность питательных веществ или вызывать проблемы с пищеварением. Чрезмерное употребление танинов может вызвать желудочно-кишечный дискомфорт, например спазмы в желудке, тошноту и диарею.[235] Кроме того, продукты, содержащие танины, могут связывать железо и препятствовать его всасыванию в кишечнике, особенно если они употребляются одновременно с богатыми железом продуктами, такими как мясо, почечные бобы или добавки с железом.[236]

Лигнаны

Слово "лигнан" происходит от латинского "lignum", означающего "древесина". Открытие лигнанов как компонентов растений восходит к исследованиям лигнина, другой группы растительных соединений, которые также содержатся в древесине и клеточных стенках растений. Ученые начали более детально изучать различные компоненты растительного сырья и обнаружили, что лигнаны обладают разнообразной структурой и биологической активностью. Лигнаны содержатся в различных растительных продуктах. Основными источниками лигнанов являются семена льна и тыквы, а также семена кунжута, клубника, оливки и орехи.

Потенциальная польза лигнанов для здоровья включает в себя:

Антиоксидантное действие: лигнаны действуют как антиоксиданты и помогают бороться с повреждением клеток, вызванным свободными радикалами.[237]

Противовоспалительный эффект: некоторые исследования показывают, что лигнаны могут обладать противовоспалительными свойствами, которые уменьшают воспаление в организме.[237]

Противораковый эффект: лигнаны могут оказывать гормональное воздействие и влиять на активность эстрогена в организме.

Потенциально это может положительно сказаться на женском здоровье, особенно в плане гормонального баланса и риска гормонозависимых заболеваний, таких как рак груди.[238]

Кардиопротекторный эффект: некоторые исследования показывают, что лигнаны могут помочь снизить вероятность сердечно-сосудистых заболеваний, снижая уровень холестерина и поддерживая здоровье кровеносных сосудов.[239]

Здоровье кишечника: Лигнаны могут также играть роль в укреплении здоровья кишечника, способствуя росту полезных бактерий и уменьшая воспаление в пищеварительном тракте.[240]

Осторожно:

Хотя потребление лигнанов из натуральных продуктов в целом безвредно, чрезмерное потребление добавок с лигнанами или изолированных лигнанов может привести к нежелательным побочным эффектам. Лигнаны метаболизируются в печени и могут ослабить действие других лекарств, таких как обезболивающее и жаропонижающее средство парацетамол.[241]

Эллаговая кислота

Эллаговая кислота - это полифенольное соединение, содержащееся в таких продуктах, как ягоды (малина, ежевика, клубника), гранаты, грецкие орехи и виноград. Оно известно своими антиоксидантными и противовоспалительными свойствами и связано с различными преимуществами для здоровья, в том числе

Антиоксидантное действие: эллаговая кислота действует как мощный антиоксидант, помогая защищать клетки от окислительного стресса, являясь уничтожителем свободных радикалов. Это помогает замедлить процесс старения и снизить риск развития рака, сосудистых заболеваний и болезней печени.[242]

Противовоспалительное действие: эллаговая кислота способна бороться с инфекциями в организме и защищать иммунную систему. Эллаговая кислота демонстрирует хорошую антибактериальную эффективность против кишечной палочки (бактерии коли), а также хорошую противогрибковую эффективность против грибка Candida auris.[243,244]

Противораковый эффект: есть доказательства того, что эллаговая кислота обладает противораковыми свойствами. Она может подавлять рост раковых клеток, предотвращать образование опухолей и подавлять распространение раковых клеток в организме. Эллаговая кислота также может способствовать апоптозу (запрограммированной гибели клеток) раковых клеток и препятствовать образованию новых кровеносных сосудов, необходимых для роста опухоли. Доказано противораковое действие, например, при раке печени и толстой кишки.[242,243]

Кардиопротекторный эффект: исследования показали, что эллаговая кислота помогает улучшить здоровье сердечно-сосудистой системы, снижая уровень холестерина, ускоряя метаболизм и способствуя сжиганию жира.[245]

Нейропротекторный эффект: эллаговая кислота также может смягчать повреждения, вызванные неврологическими заболеваниями, такими как болезнь Альцгеймера, болезнь Паркинсона и инсульт.[246]

Осторожно:

Умеренное потребление эллаговой кислоты в целом безопасно и даже может принести пользу здоровью, однако не существует определенного верхнего предела ее потребления. Однако чрезмерное употребление может привести к желудочно-кишечному дискомфорту.

Как уже упоминалось в отношении кверцетина и каэмпферола, эллаговая кислота как пищевая добавка также имеет низкую биодоступность, то есть количество поглощенного активного ингредиента и его биологический эффект слабы, причем в случае с эллаговой кислотой это связано в основном с "плохой всасываемостью и быстрым выведением из организма" по сравнению с кверцетином и каэмпферолом.[205]

Кофейная кислота

Кофейная кислота - это полифенол, который в природе является противомикробным, противовоспалительным и антиоксидантным компонентом смолы медоносных пчел (прополиса), защищающей улей от болезней.[247] Кроме того, кофейная кислота содержится в зернах кофе, артишоках, картофеле, яблоках и некоторых травах.

Важными биологическими эффектами кофейной кислоты являются

Антиоксидантное действие: кофейная кислота является мощным антиоксидантом и защищает клетки от окислительного стресса, уничтожая радикалы.[248] Таким образом, наряду с другими антиоксидантами, кофейная кислота может способствовать здоровью и долголетию.

Противовоспалительный эффект: кофейная кислота способна уменьшать различные воспалительные процессы в организме. Противовоспалительный эффект был доказан в отношении различных классов патогенов, таких как микробы, бактерии, грибки и вирусы.[249]

Противораковый эффект: благодаря своим антиоксидантным свойствам, кофейная кислота может оказывать противораковое действие на следующие виды рака: рак печени, кожи, легких, полости рта и шейки матки.[250]

Кардиопротекторный эффект: исследования показали, что кофейная кислота помогает достичь сбалансированного уровня холестерина и противостоять метаболическому синдрому (сочетание ожирения, высокого кровяного давления, нарушений обмена сахара и жира).[251,252] Это снижает риск сердечно-сосудистых заболеваний и инсультов.

Нейропротекторный эффект: улучшая утилизацию глюкозы, кофейная кислота помогает защитить мозг и нервную систему, противодействуя развитию таких заболеваний, как болезнь Альцгеймера и болезнь Пар-кинсона.[253]

Осторожно:

Кофейная кислота может стимулировать G-клетки желудка (клетки, вырабатывающие гастрин).[247] G-клетки, расположенные в слизистой оболочке желудка, вырабатывают гормон гастрин, который, в свою очередь, способствует выработке и секреции желудочной кислоты. Помимо кофейной кислоты, алкоголь или кофеин, содержащийся, например, в кофе, также могут стимулировать выработку желудочной кислоты через G-клетки. Поэтому употребление кофеиносодержащих напитков, таких как кофе, может привести к чрезмерной выработке желудочной кислоты у некоторых людей, вызывая такие желудочные расстройства, как изжога (гастро-эзофагеальный рефлюкс).

Куркумин

Куркумин - это полифенол, содержащийся в куркуме, специи, используемой в индийской кухне. Горчица также содержит небольшое количество куркумина, который придает ей желтый цвет.

Куркумин связан с различными полезными свойствами и потенциально может поддерживать долголетие. Куркумину приписывают следующие биологические свойства:

Антиоксидантное действие: куркумин действует как антиоксидант, который нейтрализует свободные радикалы и уменьшает повреждение клеток, вызванное окислительным стрессом. Борясь с окислительным стрессом, куркумин способствует "здоровому старению" и долголетию "людей".[254]

Противовоспалительный эффект: куркумин известен своими мощными противовоспалительными свойствами.[255] Хроническое воспаление в организме связано с различными возрастными заболеваниями, включая болезни сердца, диабет, рак и нейродегенеративные заболевания. Уменьшая воспаление, куркумин может помочь снизить риск этих заболеваний и продлить жизнь.

Противораковый эффект: куркумин может оказывать противораковое действие за счет эпигенетических механизмов - биологических процессов, влияющих на экспрессию генов и, следовательно, на их активность без изменения основной последовательности ДНК.[256] Эпигенетические механизмы подразумевают контроль над включением или выключением генов путем изменения доступной структуры ДНК и ее взаимодействия с белками.

Кардиопротекторный эффект: куркумин помогает защитить здоровье сердечно-сосудистой системы, взаимодействуя с ферментом АМР-активированной протеинкиназой (АМРК) через сигнальный путь mTOR (см. главу "Меняющаяся медицина питания"; подглаву "Сигнальный путь mTOR - ключ к долголетию").[257] Это, по-видимому, помогает снизить риск сердечных заболеваний и увеличить продолжительность жизни.

Нейропротекторный эффект: некоторые исследования показывают, что куркумин противодействует развитию нервных заболеваний, таких как болезнь Альцгеймера и болезнь Паркинсона, уменьшая повреждение клеток нейронов и поддерживая функции мозга, хотя куркумин должен вводиться в виде наночастиц, чтобы пройти через гематоэнцефалический барьер.[258] Кровяно-мозговой барьер - это физиологический барьер между кровеносной системой и головным и спинным мозгом, защищающий мозг от потенциально вредных веществ, находящихся в кровотоке. Однако многие молекулы, в том числе крупные белки и некоторые лекарственные препараты, активно отторгаются от барьера или требуют специальных транспортных механизмов, чтобы пройти через него.

Осторожно:

В добавках могут использоваться очень высокие дозы куркумина, значительно превышающие то количество, которое обычно поступает в организм при употреблении куркумы в пищу. В редких случаях очень высокие дозы куркумина могут вызывать желудочно-кишечные симптомы, такие как тошнота, диарея или дискомфорт в желудке у чувствительных людей.

Существуют также некоторые опасения по поводу взаимодействия куркумина с некоторыми лекарственными препаратами. Куркумин, как и ранее описанный кверцетин, может препятствовать свертыванию крови и усиливать действие препаратов, разжижающих кровь, таких как варфарин или фенпрокумон.[199] Людям, принимающим препараты для разжижения крови или имеющим другие хронические заболевания, перед приемом добавок с куркумином следует проконсультироваться с врачом.

Следует также отметить, что большинство исследований куркумина на сегодняшний день проводилось на клетках и животных, и для подтверждения его потенциальных преимуществ в плане долголетия необходимы дальнейшие исследования на людях. Тем не менее, растущее число исследований говорит о том, что куркумин может быть перспективной молекулой для укрепления здоровья и увеличения продолжительности жизни.

Ресвератрол

Ресвератрол - это полифенольное соединение, содержащееся в красном винограде, красном вине, темном шоколаде и арахисе и связанное с различными преимуществами для здоровья. В последние годы ему уделяется большое внимание как потенциальному средству, способствующему долголетию и профилактике возрастных заболеваний. Вот некоторые возможные способы влияния ресвератрола на долголетие:

Антиоксидантные свойства: Являясь антиоксидантом, ресвератрол обеспечивает защиту клеток от повреждения свободными радикалами, вызванного окислительными процессами в организме. Нейтрализуя свободные радикалы, ресвератрол может помочь предотвратить заболевания, вызванные окислительным стрессом, такие как болезни сердца, рак и преждевременное старение.[259]

Противовоспалительный эффект: ресвератрол обладает противовоспалительными свойствами, предотвращая хронические воспаления в организме. Это может остановить процесс преждевременного старения и предотвратить развитие возрастных заболеваний.[257]

Противораковый эффект: Медицинские исследования оптимистично оценивают ресвератрол как противораковое средство, поскольку он может снизить заболеваемость раком при различных видах рака, а именно при "раке груди, шейки матки, матки, крови, почек, печени, глаз, желчного пузыря, щитовидной железы, пищевода, простаты, мозга, легких, кожи, желудка, толстой кишки, головы и шеи и костей".[260]

Кардиопротекторный эффект: считается, что ресвератрол оказывает защитное действие на сердце и сосуды, в частности, благодаря своим липид-модифицирующим свойствам, т.е. эффекту снижения уровня холестерина. Ресвератрол также часто называют ответственным за "французский парадокс" (см. выше главу "Изменение в диетологии"; подраздел "Средиземноморская диета").[83] Однако более поздние мета-анализы приглушили первоначальную эйфорию по поводу предполагаемого терапевтического воздействия ресвератрола на сердечно-сосудистую систему, поскольку это еще не было четко доказано на человеческом организме.[261]

Нейропротекторный эффект: существуют терапевтические подходы к лечению нейродегенеративных заболеваний, таких как болезнь Альцгеймера, но для обоснования этих аспектов явно необходимы дальнейшие исследования.[262]

Осторожно:

Влияние ресвератрола на продолжительность жизни и здоровье еще не до конца изучено, поэтому для подтверждения его долгосрочных эффектов необходимы дальнейшие исследования. Кроме того, действие ресвератрола может зависеть от индивидуальных факторов, таких как дозировка, биодоступность и генетические различия.

Биодоступность ресвератрола ограничена, так как он быстро метаболизируется и плохо всасывается при приеме внутрь.[263] Большая часть ресвератрола расщепляется в кишечнике и не попадает в кровь. Сочетание ресвератрола с другими соединениями, такими как пиперин (компонент черного перца), кверцетин или жирные кислоты, может повысить биодоступность за счет увеличения всасывания или замедления распада.[264]

Несмотря на ограниченную биодоступность, есть данные, что ресвератрол, являясь неспецифическим активатором сиртуинов, может способствовать долголетию через сигнальный путь mTOR (см. главу "Изменения в диетологии"; подраздел "Сигнальный путь mTOR - ключ к долголетию").[265]

Лица, заинтересованные в применении ресвератрола, должны обсудить это с врачом, чтобы убедиться, что он подходит для их индивидуальных потребностей и состояния здоровья. Ресвератрол содержится в таких натуральных продуктах, как красный виноград, арахис и темный шоколад, и сбалансированная диета, богатая этими продуктами, может стать хорошим источником ресвератрола.

Сапонины

Сапонины - это большая группа фитохимических веществ, обладающих широким спектром биологической активности. Их название происходит от латинского ("мыло") из-за их пенистой структуры, которая проявляет мылоподобные свойства при контакте с водой. По своим химическим свойствам сапонины амфофильны, то есть могут быть как гидрофильными (влаголюбивыми), так и липофильными (жиролюбивыми), что делает их интересными для различных применений в медицине, пищевой промышленности и сельском хозяйстве.[266]

В растительном мире сапонины служат защитным механизмом от вредителей и болезней. Резкий вкус и запах некоторых сапонинов делают их непривлекательными для насекомых и других травоядных и защищают от них растения. Кроме того, сапонины могут подавлять рост патогенных микроорганизмов и тем самым способствовать поддержанию здоровья растений.

Помимо роли защитных веществ в растениях, сапонины также обладают широким спектром полезных свойств для человека. В традиционной медицине (особенно в традиционной китайской медицине) они веками использовались для лечения различных недугов. Некоторые сапонины обладают противовоспалительными, антиоксидантными и иммуностимулирующими свойствами, которые помогают снять воспаление, укрепить иммунную систему и защитить от окислительного стресса.[266] Кроме того, некоторые сапонины проявляют потенциальную противоопухолевую активность и в настоящее время изучаются как перспективные кандидаты для лечения рака.

Еще один важный аспект сапонинов - их значение в пищевой промышленности. Некоторые сапонины, например соевые сапонины, содержащиеся в соевых бобах, используются для производства эмульгаторов и пенообразователей. Они помогают стабилизировать продукты и увеличивают срок их хранения. Они также востребованы как натуральные горькие вещества и пенообразователи в напитках, таких как пиво и игристое вино.

Ниже перечислены растения, содержащие сапонины, и способы их применения.

Соевые бобы

Соевые бобы принадлежат к семейству бобовых. Соевые бобы и соевые продукты, такие как тофу и соевое молоко, содержат сапонины, которые известны как соевые сапонины. Слово "соя" первоначально пришло из японского языка и было образовано от слова 醤油 Shōyu, что означает "соевое масло или соус".[267] Известно, что соя обладает различными полезными свойствами:

Источник белка: соевые бобы богаты клетчаткой и белком, которые помогают повысить сытость и контролировать аппетит. Это может помочь людям контролировать свой вес или похудеть, уменьшая переедание и перекусы (прием пищи в неконтролируемые промежутки времени между запланированными основными приемами пищи). Соя содержит все 9 незаменимых аминокислот и может помочь удовлетворить потребность в белке, особенно людям, придерживающимся вегетарианской или веганской диеты.[268]

Противораковый эффект: Противораковый эффект объясняется наличием в сое изофлавонов, которые обладают антиоксидантными и противовоспалительными свойствами. Некоторые исследования показывают, что регулярное употребление соевых продуктов может снизить риск развития некоторых видов рака, таких как рак желудка, яичников, груди, толстой кишки, матки и легких, а также связанную с этим смертность.[269] Соевые бобы, по-видимому, особенно полезны для профилактики рака груди.[270] У больных раком соевые бобы, по-видимому, снижают чувствительность раковых клеток к химиотерапии и/или радиации и защищают здоровые клетки от этих методов лечения.[271]

Кардиопротекторный эффект: соя содержит ненасыщенные жирные кислоты и не содержит насыщенных жиров и холестерина. Регулярное употребление соевых продуктов может помочь снизить уровень холестерина и уменьшить риск сердечных заболеваний.[272] Кроме того, соевые белки, такие как куркумин, упомянутый выше, взаимодействуют с ферментом АМР-активируемой протеинкиназой (АМРК), что приводит к улучшению регуляции уровня глюкозы и чувствительности к инсулину (реакции клеток на инсулин) и, таким образом, снижает риск развития сахарного диабета 2 типа и сердечных заболеваний.[273] У людей, не страдающих сердечными заболеваниями, употребление сои ≥4 дней в неделю может значительно снизить смертность.[274]

Профилактика остеопороза: соевые продукты могут помочь улучшить здоровье костей, так как они богаты кальцием и витамином D, которые важны для крепких костей.[275]

Менопауза: изофлавоны, содержащиеся в соевых бобах, могут помочь женщинам в менопаузе, так как они имеют некоторое сходство с эстрогеном и поэтому могут облегчить некоторые симптомы, такие как приливы жара и сухость влагалища.[276]

Осторожно:

Умеренное потребление соевых бобов в целом безопасно и может принести пользу здоровью, особенно здоровью сердца. Однако чрезмерное употребление может вызвать проблемы с пищеварением и аллергические реакции у некоторых людей, страдающих аллергией на сою.[277]

Киноа

Киноа - это зерно, произрастающее в регионе Анд, которое также содержит сапонины в своей внешней шелухе.[278] При содержании около 40 мг/г сухого веса сапонины в квиноа имеют сладкий вкус, но при более высоких концентрациях они приобретают горький вкус, поэтому перед употреблением следует тщательно промыть или удалить внешнюю шелуху квиноа.[279]

Киноа не содержит глютена, что делает ее важной альтернативой для людей с коэлиакией или непереносимостью глютена.[280] Помимо сапонинов, киноа содержит множество микроэлементов, включая железо, магний, калий, цинк, медь и марганец. Эти минералы важны для различных функций организма, в том числе для поддержки иммунной системы.

Источник белка: киноа - отличный растительный источник белка и, как и соевые бобы, содержит все 9 незаменимых аминокислот.[279] Это делает ее незаменимым источником белка для вегетарианцев и веганов. Благодаря высокому содержанию клетчатки и белка квиноа может способствовать ощущению сытости и потере веса.

Антиоксидантный эффект: киноа содержит множество антиоксидантных молекул, включая флавоноиды, полифенолы и витамин Е.[281] Эти соединения помогают бороться с повреждением клеток свободными радикалами и снижают риск таких заболеваний, как рак, сердечно-сосудистые заболевания и преждевременное старение.

Противовоспалительный эффект: квиноа обладает доказанными противовоспалительными свойствами благодаря монодесмозидным (связанным в одну сахарную цепочку) сапонинам, которые могут помочь при различных хронических заболеваниях.[279]

Противораковый эффект: эксперименты на животных показали, что квиноа облегчает симптомы рака толстой кишки/прямой кишки и восстанавливает микробиом кишечника (естественную микрофлору кишечника).[282]

Кардиопротекторный эффект: антиоксидантные свойства киноа потенциально положительно влияют на здоровье сердца и могут помочь снизить маркеры риска сердечно-сосудистых заболеваний, хотя точные терапевтические механизмы требуют дальнейших исследований.[278]

Осторожно:

Хотя и редко, но у некоторых людей может быть аллергия на киноа.283 Аллергические реакции на киноа могут включать кожную сыпь, зуд, отек лица или затрудненное дыхание.[284] Людям с известной пищевой аллергией следует быть осторожными и при необходимости избегать киноа.

Амарант

Название амаранта Αμάραντος происходит от греческого и означает "нетленный". Амарант, чье происхождение восходит к древним цивилизациям Центральной и Южной Америки, был основным источником пищи для народов доколумбовой эпохи, таких как ацтеки, майя и инки.[285] Он почитался как священное растение и использовался в религиозных церемониях. Его способность расти в неблагоприятных условиях и приносить обильные урожаи сделала его символом бессмертия и изобилия. Испанские конкистадоры ("конкистадоры") значительно сократили выращивание амаранта, поскольку испанцы признали его культурное значение в Америке и ассоциировали с языческими ритуалами.[286] Тем не менее, амарант сохранился как традиционная культура в некоторых регионах и сейчас переживает ренессанс в современном рационе.

Амарант богат белком, клетчаткой, железом, магнием, кальцием и содержит меньше сапонинов, чем киноа, а также не содержит глютена и поэтому подходит для людей с коэлиакией или непереносимостью глютена.[280,287]

Антиоксидантный эффект: амарант содержит антиоксиданты, такие как витамин Е, которые помогают бороться с повреждением клеток свободными радикалами и тем самым снижают вероятность развития рака и преждевременного старения.[287]

Противовоспалительный эффект: некоторые исследования показывают, что амарант может обладать противовоспалительными свойствами, которые могут помочь в профилактике и лечении воспалительных заболеваний.[280]

Кардиопротекторный эффект: клетчатка, кальций, калий и другие питательные вещества, содержащиеся в амаранте, могут способствовать снижению уровня холестерина и тем самым уменьшать риск сердечных заболеваний.[288] Профиль сердечно-сосудистого риска также может быть снижен, поскольку клетчатка в амаранте помогает стабилизировать уровень сахара в крови, что может быть особенно полезно для людей с сахарным диабетом.[288]

Кроме того, амарант может снижать кровяное давление путем ингибирования гормона ренина в системе ренин-ангиотензин-альдостерон.[289]

Осторожно:

Амарант содержит щавелевую кислоту, которая при употреблении в больших количествах может способствовать образованию камней в почках.[290] Людям, предрасположенным к образованию камней в почках или уже страдающим от них, следует ограничить употребление амаранта в сочетании с другими продуктами, содержащими щавелевую кислоту (например, шпинатом, ревенем, соей, свеклой, какао или темным шоколадом), и проконсультироваться с врачом.

Женьшень

Название женьшеня происходит от китайского 人参 rénshēn "человекоподобный корень", а термин "Panax ginseng", используемый в ботанике, восходит к древнегреческому слову Πανάκεια "панацея".[291] Женьшень используется в качестве лекарственного растения в традиционной китайской медицине (ТКМ) уже более 5 000 лет.[292] Женьшень содержит сапонины, называемые гинзенозидами, которые ценятся за улучшение физической и умственной работоспособности, снижение стресса и улучшение общего самочувствия.[292]

Научно доказаны следующие биологические эффекты женьшеня:

Антиоксидантный эффект: Одним из выдающихся биологических эффектов женьшеня является его антиоксидантная активность. Женьшень содержит целый ряд биоактивных соединений, включая гинзенозиды, флавоноиды и полисахариды, которые могут повышать активность антиоксидантных ферментов и способствовать снижению окислительного стресса.[291]

Снижающий стресс эффект: женьшень помогает организму адаптироваться к стрессу и ослабляет стрессовую реакцию. Доказано, что женьшень благоприятно влияет на выделение гормонов стресса, таких как серотонин и кортизол, что способствует улучшению общего самочувствия.[293]

Эффект повышающий работоспособность: женьшень часто считается природным стимулятором и может улучшать умственную и физическую работоспособность. Женьшень может повысить энергию, увеличить выносливость и уменьшить усталость, например, "помогая мышцам регенерировать и обновляться" после физических упражнений.[294]

Противовоспалительный эффект: женьшень также обладает противовоспалительными свойствами, которые помогают укрепить иммунную систему и улучшить собственные защитные механизмы организма против инфекций. Например, было доказано, что экстракты корня женьшеня ослабляют последствия травм и выработку провоспалительных веществ (цитокинов).[295] Это улучшает реакцию организма на инфекции и повышает сопротивляемость заболеваниям.

Противораковый эффект: в большом количестве исследований были обнаружены противораковые свойства женьшеня, особенно при раке толстой кишки.[296] Но гинзенозиды также дают надежду на то, что можно найти терапевтические подходы и для других видов рака, таких как рак печени, пищевода, яичников, шейки матки, груди и легких.[297]

Кардиопротекторный эффект: некоторые исследования показывают, что женьшень может оказывать положительное влияние на здоровье сердца, снижая уровень холестерина, регулируя кровяное давление и улучшая кровоток.[298] Это может помочь снизить риск сердечно-сосудистых заболеваний и продлить жизнь.

Нейропротекторный эффект: нейропротекторное действие женьшеня также является предметом интенсивных исследований.

Экстракты женьшеня могут проявлять нейропротекторные свойства, которые помогают защитить мозг от возрастных изменений и нейродегенеративных заболеваний.[299] Гинзенозиды, основные активные ингредиенты женьшеня, показали, что они могут способствовать нейрогенезу (образованию новых нервных клеток), си-наптогенезу (образованию новых нервных клеток между двумя нервными клетками) и нейропластичности (изменениям в структуре и функции нервных клеток), что может привести к улучшению обучения и когнитивных функций, поэтому женьшень также известен как ноотроп ("умный препарат").[300] Кроме того, антиоксидантные свойства женьшеня помогают снизить окислительный стресс в мозге и уменьшить повреждение нервных клеток.

Осторожно:

Женьшень может взаимодействовать с некоторыми лекарствами, особенно с препаратами, разжижающими кровь, и некоторыми противодиабетическими препаратами, такими как метформин, поэтому перед приемом женьшеня проконсультируйтесь с врачом.[301,302]

Цзяогулан

Цзяогулан, также известный как Xiāncǎo **仙草** "трава бессмертия", относится к семейству тыквенных. Ботаническое название - Gynostemma pentaphyllum. Цзяогулан используется в традиционной китайской медицине (ТКМ), а также исследуется в западной медицине на предмет его потенциальной пользы для здоровья и замедления процесса старения, поскольку он содержит чрезвычайно высокий уровень гинзенозидов (са-понинов из женьшеня), причем самый высокий уровень гинзенозидов лучше всего извлекается (вытягивается) до цветения.[303]

Некоторые из биологических эффектов цзяогулана, которые были исследованы, следующие

Антиоксидантный эффект: Цзяогулан содержит множество биологически активных соединений, включая флавоноиды, сапонины и полисахариды, которые обладают сильными антиоксидантными, а также противодиабетическими свойствами (т.е. направлены против сахарного диабета).[304]

Противовоспалительный эффект: Воспаление может играть роль в развитии рака, и некоторые исследования показывают, что цзяогулан обладает противовоспалительными свойствами.[304] Уменьшая воспаление в организме, цзяогулан может помочь снизить риск развития рака.

Противораковый эффект: некоторые исследования показали многообещающие результаты, свидетельствующие о том, что экстракты цзяогулана могут убивать раковые клетки или подавлять их рост. Например, сапонины способны вызывать запрограммированную клеточную смерть (апоптоз) опухолевых клеток почек, задействуя сигнальный путь mTOR (см. главу "Пищевая медицина в переходный период"; подраздел "Сигнальный путь mTOR - ключ к долгой жизни").305 В целом, исследования рака с использованием цзяогулана в последние годы продвинулись вперед, и положительный эффект был также отмечен при раке груди, легких, желудка и кожи.[306] Однако перспективные результаты еще нуждаются в подтверждении в ходе дальнейших исследований.

Стресс-редуцирующий эффект: как и женьшень, цзяогулан способен помочь организму адаптироваться к стрессу и смягчить стрессовые реакции, что подтверждается определением уровня гормонов стресса, таких как кортизол.[307]

Кардиопротекторный эффект: некоторые исследования показывают, что цзяогулан может оказывать положительное влияние на здоровье сердца, снижая уровень холестерина, улучшая кровоток и поддерживая функцию артерий.[308,309] Однако до сих пор не хватает клинических данных, которые бы четко демонстрировали терапевтические преимущества при сердечно-сосудистых заболеваниях.[310]

Нейропротекторный эффект: Цзяогулан также классифицируется как кандидат, способный улучшить течение нейродегенеративных заболеваний, таких как болезнь Альцгеймера, хотя это пока доказано только в экспериментах на животных.[311]

Осторожно:

Цзяогулан может взаимодействовать с некоторыми лекарствами, особенно с препаратами, разжижающими кровь (например, антитромбоцитарными), и антидепрессантами (например, ингибитором обратного захвата серотонина-норепинефрина дулоксетином).[312,313] Поэтому людям, принимающим эти лекарства, следует посоветоваться с врачом, чтобы избежать возможных взаимодействий.

Пока эта книга выходит в печать, в Европейском союзе существует юридическая проблема, поскольку продажа цзяогулана в качестве продукта питания или пищевой добавки запрещена, так как он является "новым продуктом питания, подлежащим разрешению в соответствии со статьей 3(2) Постановления (ЕС) 2015/2283".[314]

Гинкго

"Лист этого дерева, который с востока
Поручили моему саду,
Придает тайный смысл вкусу,
Как он назидает знающих ".[315]

Это первая строфа стихотворения "Гинкго билоба" из "Дивана" Иоганна Вольфганга фон Гете и своеобразная дань уважения одному из древнейших видов деревьев в мире, которое издавна используется в традиционной китайской медицине (ТКМ).[315] Название гинкго происходит от японского **銀杏**Ginkyō ("серебряный абрикос").[316] Действие гинкго было предметом многих научных исследований, и хотя не все эффекты были четко доказаны, есть некоторые потенциальные преимущества для здоровья, связанные с приемом гинкго:

Антиоксидантный эффект: гинкго содержит соединения с антиоксидантными свойствами, которые уничтожают свободные радикалы в организме, предотвращая повреждение клеток.[317]

Противовоспалительный эффект: как и другие представители этой группы с антиоксидантными свойствами, гинкго также обладает противовоспалительным эффектом, что используется в качестве терапевтического подхода, например, при ревматоидном артрите.[318]

Противораковые эффекты: Гинкго оказывает противораковое действие через свои антиоксидантные и противовоспалительные свойства: через "запрограммированную гибель клеток (апоптоз), ингибирование образования опухолевых клеток и инвазию раковых клеток" и, по-видимому, эффективен против следующих типов рака: "рак легких, печени, желудка, груди, толстой кишки и шейки матки".[319]

Кардиопротекторное действие: Гинкго может улучшать периферический кровоток, что может помочь облегчить симптомы заболевания периферических артерий (ЗПА), такие как боль при ходьбе.[320] Недавнее исследование показало, что антиатеросклеротическое действие обусловлено гинкголидами В, содержащимися в гинкго.[321] Несмотря на очевидный вазопротекторный эффект, обзоры и мета-анализы показали лишь ограниченную терапевтическую пользу при сердечно-сосудистых заболеваниях.[322] Как уже говорилось в отношении джиаогулана, для гинкго по-прежнему не хватает клинических данных, которые бы четко демонстрировали терапевтические преимущества при сердечно-сосудистых заболеваниях и выживании.[320]

Нейропротекторный эффект: некоторые исследования показывают, что гинкго может улучшить когнитивные функции, особенно у пожилых людей, страдающих от проблем с памятью. Некоторые исследования показывают, что гинкго может помочь в профилактике или лечении возрастных заболеваний, таких как болезнь Альцгеймера и макулярная дегенерация глаза, хотя необходимы дополнительные исследования.[323]

Осторожно:

Хотя гинкго считается безопасным, все же возможны побочные эффекты и взаимодействие с другими лекарствами. Некоторые возможные побочные эффекты при передозировке нейротоксина 4′-O-метилпиридоксина (MPN) или гинкготоксина, содержащегося в гинкго, включают тошноту, рвоту, судороги и аллергические реакции.[324] Он также может взаимодействовать с препаратами для разжижения крови, поэтому людям следует проконсультироваться с врачом.[325]

Q10

Коэнзим Q10, также известный как убихинон-10, - это жирорастворимая молекула, которая содержится в каждой клетке человеческого организма и играет важнейшую роль в энергетическом обмене. С одной стороны, он поступает в организм с пищей, а с другой - синтезируется самим организмом, причем с возрастом эндогенная выработка может снижаться. В последние годы Q10 вызывает все больший интерес как биологически активная добавка, поскольку обладает многочисленными потенциальными преимуществами для здоровья. В настоящее время Q10 является третьей по распространенности диетической добавкой в мире после витамина D и витамина С.[326]

Одним из основных преимуществ Q10 в качестве диетической добавки является его роль в производстве энергии в клетках. Q10 - ключевой компонент митохондриальной дыхательной цепи, которая отвечает за преобразование питательных веществ в аденозинтрифосфат (АТФ), основной источник энергии в клетках.[327] Поэтому адекватное поступление Q10 может помочь поддержать функции клеток и энергетический обмен, что особенно важно для органов с высокими энергетическими потребностями, таких как сердце.

Антиоксидантный эффект: Q10 обладает антиоксидантными свойствами, которые защищают клетки от окислительного стресса. Нейтрализуя свободные радикалы, Q10 помогает снизить риск заболеваний, связанных с окислительным стрессом.[328]

Кардиопротекторный эффект: с точки зрения здоровья сердца Q10 приобрел особое значение в качестве диетической добавки. Многочисленные исследования показывают, что Q10 может улучшить работу сердца и облегчить симптомы сердечной недостаточности.[327] Он поддерживает энергоснабжение сердечной мышцы и может помочь уменьшить окислительное повреждение тканей сердечной мышцы, тем самым снижая вероятность развития сердечно-сосудистых заболеваний и сердечно-сосудистой смерти.[329]

Противораковый эффект: считается, что Q10 обладает противораковым действием. Несмотря на то, что большинство исследований показали благоприятный прогноз, "в целом результаты не совпадают".[330] Поэтому в настоящее время не следует возлагать слишком большие надежды на диетическую добавку для лечения рака.

Иммунная функция: Еще одно потенциальное преимущество Q10 в качестве диетической добавки заключается в его роли в поддержке иммунной системы. Q10 может улучшить работу иммунных клеток и укрепить иммунную защиту, что может помочь в борьбе с инфекциями и, таким образом, поддержать общее состояние здоровья.[331]

Здоровье кожи: Q10 также используется во многих средствах по уходу за кожей, поскольку он обладает антиоксидантными свойствами и может помочь защитить кожу от преждевременного старения, вызванного УФ-лучами и загрязнением окружающей среды.[332]

Осторожно:

В дополнение к этим потенциальным преимуществам, однако, существуют также важные соображения

При использовании Q10 в качестве диетической добавки следует учитывать некоторые моменты. Хотя Q10 в целом считается безопасным, при избыточном приеме могут возникнуть побочные эффекты, особенно у людей, принимающих препараты, разжижающие кровь, или страдающих определенными заболеваниями.[333] Кроме того, биодоступность Q10 зависит от лекарственной формы, и не все продукты, представленные на рынке, отличаются высоким качеством.

Витамин D

Наиболее часто используемой диетической добавкой во всем мире является витамин D. Этот витамин играет важную роль в здоровье костей, иммунной системе и регулировании воспаления. Дефицит витамина D связан с различными проблемами со здоровьем, поэтому его прием может помочь улучшить здоровье и потенциально продлить жизнь, особенно у людей с низким уровнем витамина D.

Витамин D, часто называемый "витамином солнечного света", - это жирорастворимый витамин, который играет важнейшую роль в здоровье организма и потенциально может способствовать долголетию.[334] В мире, где все больше преобладают технологии и занятия в помещении, важно признать важность солнечного света для профилактики рахита. Исторически рахит, также известный как "английская болезнь", был распространенным расстройством здоровья среди растущих детей и подростков.[335] Солнечный свет является основным источником естественной выработки организмом витамина D. Когда на кожу попадают ультрафиолетовые лучи, в организме начинается собственная выработка витамина D. Когда на кожу попадают ультрафиолетовые лучи, организм начинает вырабатывать витамин D, который, в свою очередь, необходим для усвоения кальция и фосфора из пищи, что имеет решающее значение для минерализации костей и их нормального роста.[335]

Вот несколько примеров того, как витамин D может повлиять на продолжительность жизни:

Профилактика остеопороза: витамин D играет важную роль в поддержании здоровья костей, повышая кишечное всасывание кальция и фосфора и регулируя костный метаболизм. Достаточный уровень витамина D может помочь снизить риск остеопороза (потери костной массы) и переломов в пожилом возрасте.[336]

Иммунная функция: достаточный уровень витамина D может помочь снизить риск инфекций и улучшить иммунную функцию. Это связано с тем, что низкий уровень витамина D повышает риск развития аутоиммунных заболеваний, таких как псориаз, сахарный диабет 1 типа и рассеянный склероз (РС).[337] Согласно недавно опубликованному расширенному исследованию VITAL, длительное потребление витамина D, по-видимому, может предотвратить аутоиммунные заболевания в долгосрочной перспективе.[338]

Кардиопротекторный эффект: согласно результатам обсервационных исследований, витамин D может снижать риск высокого кровяного давления, кальцификации сосудов (атеросклероза) и сердечной недостаточности и, таким образом, улучшать здоровье сердца и увеличивать продолжительность жизни, тогда как в более поздних интервенционных исследованиях такой корреляции уже не наблюдается.[339]

Регуляция настроения: некоторые исследования показывают, что витамин D играет важную роль в регуляции настроения и что низкий уровень витамина D связан с повышенным риском психических расстройств, таких как тревожные расстройства, депрессия и шизофрения.[340,341] Достаточный уровень витамина D может способствовать улучшению эмоционального состояния и повышению качества жизни.

Следует отметить, что витамин D в основном синтезируется в организме под воздействием солнечных лучей на кожу, но его также можно получить из пищи, например, из жирной рыбы и яичного желтка. В некоторых случаях может потребоваться прием добавок с витамином D, особенно в регионах с недостаточным количеством солнечного света или у людей с повышенным риском дефицита витамина D. Однако прежде чем принимать добавки, следует обсудить этот вопрос с врачом или диетологом, поскольку гипервитаминоз витамина D также является проблематичным.

Осторожно:

Гипервитаминоз витамина D возникает, когда организм поглощает слишком много витамина D, что приводит к накоплению его в крови. Это может быть вызвано чрезмерным приемом пищевых добавок (БАДов). В тяжелых случаях гипервитаминоз витамина D может привести к гиперкальциемии - состоянию, при котором уровень кальция в крови слишком высок, что впоследствии может привести к таким серьезным осложнениям, как камни в почках, почечная недостаточность и сердечная аритмия.[342] В долгосрочной перспективе нелеченая гиперкальциемия может привести к потере костной массы (остеопорозу), что повышает риск переломов костей, то есть даже сводит на нет первоначально желаемый эффект витамина D по предотвращению остеопороза при его чрезмерном потреблении.

Ниацин

Ниацин, также известный как витамин B3, является незаменимым питательным веществом, которое играет важную роль в многочисленных биологических процессах в организме человека. Его значение выходит далеко за рамки роли витамина, он влияет на различные аспекты здоровья, включая регуляцию обмена веществ, функционирование клеток и выработку энергии.

Дефицит ниацина может привести к заболеванию, известному как пеллагра. Пеллагра характеризуется такими симптомами, как воспаление кожи, слабость, диарея и депрессия, и может привести к летальному исходу, если ее не лечить. Исторически пеллагра была распространена среди бедных слоев населения, в рационе которых было много кукурузы, поскольку в кукурузе относительно мало ниацина, а биодоступная форма ниацина в кукурузе (ниацинамид) плохо усваивается.[343]

Основными источниками ниацина в рационе являются такие продукты, как мясо, рыба, птица, бобовые, орехи и цельнозерновые продукты. Кроме того, организм может вырабатывать ниацин из аминокислоты триптофана, которая содержится в богатых белком продуктах.[344]

Ниже перечислены полезные эффекты и терапевтическое применение ниацина:

Энергетический обмен: ниацин является важным компонентом кофермента никотинамид аденин динуклеотида (NAD+), который играет ключевую роль в энергетическом обмене (см. главу "БАДы и суперфуды для долгой жизни"; подраздел "Никотинамид аденин динуклеотид").[345]

Липид-модифицирующее действие: ниацин влияет на липидный обмен, в частности, благодаря своей способности стимулировать расщепление жирных кислот и увеличивать высвобождение жиров из жировой ткани. Кроме того, ниацин может тормозить расщепление триглицеридов в печени и уменьшать высвобождение жиров в кровь, что приводит к снижению уровня холестерина ЛПНП ("плохого холестерина") и триглицеридов и одновременно повышает уровень холестерина ЛПВП ("хорошего холестерина").[346]

Противовоспалительный эффект: Ниацин обладает противовоспалительными свойствами, которые могут уменьшить вероятность воспаления в организме.[347]

Сосудорасширяющий эффект: Кроме того, ниацин обладает сосудорасширяющим эффектом, то есть способствует расширению кровеносных сосудов. Это может быть полезно при лечении нарушений кровообращения, таких как окклюзионные заболевания периферических артерий.[348]

Восстановление ДНК: ниацин участвует в восстановлении ДНК и может помочь устранить повреждения ДНК, вызванные окислительным стрессом, что подчеркивает его потенциальную роль в предотвращении рака и борьбе со старением.[349]

Нейропротекторное действие: ниацин играет роль в синтезе нейротрансмиттеров и неврологической функции. Недостаток ниацина может привести к таким неврологическим симптомам, как депрессия, ухудшение памяти и головные боли.[350]

Здоровье кожи: Ниацин может способствовать здоровью кожи, увеличивая выработку кожных липидов, укрепляя кожный барьер и улучшая увлажнение кожи. Это может помочь облегчить такие кожные заболевания, как экзема и акне.[351]

Осторожно:

Терапевтический потенциал ниацина, особенно для лечения гиперлипидемии (нарушения липидного обмена), признается уже несколько десятилетий. Хотя ниацин в целом считается безопасным, высокие дозы могут привести к таким побочным эффектам, как гиперемия (покраснение кожи, зуд, ощущение жара).[352] Эти побочные эффекты, а также результаты двух крупных исследований 2011 и 2014 годов не показали никаких преимуществ перед классической монотерапией статинами для снижения уровня холестерина (см. главу "Добавки и суперпродукты для долгой жизни"; подраздел "Статины"), поэтому в настоящее время ниацин ограниченно используется в качестве липидоснижающего средства.[346]

Кроме того, недавно опубликованное исследование показало, что, как это ни парадоксально, избыток витамина В3 даже повышает риск сердечно-сосудистых заболеваний за счет усиления воспалительных реакций в кровеносных сосудах.[353]

Поэтому следует подчеркнуть, что "витамины" не всегда должны быть полезны для организма. Как видно на примере витамина D, все зависит от правильной дозы.

Омега-3 жирные кислоты

Жирная рыба, такая как лосось, скумбрия и сардины, является

важным источником омега-3 жирных кислот, но вегетарианские и веганские источники, такие как льняное семя, семена чиа, грецкие орехи и масло водорослей, также могут обеспечить организм этими жирными кислотами. В ходе исследований были изучены следующие биологические свойства:

Противовоспалительный эффект: Омега-3 жирные кислоты обладают противовоспалительными свойствами, которые могут уменьшить возникновение воспалительных заболеваний в организме. Это может помочь снизить риск развития различных заболеваний, таких как ревматоидный артрит, бронхиальная астма и хронические воспалительные заболевания кишечника (болезнь Крона и язвенный колит).[354,355,356] В частности, дисбаланс с большим избытком омега-6 жирных кислот по сравнению с омега-3 жирными кислотами в рационе (например, в сафлоровом масле) значительно повышает вероятность развития хронических воспалительных заболеваний кишечника.[356]

Иммунная функция: Помимо витамина D, омега-3 жирные кислоты также изучались в недавно опубликованном расширенном исследовании VITAL, и оказалось, что они оказывают профилактическое действие против аутоиммунных заболеваний даже через два года после окончания терапии.[338]

Кардиопротекторный эффект: Омега-3 жирные кислоты обладают противовоспалительными свойствами, и на протяжении десятилетий им приписывали (и продолжают приписывать, в зависимости от источника исследования) способность значительно снижать риск сердечных заболеваний, рака и общей смертности, тем самым укрепляя здоровье и, возможно, увеличивая продолжительность жизни.[357,358] Однако обзор 79 рандомизированных исследований, проведенный в 2018 году, дал неутешительные результаты, а мета-анализ, проведенный в 2022 году, также не выявил положительного влияния на здоровье сердца и общую смертность, даже в дозозависимой манере, что означает, что прием омега-3 жирных кислот в качестве пищевой добавки не приносит никаких преимуществ для выживания.[359,360]

Регуляция настроения: есть данные, что омега-3 жирные кислоты могут способствовать улучшению настроения и снижению риска психических заболеваний, таких как депрессия и тревожность. Одно из возможных объяснений улучшения настроения заключается в том, что омега-3 жирные кислоты улучшают связь между нервными клетками, увеличивая синтез нейротрансмиттеров (веществ, передающих сообщения в синапсах).[361]

Здоровье кожи: Омега-3 жирные кислоты могут способствовать улучшению состояния кожи, повышая ее увлажненность, уменьшая воспаление и укрепляя кожный барьер.[362] Это может помочь облегчить такие кожные заболевания, как акне, экзема и псориаз.

Здоровье глаз: Омега-3 жирные кислоты являются важным компонентом сетчатки глаза. Они могут помочь поддержать здоровье глаз и снизить риск возрастных заболеваний глаз, таких как макулярная дегенерация.[363]

Осторожно:

Легенда об инуитах ("эскимосах"), у которых благодаря обильному потреблению рыбы улучшилось здоровье сердца, похоже, в буквальном смысле слова канула в Лету, по крайней мере, со времен исследований "Диета и реинфаркт" (DART-1 и DART-2), поскольку люди с уже существующими заболеваниями сердца, регулярно принимавшие капсулы рыбьего жира или интенсивно евшие рыбу в качестве вторичной профилактики, даже умирали чаще.[364] Доказательная медицина по-прежнему противоречива в отношении омега-3 жирных кислот. Однозначных и убедительных результатов пока не получено.

Омега-9 жирные кислоты

Омега-9 жирные кислоты - это незаменимые жирные кислоты, которые необходимы организму для нормального функционирования, но не обязательно получать их полностью из пищи, так как организм может синтезировать их самостоятельно, поэтому их называют "частично незаменимыми ".[365]

Омега-9 жирные кислоты, такие как олеиновая и нервоновая, содержатся в различных растительных маслах, таких как оливковое, рапсовое, масло макадамии и авокадо, горчичное, а также в животных источниках, таких как лосось.[365,366]

Омега-9 жирные кислоты играют важную роль в различных процессах в организме:

Противовоспалительный эффект: Хроническое воспаление связано со многими заболеваниями, а диета, богатая омега-9 жирными кислотами, помогает снизить риск воспалительных заболеваний.[365]

Противораковый эффект: В связи с противовоспалительным эффектом были описаны возможные противораковые свойства, например, при раке молочной железы, пищевода, языка и толстой кишки.[365]

Липидомодифицирующий эффект: жирные кислоты омега-9, особенно олеиновая кислота, помогают снизить уровень холестерина, особенно холестерина ЛПНП ("плохого холестерина").[366] Нервная кислота важна для производства нервных клеток и может снизить риск сердечно-сосудистых заболеваний.[366]

Нейропротекторный эффект: Омега-9 жирные кислоты важны для здоровья мозга и могут способствовать поддержанию когнитивных функций и снижению риска нейродегенеративных заболеваний.[367]

Здоровье кожи: Омега-9 жирные кислоты помогают поддерживать здоровье кожи, сохраняя влагу и укрепляя кожный барьер. Это может помочь облегчить сухость кожи и сохранить ее эластичной и здоровой, что также важно при таких заболеваниях, как псориаз.[368]

Осторожно:

Несмотря на многообещающие преимущества омега-9 жирных кислот, таких как олеиновая и нервоновая, с точки зрения уровня холестерина и здоровья сердца, прогностическое исследование сердца из Людвигсхафена противоречит предыдущим исследованиям, обнаруживая зависимое от концентрации негативное влияние на сердечно-сосудистый риск и смерть.[369]

Также существуют противоречивые мнения относительно эруковой кислоты - мононенасыщенной жирной кислоты омега-9, содержащейся в богатых маслом семенах таких растений, как горчица и рапс.[370] Чрезмерное потребление эруковой кислоты потенциально может оказать негативное влияние на здоровье, особенно на сердечно-сосудистую систему.368 И снова "доза делает яд", как говорил швейцарский врач XVI века Парацельс.[371]

Никотинамид аденин динуклеотид

Никотинамид аденин динуклеотид (NAD+) - это кофермент ниацина (витамин B3), который содержится во всех живых клетках и играет важную роль в обмене веществ. В последние годы NAD+ привлек к себе большое внимание как потенциальное средство для увеличения продолжительности жизни и профилактики возрастных заболеваний, особенно благодаря освещению в СМИ и многочисленным публикациям профессора Дэвида Эндрю Синклера и его исследовательской группы в Гарварде.[372]

Ниже перечислены возможные пути влияния NAD+ на продолжительность жизни:

Энергетический обмен: NAD+ необходим для преобразования питательных веществ, таких как углеводы, жиры и белки, в энергию, необходимую для функционирования клеток и метаболизма. Достаточное количество NAD+ помогает поддерживать производство энергии в клетках и поддерживать метаболизм.[373]

Восстановление ДНК: NAD+ играет важную роль в восстановлении повреждений ДНК, вызванных токсинами окружающей среды, ультрафиолетовым излучением и другими вредными воздействиями.[374] Достаточное количество NAD+ помогает поддерживать целостность ДНК и замедляет старение клеток.

Активация сиртуинов: NAD+ является важным кофактором для сиртуинов - группы белков, играющих ключевую роль в регуляции метаболизма, функционирования клеток и долголетия.[375] Достаточное количество NAD+ необходимо для поддержания активности сиртуинов и получения максимальной пользы для здоровья.[376]

Противовоспалительный эффект: NAD+ обладает противовоспалительными свойствами и поэтому может способствовать уменьшению хронического воспаления в организме.[377] Хроническое воспаление считается одним из основных факторов, способствующих процессу старения и развитию возрастных заболеваний.

Процессы старения: NAD+ может замедлить или обратить вспять процесс клеточной сенесценции (прекращения деления клеток), поддерживая активацию сиртуинов и улучшая работу митохондрий ("энергетических центров" в клетках).[375,376] Сенесценция - это состояние, при котором клетки больше не способны делиться, что позволяет развиваться возрастным заболеваниям.

Осторожно:

Несмотря на "агрессивный маркетинг" NAD+ в мире как панацеи от старения, в настоящее время завышенные ожидания все же следует умерить, поскольку "долгосрочная безопасность и клиническая эффективность антивозрастных эффектов на людях практически отсутствуют".[378]

Исследования NAD+ и его роли в долголетии все еще находятся в зачаточном состоянии. Необходимы дальнейшие исследования, чтобы лучше понять его долгосрочные эффекты и потенциальную пользу для здоровья. Кроме того, действие NAD+ может зависеть от индивидуальных факторов, таких как дозировка, биодоступность и генетические различия. Отсутствует достоверная информация о целевой концентрации циркулирующего NAD+ в организме, а использование безрецептурных средств по уходу за кожей представляется нецелесообразным, поскольку NAD+ не может преодолеть кожный барьер из-за высокой растворимости в воде.[377]

Лицам, заинтересованным в использовании NAD+ для продления жизни, следует обсудить этот вопрос с врачом, чтобы узнать, подходит ли он для них. Наконец, следует отметить, что NAD+ содержится в натуральных продуктах питания, таких как мясо, рыба, молочные продукты, бобовые и овощи, и сбалансированная диета из этих продуктов может стать хорошим источником NAD+.

Метформин

Метформин - это препарат, получаемый из растения французской сирени, который обычно используется для лечения сахарного диабета 2 типа. Однако в последние годы он вызывает все больший интерес как потенциальное средство, способствующее долголетию и предотвращающее возрастные заболевания. Этот интерес основан на ряде исследований и наблюдений, которые позволяют предположить, что метформин может оказывать положительное влияние на здоровье, выходящее за рамки лечения сахарного диабета. Вот некоторые возможные механизмы, с помощью которых метформин может влиять на продолжительность жизни:

Улучшение чувствительности к инсулину: метформин действует, улучшая чувствительность к инсулину и увеличивая поглощение глюкозы клетками.[379] Это может помочь снизить уровень глюкозы в крови и уменьшить риск развития сахарного диабета 2 типа, что, в свою очередь, связано с увеличением продолжительности жизни.

Противовоспалительный эффект: метформин обладает противовоспалительными свойствами, которые помогают уменьшить воспалительные процессы, что также может стать залогом более долгой жизни.[380]

Противораковый эффект: в последние годы было показано, что метформин может предотвращать как рост и выживание клеток злокачественных опухолей, так и развитие метастазов.[381] Точные механизмы действия еще требуют дальнейшего изучения; при раке толстой кишки, например, важную роль играет влияние на функцию Т-киллерных клеток.[382] Положительный эффект был продемонстрирован при раке толстой кишки, молочной железы, костей, эндометрия и кожи (меланома).[381,382,383]

Процессы старения: Некоторые исследования показывают, что метформин может оказывать профилактическое действие на процессы старения, замедляя или обращая вспять процесс клеточного старения (прекращения деления клеток). Метформин активирует фермент, называемый AMP-активированной протеинкиназой (AMPK), который играет важную роль в регуляции энергетического обмена и функционирования клеток.384 Активация AMPK связана с различными преимуществами для здоровья, включая улучшение метаболического здоровья и возможное увеличение продолжительности жизни.

Улучшение или профилактика различных заболеваний: Было доказано, что прием метформина оказывает благоприятное воздействие на сердечно-сосудистые заболевания, ожирение, болезни печени и почек и, следовательно, может также оказывать решающее влияние на процесс старения.[381]

Осторожно:

Несмотря на многообещающие данные о потенциальном антивозрастном действии метформина, важно отметить, что необходимы дальнейшие исследования, чтобы лучше понять его долгосрочное влияние на продолжительность жизни и здоровье.

Метформин - это препарат, который может иметь побочные эффекты, взаимодействия и противопоказания и поэтому может подходить не всем. Например, длительная терапия метформином может вызвать дефицит витамина 12.[385]

Лица, заинтересованные в использовании метформина для увеличения продолжительности жизни, должны обсудить это с врачом, чтобы определить, подходит ли он для их индивидуального состояния здоровья. Препарат для лечения диабета требует рецепта и не должен применяться у беременных или кормящих женщин.

Семаглутид

Ожирение - широко распространенное и сложное заболевание, которое связано с различными рисками для здоровья, включая болезни сердца, сахарный диабет 2 типа, инсульт и некоторые виды рака. Несмотря на многочисленные усилия по снижению веса, многие люди сталкиваются с трудностями в контроле веса. В связи с этим в последние годы привлекают внимание полуглютиды для лечения ожирения. Препараты класса семаглутид, которые в настоящее время назначаются в виде подкожных инъекций, имитируют действие естественного гормона GLP-1 (глюкагоноподобного пептида 1), который стимулирует выделение инсулина, снижает уровень глюкозы в крови и усиливает чувство сытости.386 Семаглутид способен снижать аппетит, уменьшать потребление пищи и способствовать снижению веса.[386]

Эффективность семаглутида была подробно изучена в клинических исследованиях. В одном из исследований, известном как программа STEP, изучался эффект семаглутида у участников с избыточным весом или ожирением, страдающих или не страдающих сахарным диабетом.[386,387] Результаты были впечатляющими: участники, получавшие семаглутид, потеряли значительно больше веса по сравнению с группой плацебо; некоторые участники даже достигли снижения веса более чем на 15% от своего первоначального веса.[387]

В последующем исследовании у пациентов с ожирением без сахарного диабета было обнаружено, что применение семаглутида может снизить частоту сердечно-сосудистой смерти, инфаркта миокарда или инсульта.[388]

Осторожно:

При регулярном применении семаглутида, по некоторым данным, усиливается диарея, что может привести к изменению уровня электролитов ("солей крови").[389]

Кроме того, имеются противоречивые сведения о возникновении суицидальных мыслей в связи с применением семаглутида.[390,391] В целом, риск возникновения психиатрических событий, таких как депрессия, тревога и суицидальные мысли, составляет 1,2%.[392] Поэтому необходимы дальнейшие исследования этого класса препаратов, поскольку не только масса тела и здоровье сердца, но и психическое здоровье являются решающими факторами для долгой жизни (см. главу "Выведение вредных веществ"; подраздел "Психическое здоровье").

Ацетилсалициловая кислота

Ацетилсалициловая кислота (АСК), более известная как Аспирин®, - широко распространенный и хорошо изученный препарат, оказывающий ряд эффектов на организм человека.

Распространена поговорка "An aspirin a day keeps the doctor away!", которая является вариацией известной английской пословицы: "An apple a day keeps the doctor away!". ("Яблоко в день держит доктора подальше!").[393]

С точки зрения истории медицины АСА выходит далеко за рамки своего первоначального открытия в 1897 году, когда "более 3500 лет назад ивовая кора использовалась шумерами и египтянами", а затем "врачами Древней Греции и Рима для уменьшения боли и лихорадки".[394]

Вот некоторые из наиболее важных положительных эффектов АСА:

Анальгетический эффект: АСА - нестероидный противовоспалительный препарат (НПВП), который эффективно снимает боль различной интенсивности. Его часто используют для лечения головной и зубной боли, менструальных спазмов и мышечных болей.[395]

Противовоспалительный эффект: АСА оказывает противовоспалительное действие, подавляя выработку таких воспалительных веществ, как простагландины. Это делает его эффективным средством лечения воспалительных заболеваний, таких как ревматоидный артрит, на протяжении десятилетий.[396]

Жаропонижающее действие: АСА обладает жаропонижающими свойствами, что означает, что он может снижать лихорадку, регулируя температуру тела. Его часто используют при лихорадке, например, при гриппе и простуде.[397]

Кардиопротекторный эффект: АСА препятствует образованию тромбов, блокируя действие простагландина тромбоксана А2, молекулы, участвующей в свертывании крови.[398] По этой причине АСА часто используется для профилактики инфарктов и инсультов у людей с высоким риском этих заболеваний.

Противораковый эффект: есть данные, что регулярное употребление АСА может снизить риск развития некоторых видов рака, в частности рака толстой кишки и, возможно, других видов рака.[398] Считается, что это связано с противовоспалительными и антипролиферативными (останавливающими неконтролируемый рост клеток) свойствами АСА.

Осторожно:

Несмотря на то что регулярное применение АСА, несомненно, является важной прогностической терапией при вторичной профилактике, то есть после инфаркта или инсульта, оно еще не получило признания при первичной профилактике, то есть при отсутствии сердечно-сосудистых заболеваний.[399] Хотя при первичной профилактике снижается риск инфаркта и инсульта, общий риск кровотечения (от желудочного до мозгового) слишком высок.[400] Особое внимание следует обратить на повышенный риск кровотечения при одновременном приеме других препаратов, разжижающих кровь, поскольку АСА оказывает необратимое ингибирующее действие на тромбоциты. Этот эффект может длиться до недели, поэтому перед плановыми операциями хирурги делают соответствующую паузу в приеме АСА.[401] АСА может раздражать слизистую оболочку желудка и приводить к язвам желудка, желудочным кровотечениям или болям в желудке.[402] Это связано с подавлением выработки простагландинов, которые выполняют защитную функцию для слизистой оболочки желудка. Кроме того, АСА может провоцировать приступы бронхиальной астмы у людей с астмой.[403] АСА может повышать риск развития синдрома Рейе - редкого, но потенциально опасного для жизни заболевания, вызывающего дисфункцию печени и мозга, у детей и подростков, перенесших вирусные инфекции, в частности грипп или ветрянку.[404]

Статины

Статины - это класс препаратов, которые используются для снижения уровня холестерина в крови. Считается, что статины обладают плейотропным действием, т. е. помимо снижения уровня холестерина они оказывают целый ряд биологических эффектов.[405]

Вот некоторые из наиболее важных эффектов статинов:

Снижение уровня холестерина ЛПНП: Статины ингибируют фермент HMG-CoA-редуктазу, который играет ключевую роль в производстве холестерина в печени. Снижая синтез холестерина, статины эффективно снижают уровень "плохого" холестерина ЛПНП в крови, что уменьшает риск развития атеросклероза и сердечно-сосудистых заболеваний.[406]

Повышение уровня холестерина ЛПВП: Статины также помогают несколько повысить уровень "хорошего" холестерина ЛПВП в крови.[406] Холестерин ЛПВП помогает удалять избыток холестерина со стенок артерий и транспортировать его в печень, где он расщепляется, обеспечивая дополнительную защиту от сердечно-сосудистых заболеваний.

Кардиопротекторный эффект: снижая уровень холестерина ЛПНП, статины могут уменьшить риск инфаркта, инсульта и сердечно-сосудистой смерти на 22 %, согласно мета-анализу 170 000 человек из 26 исследований.[407]

Стабилизация бляшек: статины помогают стабилизировать атеросклеротические бляшки в артериях, что может снизить риск опасных разрывов бляшек и связанных с ними осложнений, таких как инфаркты и инсульты.[408]

Противовоспалительный эффект: Помимо холестериноснижающего эффекта, статины обладают противовоспалительными свойствами. Они могут уменьшить воспаление в стенках артерий, которое участвует в развитии атеросклероза, и помогают замедлить прогрессирование сердечно-сосудистых заболеваний.[409]

Противораковый эффект: Статины, по-видимому, могут оказывать и противораковое действие, что было продемонстрировано в исследованиях рака поджелудочной железы и печени.[410,411]

Осторожно:

В целом статины считаются важными препаратами для снижения уровня холестерина и профилактики сердечно-сосудистых заболеваний. Их благотворное влияние на здоровье обычно перевешивает потенциальные риски и побочные эффекты, особенно у людей с высоким риском сердечно-сосудистых заболеваний.[406] Однако статины могут иметь некоторые негативные побочные эффекты и риски. Важно понимать и учитывать их, особенно при длительном применении или у некоторых людей с особыми состояниями здоровья.

Вот некоторые из наиболее распространенных негативных эффектов статинов:

Мышечный дискомфорт и мышечная слабость: одним из наиболее известных побочных эффектов статинов является мышечная боль, мышечная слабость и повреждение мышц, что можно назвать миопатией.[412] В редких случаях статины могут привести к серьезным мышечным нарушениям, таким как рабдомиолиз, который может вызвать опасные для жизни осложнения, что заставило одного производителя отозвать свой препарат с мирового рынка в 2001 году под влиянием СМИ.[413]

Дисфункция печени: Хотя проблемы с печенью, вызванные статинами, встречаются редко, иногда они могут приводить к отклонениям в функциональных анализах печени с повышением уровня трансаминаз (печеночных ферментов).[412] В редких случаях может возникнуть тяжелое поражение печени, что требует контроля функции печени во время лечения.[414]

Повышенный риск развития диабета: мета-анализ рандомизированных контрольных исследований показывает, что статины повышают риск развития сахарного диабета на 9-13%.415 У больных диабетом терапия статинами может неблагоприятно способствовать прогрессированию диабета.[416]

Неврологические побочные эффекты: Некоторые исследования указывают на связь между применением статинов и неврологическими побочными эффектами, такими как ухудшение памяти, спутанность сознания, нарушения сна и периферические невропатии, хотя эта связь неясна и требует дальнейшего изучения.[417]

Хотя большинство людей хорошо переносят статины, люди, принимающие или рассматривающие возможность приема статинов, должны делать это под наблюдением врача. Тщательный контроль и регулярные обследования помогут своевременно распознать возможные побочные эффекты и при необходимости перейти на альтернативные препараты, такие как эзетемиб (ингибирует всасывание холестерина в кишечнике), бемпидоновая кислота (ингибирует фермент цитрат-лиазу АТФ в процессе производства холестерина в организме) и/или ингибиторы PCSK9 (ингибируют указанный фермент, который уменьшает количество рецепторов холестерина ЛПНП на оболочке клеток печени).

Статины отпускаются только по рецепту и не должны назначаться беременным или кормящим женщинам.

Метилксантины

Кофеин и теобромин - это метилксантины, которые содержатся во многих продуктах и напитках, особенно в кофе, чае, шоколаде и какао. Оба метилксантина обладают сходными, но в то же время и различными биологическими эффектами.
Кофеин, содержащийся в чае, также называют теином, но с химической точки зрения кофеин и теин - это одна и та же молекула, а именно 1,3,7-триметилксантин.[418]

Кофеин

Кофеин - самый известный стимулятор, который содержится в различных продуктах и напитках, включая кофе, чай, энергетические напитки, колу и некоторые лекарства.

Действие кофеина проявляется относительно быстро и может вызвать повышение бдительности, усиление внимания, увеличение энергии и улучшение когнитивных функций. Биологические эффекты подробно описаны следующим образом

Стимулирующее действие: кофеин известен своим стимулирующим действием на центральную нервную систему. Он блокирует аденозиновые рецепторы в мозге, что приводит к повышенному выделению таких нейротрансмиттеров, как дофамин и норадреналин.[419] Это может привести к повышению бдительности, улучшению внимания, увеличению энергии и уменьшению чувства усталости.

Повышение скорости метаболизма: Кофеин также известен как "жиросжигатель", поскольку он стимулирует обмен веществ и усиливает сжигание жира, что приводит к улучшению физических показателей и способствует снижению веса.[420]

Память: Кофеин может улучшать когнитивные функции, включая память, скорость реакции и концентрацию, что, в свою очередь, повышает физическую работоспособность, согласно текущему документу Международного общества спорта и питания (ISSN).[421]

Сердечно-сосудистые заболевания: Кофеин может временно увеличить частоту сердечных сокращений и повысить кровяное давление, особенно у чувствительных людей или в больших дозах.[422]

Осторожно:

Чрезмерное потребление кофеина может привести к сердечной аритмии, такой как фибрилляция предсердий, повышению кровяного давления, бессоннице, беспокойству и желудочно-кишечным расстройствам.[422] Однако кофеин имеет относительно короткий период полураспада в организме, что означает, что его действие исчезает относительно быстро.[423]

Теобромин

Теобромин - это стимулятор, который в основном содержится в какао и шоколадных изделиях, но в меньших количествах, чем кофеин.[424] Действие теобромина обычно менее сильное, чем у кофеина, и проявляется медленнее. Он может вызывать легкую стимуляцию, улучшение настроения и чувство расслабления. Биологические эффекты подробно описаны:

Мягкая стимуляция: теобромин обладает более мягким стимулирующим действием, чем кофеин, но, как и кофеин, блокирует аденозиновые рецепторы в мозге, что может привести к повышению бдительности и улучшению концентрации внимания.[425]

Расширение кровеносных сосудов: теобромин способен расширять кровеносные сосуды и улучшать кровоток, что может привести к улучшению насыщения тканей кислородом и снижению артериального давления.[426]

Мочегонный эффект: теобромин действует как слабое мочегонное средство и может увеличить диурез.[427]

Кардиопротекторный эффект: доказано, что теобромин оказывает благоприятное воздействие на факторы риска сердечно-сосудистых заболеваний у пациентов с метаболическим синдромом (сочетание ожирения, повышенного артериального давления, нарушений обмена сахара и жиров).[428]

Нейропротекторный эффект: в случае нарушения кровообращения в головном мозге теобромин, по-видимому, может помочь компенсировать неврологический дефицит, двигательные нарушения и нарушения памяти, как показали эксперименты на животных крысах.[429]

Осторожно:

Чрезмерное употребление теобромина также может привести к сердечной аритмии (например, фибрилляции предсердий), тошноте, рвоте, тремору и другим неприятным симптомам, хотя они обычно менее выражены, чем при употреблении кофеина.[430] У теобромина более длительный период полураспада, чем у кофеина, а значит, его действие может сохраняться в организме дольше.[423]

Таурин

Таурин - это серосодержащая аминокислота, содержащаяся во многих продуктах животного происхождения, таких как мясо и рыба, и "присутствующая в тканях в более высоких концентрациях, чем любая другая аминокислота".[431]

Биосинтез таурина происходит в основном в печени и включает в себя ряд ферментативных реакций, которые начинаются с метионина. Метионин сначала преобразуется в цистатионин, затем в цистеин, а цистеин преобразуется в глутатион и таурин.[431]

В последнее время появляется все больше доказательств того, что таурин обладает некоторыми преимуществами для здоровья, которые могут быть связаны с долголетием.[432]

Кардиопротекторный эффект: таурин ассоциируется с улучшением здоровья сердечно-сосудистой системы, включая снижение кровяного давления, уменьшение риска сердечных заболеваний и защиту от окислительного стресса в сердечной мышце.[433,434]

Антиоксидантный эффект: таурин действует в организме как антиоксидант, то есть нейтрализует свободные радикалы и уменьшает повреждение клеток.[435] Это может помочь замедлить процесс старения и способствовать долголетию.

Нейропротекторный эффект: Таурин также может обладать нейропротекторными свойствами, то есть защищать мозг от повреждений и снижать вероятность развития нейродегенеративных заболеваний, таких как болезнь Альцгеймера и Паркинсона.[436]

Противовоспалительный эффект: Таурин обладает противовоспалительными свойствами, которые могут уменьшить воспаление в организме. Положительное влияние таурина на воспаление может быть использовано для борьбы с преждевременным старением и различными проблемами со здоровьем.[434]

Противораковый эффект: Таурин может облегчить побочные эффекты химиотерапии, а также обладает противораковым действием, например, при раке груди, почек и толстой кишки.[437]

Осторожно:

Эффективность небольшого количества таурина в энергетических напитках является предметом научных дебатов и споров.[438] Некоторые производители энергетических напитков утверждают в своей рекламе, что добавление таурина в их продукцию помогает улучшить работоспособность, выносливость и память и снизить усталость, но это скорее всего связано с чрезвычайно высоким содержанием кофеина, который способствовал нарушениям сердечного ритма, а в некоторых случаях и внезапной остановке сердца.[438] В частности, сочетание высоких доз таурина и кофеина оказывает негативное воздействие.[439] Кроме того, употребление таурина в сочетании с алкоголем, что особенно популярно среди молодежи, может быть токсичным, поскольку таурин имитирует нейромедиатор ГАМК (γ-аминомасляную кислоту), а алкоголь способствует выделению ГАМК из нервных рецепторов, что приводит к нарушению двигательной функции (контроля мышц в организме).[440]

Аллиин

Аллиин образуется при взаимодействии фермента аллииназы с цистеином. Это происходит, когда свежий чеснок разрезают или раздавливают. Затем аллиин ферментативно преобразуется в аллицин, который отвечает за характерный запах и вкус чеснока.[441] Использование экстрактов чеснока для лечения боли и инфекций, вызванных паразитами, было описано в клинописи на глиняных табличках в Месопотамии еще в 2600 году до н. э. и задокументировано в хи-рогильфиях на папирусе в Древнем Египте в "Кодексе Эберса".[441] Хотя аллиин является соединением, полученным из аминокислоты, сам он не является аминокислотой и не обладает характерными свойствами аминокислот, такими как способность образовывать белки.[441]

Хотя сам аллиин не обладает прямой биологической активностью, его превращение в аллицин и другие соединения оказывает различные биологические эффекты:

Антимикробный эффект: аллицин проявляет антимикробные свойства и эффективен против различных бактерий, вирусов, грибков и паразитов.[442,443] Считается, что аллицин повреждает клеточные мембраны микроорганизмов, снижая их способность к размножению.

Антиоксидантное действие: аллицин и другие соединения серы, полученные из аллиина, обладают антиоксидантными свойствами, которые уменьшают повреждение клеток свободными радикалами. Это может помочь уменьшить воспаление и снизить риск сердечно-сосудистых заболеваний и метаболического синдрома (сочетание ожирения, высокого кровяного давления, нарушений обмена сахара и жира).[444]

Кардиопротекторный эффект: Аллиин и продукты его трансформации могут оказывать защитное действие на сердечно-сосудистую систему. Они могут снижать артериальное давление, повышать уровень липидов в крови, препятствовать свертыванию крови и улучшать работу сосудов, что может снизить общий риск сердечно-сосудистых заболеваний.[445]

Осторожно:

Подавляя активность ферментов печени, аллицин и другие сернистые соединения, получаемые из аллиина, могут взаимодействовать с другими лекарственными препаратами, в частности, с препаратами для разжижения крови, которые следует применять с большей осторожностью.[446]

Омела

Омела (Viscum album), с ее характерной зеленой листвой и белыми ягодами, издавна была очаровательным символом в многочисленных культурах и традициях. Еще в древности римский писатель по естественной истории Плиний Старший сообщал, что друиды кельтской культуры собирали омелу с дубов во время зимнего солнцестояния, почитали ее как священное растение и использовали в своих ритуалах, поскольку верили, что омела обладает магической силой и служит защитным средством от злых духов и болезней.[447]

Со временем омела сохранила свое символическое значение и стала ассоциироваться с различными праздниками и обычаями. В Европе, в частности, омела является неотъемлемой частью рождественских украшений и часто рассматривается как символ любви, счастья и дружбы.[447]

Омела ценится не только за свое символическое значение, но и за потенциальное лекарственное применение. Омела уже много веков используется в народной медицине для лечения различных недугов.

Были доказаны следующие биологические эффекты:

Иммунная функция: препараты омелы обладают интересными исходными данными для укрепления иммунной системы и предотвращения болезней, что происходит за счет посредничества естественных клеток-киллеров, Т-хелперов (CD4+) и Т-киллеров (CD8+).[448]

Противовоспалительные эффекты: некоторые лабораторные тесты и исследования на животных показали, что различные компоненты омелы могут оказывать противовоспалительное действие, включая вискотоксин, лектины и полисахариды.[449] Эти вещества могут влиять на противовоспалительные реакции в организме, подавляя высвобождение провоспалительных молекул или модулируя активность воспалительных клеток.

Противораковые эффекты: некоторые исследования показывают, что омела может помочь в лечении рака, особенно рака груди и толстой кишки.[450,451] Считается, что это происходит за счет стимуляции иммунной системы через Т-клетки и прямого цитотоксического воздействия на раковые клетки.[452]

Кардиопротекторный эффект: омела может также оказывать легкое антигипертензивное действие и улучшать кровообращение.[453]

Осторожно:

"Большинство потребителей считают продукты комплементарной и альтернативной медицины в принципе безопасными", поскольку эти вещества имеют "природное" происхождение.[454,455] Но это заблуждение - считать, что "натуральные" растительные продукты не обладают фармакологическим действием или побочными эффектами. Например, некоторые компоненты омелы, такие как вискотоксины и форатоксины, могут вызывать тошноту, рвоту, диарею, головную боль, головокружение, кожную сыпь, зуд, брадикардию (замедление сердцебиения) и отрицательную инотропию (снижение насосной силы сердца) в больших дозах.[455,456]

Беременным женщинам, кормящим матерям, детям и людям с определенными заболеваниями следует обсудить применение препаратов омелы с врачом, поскольку их безопасность и эффективность могут быть недостаточно изучены.

Боярышник

Боярышник (ботаническое название Crataegus), с его нежными цветами и красными ягодами, издавна является удивительным растением, ценимым в народной и традиционной медицине. Его история характеризуется множеством культурных и лекарственных применений. Так говорится в "Сумерках богов" тетралогии Рихарда Вагнера "Кольцо нибелунга":

"Великое счастье и спасение смеется теперь на Рейне,
раз Хаген, Мрачный, может быть так весел!
Боярышник больше не жалит;
Он назначен свадебным глашатаем".[457]

Символически "боярышник" здесь означает "мифический знак смерти ".[457]

Как и в случае с омелой, натуральные продукты не всегда безвредны для здоровья, но все же могут оказывать некоторые полезные эффекты.

Возможные полезные свойства боярышника включают

Антиоксидантный эффект: боярышник богат антиоксидантами, которые помогают уменьшить повреждение клеток свободными радикалами и укрепить иммунную систему, а также, по-видимому, обладают пролонгирующим жизнь эффектом, как показали эксперименты с плодовыми мушками (Drosophila melanogaster).[458] Например, боярышник также обладает терапевтическим потенциалом при различных заболеваниях печени.[459]

Кардиопротекторный эффект: боярышник помогает снизить кровяное давление и предотвратить атеросклероз (кальцификацию сосудов).460,4601 Кроме того, многочисленные исследования показали, что боярышник способствует лечению сердечной недостаточности.[462,463,464]

Расслабляющий эффект: Боярышник обладает успокаивающим действием, которое помогает уменьшить стресс, депрессию и тревогу и улучшить общее самочувствие.[465]

Улучшение качества сна: Боярышник может помочь улучшить качество сна и облегчить бессонницу, что может привести к более спокойному сну.[466]

Осторожно:

Хотя об этом сообщалось довольно редко, прием чрезмерного количества боярышника может привести к таким побочным эффектам, как желудочно-кишечный дискомфорт, тошнота, головные боли, учащенное сердцебиение и аллергические кожные реакции (сыпь).[467] Важно придерживаться рекомендуемых дозировок и не переусердствовать с употреблением боярышника.

Информация о безопасности боярышника во время беременности и грудного вскармливания ограничена. Беременным и кормящим женщинам следует обсудить применение боярышника с врачом, прежде чем принимать его, чтобы избежать потенциального риска для себя и ребенка.

Ромашка

Слово "ромашка" (chamomilla) происходит из греческого языка и восходит к слову χαμαίμηλον, что буквально означает "земляное или земляное яблоко".[468] Такое название может быть связано с характерным запахом растения, напоминающим запах яблок. Ромашка - одно из самых распространенных в мире лекарственных растений, которое ценилось еще в древнем мире ("Египет, Греция,

Рим") для лечения "желудочных заболеваний, спазмов, кожных воспалений и мелких инфекций".[469]

Вот некоторые из наиболее важных биологических эффектов ромашки:

Противовоспалительное действие: ромашка содержит такие соединения, как флавоноиды и терпены, которые обладают противовоспалительными свойствами.[470] Они могут помочь уменьшить воспаление в организме и облегчить симптомы воспалительных заболеваний, таких как ревматоидный артрит и раздражение кожи.[469,471]

Польза для пищеварения: Ромашка обладает спазмолитическими свойствами, которые могут помочь облегчить жалобы на пищеварение, такие как вздутие живота, спазмы и желудочно-кишечный дискомфорт.469 Ромашковый чай часто принимают при желудочно-кишечных жалобах, он также может помочь пищеварению.[472]

Антиоксидантный эффект: содержащиеся в ромашке антиоксиданты, такие как флавоноиды, нейтрализуют свободные радикалы в организме. Это может помочь снизить риск хронических заболеваний и оказать противораковое действие на рак желудка, толстой кишки, печени и шейки матки.[469,473]

Расслабляющий эффект: ромашка обладает успокаивающими и расслабляющими свойствами, которые помогают снять стресс и тревогу.[468] Ромашковый чай часто используется в качестве натурального успокоительного средства и может помочь в борьбе с бессонницей и улучшить качество сна.[474]

Осторожно:

Людям с аллергией на растения семейства маргариток следует избегать ромашки.

Людям, страдающим аллергией на растения семейства ромашковых, следует избегать ромашки, поскольку могут возникнуть аллергические реакции, такие как кожная сыпь, сенная лихорадка, бронхиальная астма или анафилактический шок.[475] Кроме того, беременным женщинам и людям, принимающим препараты для разжижения крови, следует проконсультироваться с врачом перед использованием ромашки.[476]

Ягоды годжи

Ягоды годжи, также известные как волчьи ягоды, в последние годы завоевали популярность во всем мире благодаря своему богатому питательному составу и многочисленным полезным свойствам, настолько, что их также называют "плодами долголетия".[477] Ягоды годжи (китайское название **枸杞** gǒuqǐ) традиционно выращиваются в горных районах Китая и Гималаев.[477,478] Изначально использовавшиеся в традиционной китайской медицине (ТКМ), ягоды годжи стали востребованными "суперпродуктами", которые употребляются в различныхв формах, от свежих ягод до сушеных плодов, соков и добавок.[477,478]

Описаны следующие полезные свойства ягод годжи при регулярном употреблении:

Антиоксидантный эффект: ягоды годжи содержат высокую концентрацию витамина С, бета-каротина и других антиоксидантов, которые могут укрепить иммунную систему и повысить защитные силы организма от инфекций и болезней.[479]

Противораковый эффект: благодаря своим антиоксидантным свойствам ягоды годжи способны противостоять созреванию опухолей и развитию раковых заболеваний, таких как рак груди, шейки матки, толстой кишки, полости рта и предстательной железы.[480,481,482,483,484]

Здоровье глаз: ягоды годжи богаты бета-каротином, который в организме преобразуется в витамин А и играет важную роль в улучшении зрения.[479]

Кардиопротекторный эффект: антиоксидантные свойства бета-каротина, содержащегося в ягодах годжи, как утверждается, отвечают за уменьшение воспаления, снижение уровня холестерина и стабилизацию уровня сахара в крови, что может снизить риск сердечно-сосудистых заболеваний.[485]

Здоровье кожи: Антиоксидантные свойства ягод годжи могут поддерживать здоровье кожи, защищая ее от повреждения свободными радикалами и минимизируя появление признаков старения кожи и морщин.486 Кроме того, высокое содержание витамина В1 может способствовать выработке коллагена, в результате чего кожа становится более упругой и молодой.[479]

Осторожно:

У некоторых людей может возникнуть аллергия на ягоды годжи, особенно если у них уже есть аллергия на другие ягоды или растения.[487] Симптомы аллергической реакции могут включать кожную сыпь, зуд, отеки или затрудненное дыхание. Поэтому людям с известной аллергией следует быть осторожными при употреблении ягод годжи.

Кроме того, при употреблении большого количества ягод годжи возникает проблема избыточного потребления бета-каротина (см. главу "БАДы и суперфуды для долгой жизни"; подраздел "Бета-каротин").

Имбирь

Имбирь культивировался в Индии и Древнем Китае около "5000 лет назад как укрепляющий корень от всех недугов".[488] Имбирь известен своим луковичным корнем и используется различными способами как на кухне, так и в традиционной медицине. Название имбиря происходит из классического индийского языка санскрит от слова शृङ्गवेर "sringavera (sringam=рог+вера=тело)".[489]

Имбирь используется в традиционной китайской медицине (ТКМ) для лечения проблем с пищеварением, тошноты и воспалений.490 В аюрведической медицине имбирь считается "универсальным лекарством" и рекомендуется для укрепления иммунной системы, облегчения головной боли и улучшения пищеварения.[488] По историческому Шелковому пути обменивались не только товарами, но и медицинскими знаниями. По этой причине в древнеперсидской медицине имбирь также использовался для лечения расстройств пищеварения.[491]

Современные научные исследования подтвердили некоторые из традиционных способов применения имбиря и дополнительно изучили его потенциальные полезные свойства.

Вот некоторые из наиболее важных эффектов имбиря:

Противовоспалительное действие: свежий имбирь содержит биоактивные соединения, такие как гингеролы, а сушеные корни имбиря содержат шоголы, которые могут обладать противовоспалительными свойствами.[491] Это может помочь уменьшить воспаление в организме, что может быть особенно полезно при таких заболеваниях, как ревматоидный артрит и другие воспалительные заболевания.[492]

Польза для пищеварения: имбирь традиционно используется для улучшения пищеварения и облегчения желудочных расстройств, таких как тошнота, рвота, газы и несварение желудка.[493] Он также может помочь ускорить движение желудка, что способствует его опорожнению.[494]

Противорвотный эффект: имбирь может облегчить тошноту и рвоту, будь то укачивание в дороге, утренняя тошнота или побочные эффекты химиотерапии.[495,496]

Обезболивающий эффект: благодаря своим противовоспалительным свойствам имбирь также может облегчить боль, будь то артрит, мышечная боль или менструальные спазмы.[497,498]

Иммунная функция: Имбирь может поддерживать иммунную систему, стимулируя выработку иммунных клеток и оказывая противовоспалительное действие, которое помогает защититься от болезней.[498]

Кардиопротекторный эффект: Имбирь также снижает риск сердечно-сосудистых заболеваний, снижая уровень холестерина, кровяное давление и способствуя ингибированию тромбоцитов.[499]

Антиоксидантный эффект: считается, что имбирь обладает сильными антиоксидантными свойствами и может как ослаблять, так и предотвращать образование свободных радикалов, которые вызывают повреждение клеток.[500]

Противораковый эффект: Благодаря противовоспалительным и антиоксидантным свойствам имбиря, противораковый эффект вполне вероятен и был обнаружен, например, при раке толстой кишки или молочной железы.[490,501]

Осторожно:

Хотя имбирь обычно считается безопасным для здоровья, в редких случаях он может вызывать аллергические реакции, особенно у людей, уже имеющих аллергию на другие растения семейства имбирных (Zingiberaceae).[502]

Хотя имбирь часто используется для облегчения дискомфорта в желудке, в некоторых случаях он может вызвать раздражение желудка или изжогу, особенно если принимать ≥2 г порошка имбиря в день или если человек уже страдает от проблем с желудком.[490]

Прием большого количества имбиря может увеличить риск кровотечения из-за его антитромбоцитарного эффекта, особенно у людей, которые уже принимают препараты, разжижающие кровь.499 Если принять ≤4 г порошка имбиря, то значительного ингибирования тромбоцитов не ожидается.[490]

Хотя имбирь в небольших количествах обычно считается безопасным, данных, подтверждающих безопасность имбиря в больших количествах во время беременности и кормления грудью, недостаточно. Беременным и кормящим женщинам рекомендуется проконсультироваться с врачом, прежде чем принимать имбирь.

Резистентный крахмал

Под резистентным крахмалом понимается свойство крахмала (углеводов) быть устойчивым (упругим) к перевариванию, особенно к перевариванию в кишечнике человека. Этот тип крахмала не полностью расщепляется и всасывается ферментами в тонком кишечнике, а достигает толстого кишечника в неизменном виде503.

Резистентный крахмал содержится в некоторых продуктах питания, таких как необработанные цельнозерновые продукты, зеленые бананы и бобовые. Однако его можно получить и искусственным путем, подвергая такие продукты, как картофель или рис, определенным технологическим процедурам - варке, охлаждению и повторному нагреванию.[503]

Резистентный крахмал оказывает целый ряд положительных эффектов на здоровье, в том числе

Улучшение здоровья кишечника: резистентный крахмал действует как пребиотик, что означает, что он улучшает условия для роста полезных бактерий в кишечнике. Он способствует росту полезных бактерий, таких как бифидобактерии и лактобактерии, что приводит к оздоровлению микрофлоры кишечника и поддерживает здоровье пищеварительной системы.[504]

Регулирование уровня сахара в крови: регулярное употребление резистентного крахмала может улучшить чувствительность к инсулину, что означает, что клетки лучше реагируют на инсулин и организм может более эффективно перерабатывать глюкозу, что может быть особенно полезно для больных диабетом.[505]

Контроль веса: благодаря своей способности повышать сытость и регулировать уровень глюкозы в крови, резистентный крахмал может помочь уменьшить чувство голода и контролировать потребление калорий. Это может помочь в управлении весом, например, добиться желаемого снижения массы тела.[504]

Противораковый эффект: достаточное потребление резистентного крахмала может снизить риск развития колоректального рака за счет улучшения здоровья кишечника и снижения воспаления.506

Осторожно:

Несмотря на то, что резистентный крахмал обладает множеством полезных свойств, существуют также потенциальные риски и побочные эффекты, особенно при употреблении в больших количествах.

Резкое увеличение потребления резистентного крахмала может привести к дискомфорту в пищеварительной системе, такому как вздутие живота, газы и диарея, особенно у людей, чья пищеварительная система к нему не привыкла.[507] Люди с некоторыми заболеваниями пищеварительного тракта, такими как синдром раздраженного кишечника или болезнь Крона, могут быть чувствительны к потреблению резистентного крахмала и испытывать ухудшение симптомов. Хотя резистентный крахмал может помочь стабилизировать уровень глюкозы в крови, людям с сахарным диабетом или резистентностью к инсулину следует внимательно следить за уровнем глюкозы в крови, поскольку могут возникнуть непредвиденные эффекты.[505]

Ванилин

Ваниль, особенно ванилин, который добывают из стручков ванили, известна своим характерным сладковато-пряным ароматом и вкусом. Его название происходит от испанского vainilla, что означает "стручок" или "маленькая оболочка".[508] Он обладает рядом полезных свойств:

Антиоксидантное действие: ванилин, основной компонент ванили, способен уничтожать свободные радикалы и снижать окислительный стресс.[509]

Противовоспалительный эффект: ванилин оказывает противовоспалительное действие за счет снижения экспрессии цитокинов (уменьшения образования провоспалительных веществ).[509]

Нейропротекторный эффект: Ванилин защищает от нейродегенеративных заболеваний, уменьшая повреждение клеток и воспаление, а также снимает боль.[510]

Осторожно:

Обильное употребление ванилина может привести к тошноте, рвоте и головным болям.[510] Некоторые продукты содержат синтетический ванилин, полученный из производных нефти, который считается безопасным, но вызывает у потребителей опасения по поводу его происхождения.

Капсаицин

Капсаицин - ванилоид, структурно схожий с ванилином, является природным соединением, содержащимся во многих острых перцах, особенно в перце чили. Капсаицин отвечает за жгучесть перца и может принести некоторую пользу здоровью:

Снижение веса: капсаицин, который также рекламируется как "капсула для похудения", может улучшать здоровье кишечника с помощью микробиома (собственных микроорганизмов организма) и работать как "жиросжигатель", что может помочь в желаемой потере веса.[512]

Кардиопротекторный эффект: капсаицин может снижать уровень холестерина и уменьшать риск сердечно-сосудистых заболеваний.[512]

Антиоксидантный эффект: капсаицин также является антиоксидантом, который может защищать клетки от повреждений, вызванных свободными радикалами.[513]

Нейропротекторный эффект: Капсаицин может либо облегчать боль в нервах местно (т.е. путем местного применения кремов) (как ванилин), либо улучшать нейрогенеративные заболевания с помощью капсул.[514,515]

Осторожно:

Чрезмерное потребление капсаицина в виде высококонцентрированных пищевых добавок или острых соусов может привести к раздражению желудка, изжоге или диарее. Был даже описан случай внезапной сердечной смерти у 41-летнего человека без каких-либо заболеваний, который употреблял "таблетки кайенского перца".[512]

Заключение

- Добавки для образа жизни - залог долгой и здоровой жизни
- Не все БАДы, витамины и суперфуды полезны, а в некоторых случаях могут быть даже опасны
- Лучше получить дозу питания из региональных продуктов, чем от биологически активных добавок и экзотических растительных продуктов

Глава 5: Элиминация вредных веществ

Устранение вредных веществ - это процесс удаления или нейтрализации вредных веществ или раздражителей, которые потенциально опасны для организма. Термин "вредный" относится к любому токсичному или вредному веществу или раздражителю, который может повлиять на организм. Вот несколько примеров мер по устранению вредных веществ:

Детоксикация: включает в себя процесс выведения вредных веществ из организма либо путем естественного выведения через такие органы, как печень и почки, либо путем целенаправленного медицинского вмешательства, например, введения лекарств для детоксикации.

Избегание: важным шагом в устранении вредных веществ является избегание воздействия вредных веществ. Это может означать избегание вредных химических веществ в окружающей среде, таких как дым, загрязняющие вещества или токсичные пары, а также отказ от употребления загрязненной пищи или напитков.

Лечение болезней и инфекций: Некоторые болезни и инфекции можно считать вредными агентами, поскольку они могут нанести вред организму. Поэтому лечение таких заболеваний и инфекций имеет решающее значение для устранения вредных агентов и восстановления здоровья.

Исключение вредных веществ из рациона: некоторые продукты или ингредиенты могут быть вредны для организма. Исключение вредных веществ из рациона может означать сокращение потребления обработанных продуктов с высоким содержанием добавок, сахара или трансжиров, а вместо этого - здоровое, сбалансированное питание.

Снижение стресса: хронический стресс и отсутствие гигиены сна также можно отнести к вредным веществам, поскольку они создают нагрузку на организм и могут ослабить иммунную систему. (см. главу "Сон, релаксация и музыка: недооцененные столпы здоровья"). Внедрение стратегий борьбы со стрессом, таких как медитация, йога или регулярные физические упражнения, может помочь избавиться от вредных веществ и улучшить общее состояние здоровья (см. главу "Физическая активность"; подглавы "Калистеника" и "Йога").

Соланин

Как уже неоднократно упоминалось, вещества, содержащиеся в растениях, могут оказывать потенциально полезное для здоровья действие, но могут также служить защитой растения от хищников и, соответственно, наносить вред здоровью человека (см. главу "БАДы и суперфуды для долгой жизни"; подраздел "Сапонины").

Соланин - это токсин естественного происхождения, содержащийся в некоторых растениях семейства пасленовых, таких как картофель, баклажаны, помидоры и перец. Особенно много его в недозрелых или зеленых частях этих растений, таких как зеленый картофель или зеленые помидоры. Греческий философ Сократ был приговорен к смерти с помощью пасленового растения болиголов (содержащееся в нем токсичное вещество - кониин).[516]

В небольших количествах соланин обычно не опасен для человека, поскольку организм способен перерабатывать и выводить его из организма. Однако большие количества соланина могут вызвать симптомы отравления, такие как тошнота, рвота, диарея, головная боль, головокружение, а в тяжелых случаях даже судороги или потеря сознания.[516]

Чтобы свести к минимуму риск отравления соланином, следует избегать зеленых или недозрелых частей пасленовых растений.[515]

Рекомендуется удалять эти части и употреблять только спелые, хорошо обработанные продукты.

Грибы

Грибы могут быть как полезными, так и вредными, в зависимости от вида грибов и способа их приготовления или употребления.

Здоровые грибы, такие как пуговичные, шиитаке, лисички и многие другие, содержат важные питательные вещества, такие как белок, клетчатка, витамины и минералы.[517] Они также часто являются хорошим источником антиоксидантов, которые помогают бороться с повреждением клеток и укрепляют иммунную систему.[517]

Однако существует также множество видов грибов, которые являются токсичными и могут вызвать серьезные проблемы со здоровьем, такие как печеночная и почечная недостаточность или даже смерть при употреблении в пищу. В 19-летнем обзоре данных больниц Германии было обнаружено, что более 90 % смертельных грибных инфекций были вызваны отравлением клубневым грибом - грибом, внешне очень похожим на пуговичный гриб.[518] Поэтому очень важно покупать грибы только из безопасных источников или поручать их сбор опытным людям, которые знают, как определить съедобные грибы.

Кроме того, хотя и редко, отравление плесенью может играть вредную роль для здоровья, особенно для людей, страдающих аллергией или заболеваниями дыхательных путей, а также может быть потенциально канцерогенным.[519]

Однако в последние годы все более популярным становится потребление псилоцибиновых грибов ("волшебных грибов"), которые благодаря своим психоактивным веществам относятся к галлюциногенным наркотикам и представляют собой проблему для общественного здравоохранения.[518] Употребление наркотиков может вызвать тревожные расстройства, панические атаки и бредовые идеи (паранойю), которые также могут перерасти в так называемые "приступы ужаса ".[520]

Помимо социально-критической дискуссии о причинах употребления наркотиков, пострадавшим обычно требуются консультации и терапия.

Злоупотребление в целях опьянения, а также незаконный оборот, импорт, продажа и распространение являются уголовными преступлениями как в Германии (§ 1 BtMG и § 29 BtMG), так и во многих других странах.

Каннабис

Каннабис (конопля) имеет долгую историю как полезное растение, лекарство и психоактивное вещество.

Тысячи лет назад в различных цивилизациях (Китай, Египет, Греция, Рим) она использовалась в религиозных, медицинских и ремесленных целях.[521] В некоторых древних обществах конопля считалась священным растением, а в других использовалась как универсальное сырье для изготовления текстиля, веревок и даже как лекарство.[521]

В настоящее время каннабис используется во всем мире в различных целях. Медицинский каннабис (каннабидиол) используется для облегчения боли, тошноты, мышечных спазмов и эпилептических припадков.[522] Каннабис для рекреации также широко используется как квази-"наркотик для образа жизни". Люди наслаждаются каннабисом из-за его психоактивных эффектов, особенно из-за его основного компонента тетрагидроканнабинола

(ТГК), а в настоящее время в этом растении идентифицировано более 100 каннабиноидов.[523]

Действие каннабиса может быть различным и зависит от ряда факторов, включая сорт каннабиса, дозировку, способ употребления и индивидуальную восприимчивость. Краткосрочные эффекты включают эйфорию, расслабление, повышенную познавательную активность и измененное восприятие времени. Однако длительное и чрезмерное употребление может привести к зависимости, когнитивным нарушениям и проблемам с психическим здоровьем.[524] Кроме того, употребление может повысить риск развития фибрилляции предсердий - сердечной аритмии, связанной с повышенным риском инсульта.[525] Кроме того, недавнее исследование, проведенное в США, показало, что регулярное употребление каннабиса повышает риск инсульта на 42 %, а риск сердечного приступа - на 25 %.[526]

Разновидность каннабиса - гексагидроканнабинол (ГГК, "легальный кайф"), который в отличие от ТГК имеет 6, а не 4 атома Н и обходит закон во многих странах, также свободно продается в виде конфет или жевательных мишек, что следует рассматривать критически с медицинской точки зрения, особенно из-за легкого доступа для детей и подростков, поскольку ГГК также приписывают опасные "неврологические, сердечно-сосудистые, желудочно-кишечные и психиатрические эффекты ".[527]

Отношение к каннабису со временем претерпело значительные изменения и остается спорной темой во многих странах мира. В то время как некоторые страны легализовали каннабис или приняли более либеральную политику, другие сохраняют строгий запрет.[522] Споры о легализации каннабиса ведутся вокруг вопросов общественного здоровья, безопасности дорожного движения, преступности, личных свобод и экономических последствий.

Каннабис по-прежнему остается нестабильной темой, поднимающей широкий спектр социальных, культурных, медицинских, правовых и политических вопросов. Поскольку исследования влияния каннабиса продолжаются, важно придерживаться взвешенной точки зрения и рассматривать потенциальные преимущества и недостатки. Будущее каннабиса зависит от информированных дискуссий, политики, основанной на фактах, и ответственного использования.

Фентанил

Фентанил, синтетический опиоид, в последние годы привлекает к себе тревожное внимание всего мира. Он чрезвычайно опасен и представляет значительный риск для здоровья населения.

Во-первых, потенция фентанила чрезвычайно высока. По сравнению с другими опиоидами, такими как героин, фентанил в 50 раз сильнее.[528] Даже в небольших количествах он может оказывать сильное и часто смертельное воздействие.[528] Такая мощная сила делает его особенно опасным для людей, которые могут злоупотреблять им или случайно его употребить.

Еще одной причиной опасности фентанила является его широкое распространение в качестве уличного наркотика.528 Фентанил часто производится нелегально и поступает в наркобизнес, часто в виде поддельных таблеток или в качестве добавки к другим наркотикам, таким как героин или кокаин, для усиления их действия. Потребители могут не осознавать, что потребляемый ими продукт содержит фентанил, что может привести к непредсказуемой и потенциально смертельной передозировке.

Кроме того, фентанил можно легально прописывать для снятия сильной боли.[529] Несмотря на эффективность препарата, он все же несет в себе значительный риск зависимости и злоупотребления.

Люди, которым прописывают фентанил, могут случайно получить передозировку, особенно если они превысят предписанную дозу или будут использовать препарат не по назначению.

Еще одна проблема, связанная с фентанилом, - его роль в нынешнем опиоидном кризисе, поскольку злоупотребление фентанилом и другими синтетическими опиоидами привело к резкому увеличению числа смертей от передозировки.530 Этот кризис оказывает разрушительное воздействие на семьи, общины и общество в целом, поскольку он не только уносит жизни, но и требует значительных ресурсов для преодоления последствий.530

Наконец, сложность лечения передозировки фентанилом усугубляет опасный характер этого опиоида. В силу своей чрезвычайной силы передозировка фентанила часто требует немедленного медицинского вмешательства с применением опиоидного антагониста налоксона. Даже если налоксон будет вовремя введен в качестве антидота, предотвратить опасные для жизни последствия передозировки фентанила бывает сложно, особенно если ее вовремя не распознать.[531]

В целом фентанил - чрезвычайно опасное вещество, представляющее серьезную угрозу для здоровья населения. Его чрезвычайная сила, распространенность в качестве уличного наркотика, роль в опиоидном кризисе и трудности в лечении передозировок вызывают серьезную озабоченность общества. Крайне важно, чтобы правительства, медицинские организации и сообщества предприняли совместные действия по борьбе со злоупотреблением фентанилом и его распространением, а также оказали поддержку тем, кто находится в зоне риска.

Алкоголь

Алкоголь был неотъемлемой частью жизни человека на

протяжении тысячелетий, будь то в качестве социального напитка или по культурным причинам. Ранние документы западной историографии свидетельствуют о том, что "египтяне, вавилоняне, евреи, ассирийцы, греки и римляне предпочитали в качестве ежедневного средства утоления жажды пиво и вино, а не воду ".[532]

Тем не менее, важно признать, что алкоголь также представляет собой значительный риск для здоровья и благополучия.

Во-первых, алкоголь - это психоактивное вещество, воздействующее на центральную нервную систему.[533] В небольших количествах употребление алкоголя может расслаблять и снижать социальные запреты. Но даже в умеренных количествах алкоголь может ухудшить когнитивные функции, что может привести к ухудшению суждений, проблемам с координацией и замедлению реакции.[534] Это значительно повышает риск несчастных случаев и травм, особенно в дорожном движении при управлении автомобилем в состоянии алкогольного опьянения.

Еще один серьезный риск для здоровья, связанный с алкоголем, - это возможность возникновения зависимости.533 Алкоголизм - это хроническое заболевание, которое может серьезно повлиять на жизнь людей, страдающих от него. Он может привести к ряду проблем со здоровьем, включая повреждение печени, болезни сердца, психические расстройства и социальные проблемы.533 Люди, страдающие алкогольной зависимостью, с трудом контролируют свое употребление и часто испытывают тяжелые симптомы абстиненции, когда пытаются бросить пить.

Еще один риск для здоровья, связанный с употреблением алкоголя, - это возможность нанесения серьезного физического вреда. Длительное чрезмерное употребление алкоголя может привести к таким заболеваниям печени, как жировая болезнь печени, цирроз и рак печени.[535]

Кроме того, употребление алкоголя повышает риск развития различных видов рака, включая рак груди, рак поджелудочной железы, рак дна полости рта, рак горла, рак пищевода и рак толстой кишки.536 Риск сердечно-сосудистых заболеваний, инсультов и неврологических проблем, таких как слабоумие, также повышается при употреблении алкоголя.

Кроме того, алкоголизм может оказывать значительное влияние на социальное и семейное окружение. Проблемы в отношениях, трудности с работой и финансовые проблемы являются распространенными последствиями чрезмерного потребления алкоголя.[537] Дети алкоголезависимых родителей также могут страдать от эмоционального пренебрежения, жестокого обращения или других форм травм, которые могут остаться на всю жизнь.538 Употребление алкоголя беременной матерью также может иметь фатальные последствия для "сердца, почек, печени, желудочно-кишечного тракта и гормональной системы" еще не родившегося ребенка.[539]

В последние годы более легкий доступ к высокопробному алкоголю через подслащенные смешанные напитки, такие как алкококтейли, сыграл свою роль в развитии зависимости среди детей и подростков, и с этим можно было бы бороться, например, путем повышения отпускных цен и ограничения доступности.[540]

Важно также отметить, что алкоголь может быть опасен не только для отдельного человека, но и для общества в целом. Расходы на несчастные случаи, болезни и преступное поведение, связанные с алкоголем, огромны и ложатся тяжелым бременем на системы здравоохранения и правоохранительные органы во всем мире.

Алкоголь - чрезвычайно опасное вещество, представляющее значительный риск для здоровья, благополучия и общества в целом. Важно понимать риски, связанные с употреблением алкоголя, и осознавать, как он может повлиять на жизнь людей.

Профилактические меры, образовательные кампании и поддержка людей, страдающих алкоголизмом, имеют решающее значение для минимизации негативных последствий употребления алкоголя и создания более безопасных сообществ.

Курение

Табак (Nicotiana), растение семейства пасленовых, произрастает в Северной и Южной Америке.[541] После открытия Америки европейскими мореплавателями в XV веке табак был завезен в Европу, где его сначала рассматривали как лекарственное средство, а затем люди начали курить табак.[541]

В последующие века курение табака распространилось по всему миру, отчасти благодаря торговле и колонизации. Оно превратилось в широко распространенную социальную привычку, характерную для разных культур и социальных слоев.

Курение является одной из основных предотвратимых причин заболеваний и преждевременной смерти во всем мире. Одной из причин широкого распространения курения на протяжении десятилетий было увеличение присутствия средств массовой информации на телевидении и в кино и очень успешные рекламные кампании табачной промышленности, которая даже использовала американских врачей для медиаэффективной рекламы продукта в 1930-1953 годах.[542]

Несмотря на широкую доступность информации о вредных последствиях курения и антитабачные кампании, проводимые правительствами, многие люди по-прежнему предпочитают курить или приобщаются к курению. Причины этого могут заключаться в том, что в некоторых социальных кругах и культурных средах курение считается нормальным поведением или даже положительно подкрепляет его. Люди могут поддаться давлению сверстников или своего социального окружения и начать курить, чтобы соответствовать или идентифицировать себя с другими курящими людьми.[543]

Некоторые люди используют курение как средство борьбы со стрессом, расслабления или способ справиться с эмоциональным расстройством.[544] Они могут рассматривать курение как форму самолечения, позволяющую найти временное облегчение.

Несмотря на широкие информационные кампании, до сих пор существует недопонимание или тривиальное отношение к риску курения для здоровья.[545] Некоторые люди могут игнорировать или неправильно оценивать долгосрочные последствия курения и полагать, что они не будут подвержены негативному воздействию.

На самом деле вред курения для здоровья очень хорошо задокументирован и чрезвычайно серьезен. Курение является основной причиной ряда заболеваний, включая хроническую обструктивную болезнь легких (ХОБЛ), инфаркты, инсульты и различные виды рака, такие как рак легких, полости рта и мочевого пузыря.[546] Содержащиеся в табачном дыме химические вещества, такие как никотин, смолы и угарный газ, повреждают дыхательные пути, нарушают функцию легких и повышают риск развития серьезных заболеваний. Долгосрочные последствия курения могут быть опасными для жизни и значительно ухудшить качество жизни.

Еще одна причина, по которой курение опасно, - это его негативное влияние на здоровье населения. Пассивное курение - вдыхание табачного дыма некурящими людьми, находящимися рядом с курильщиками, - также может вызвать серьезные проблемы со здоровьем, особенно у детей и некурящих взрослых.[546] Пассивное курение также повышает риск сердечно-сосудистых, респираторных и онкологических заболеваний.[547]

Кроме того, курение оказывает значительное социальное и экономическое воздействие во всем мире. Курение ложится тяжелым бременем на глобальные системы здравоохранения в виде лечения заболеваний, связанных с курением (прямые медицинские расходы), и потери продуктивного рабочего времени (непрямые расходы) из-за болезней или преждевременной смерти.[548] Курение также может привести к финансовому бремени для курильщиков и их семей, поскольку курение стоит дорого и может привести к значительным долгосрочным расходам на сигареты и медицинское лечение.

Еще один аспект опасности курения - это сильная зависимость, которую оно вызывает. Никотин, содержащийся в табаке и вызывающий привыкание, может привести к физической и психологической зависимости, из-за чего курильщикам крайне сложно бросить курить.[549] Многие люди годами пытаются бросить курить, и даже после успешного отказа от курения зависимость может вернуться, особенно во время стресса или других проблем.

Важно, чтобы отдельные курильщики, общество и правительства работали вместе над сокращением курения и предлагали курильщикам поддержку, чтобы справиться с зависимостью. Эффективные программы профилактики и отказа от курения (курсы, финансируемые компаниями, больничными кассами или возмещением взносов), всеобъемлющие запреты на курение в общественных местах (в общественных зданиях, самолетах и других видах транспорта) и пропаганда здорового образа жизни (в Германии - Закон о профилактике, введенный в 2015 году в качестве статьи Социального кодекса §§ 20 ff SGB V) вносят решающий вклад в снижение бремени курения и улучшение здоровья населения.

Никогда не поздно бросить!

Согласно недавно опубликованному корейскому исследованию, отказ от курения снижает риск развития "рака легких, печени, желудка и кишечника" до уровня некурящих примерно через 15 лет.[550] Даже иммунная система, поврежденная курением, может вернуться к нормальной реакции иммунных клеток у бывших курильщиков.[551] Если бросить курить до 40 лет, смертность (уровень смертности) может снизиться до уровня некурящих после трех лет воздержания от никотина.[552]

Курение во время беременности опасно и может вызвать серьезные проблемы со здоровьем у будущего ребенка, поэтому будущим мамам следует отказаться от курения. Курение может привести к низкому весу или преждевременным родам, что связано с повышенной восприимчивостью к заболеваниям и проблемам развития.[553,554] У детей курильщиков повышен риск "синдрома внезапной детской смерти, неврологических и поведенческих нарушений развития, ожирения, гипертонии, сахарного диабета 2 типа, нарушения функции легких и астмы ".[554]

Программа "Снижение вреда", внедренная табачной промышленностью в последние годы

К рекламной кампании "снижения вреда" (Harm Reduction), которую табачная промышленность развернула в последние годы, используя электронные сигареты и вапорайзеры, также следует относиться критически, поскольку, согласно мета-анализу, проведенному в 2024 году, эти альтернативы по меньшей мере так же опасны, как и традиционные сигареты.[555] Более того, по аналогии с сахарной промышленностью (см. главу "Пищевая медицина в переходный период"; подраздел "Взрывное разоблачение конфликтов интересов"), конфликты интересов с табачной промышленностью также играют решающую роль в появлении результатов исследований, некоторые из которых утверждают, что обнаружили якобы "безвредные" эффекты.[556]

Лучше не пытаться предпринять какие-то полусерьезные попытки "снижения вреда", которые, судя по всему, совсем не безвредны, а полностью бросить курить - немедленно!

Глутамат

Глутамат - один из основных компонентов вкуса умами, поэтому его часто используют в качестве усилителя вкуса. Наряду со сладким, кислым, соленым и горьким, умами - это пятый вкус, который был открыт в Японии в 1908 году и был создан как искусственное слово, означающее "вкусный" и "вкус".[557] Он описывает вкус, который воспринимается как мясной, пикантный, острый и приятный.

Вопрос о том, полезен или вреден глутамат в качестве усилителя вкуса, является спорной темой давних дебатов и научных исследований. Следует отметить три важных момента:

1. безопасность: глутамат, особенно в форме мононатриевого глутамата (MSG), был тщательно изучен различными органами регулирования пищевых продуктов, включая Управление по контролю за продуктами и лекарствами США (FDA) в 2012 году и Европейское управление по безопасности пищевых продуктов (EFSA) в 2017 году, и был признан безопасным для человека при употреблении в рекомендуемых количествах (максимум 3,2 г на килограмм веса тела в день).[558,559] Ограничение количества для безопасности пищевых продуктов произошло потому, что в исследованиях на животных была описана связь между потреблением глутамата и развитием нейродегенеративных заболеваний.[557] В более поздних исследованиях также отмечается нейротоксичность (повреждение нервных клеток) продуктов, богатых глутаматом, и может наблюдаться "возникновение и прогрессирование психиатрических симптомов".[560,561]

2. чувствительность: некоторые люди могут быть чувствительны к глутамату и испытывать такие симптомы, как головная боль, тошнота, головокружение или гиперемия (временное покраснение кожи в области лица из-за расширения кровеносных сосудов). Такую реакцию иногда называют "синдромом китайского ресторана", хотя она не имеет конкретной связи с китайской едой.[562] Однако индивидуальная чувствительность может быть разной, и не все люди испытывают подобные симптомы.

3. естественное происхождение: Глутамат - это аминокислота естественного происхождения, содержащаяся во многих продуктах, включая мясо, сыр, помидоры и грибы.[563] Употребление продуктов, содержащих глутамат естественного происхождения, в целом безопасно и не вызывает побочных эффектов, связанных с "синдромом китайского ресторана".[563]

В большинстве случаев глутамат безопасен для употребления в качестве усилителя вкуса, но людям с повышенной чувствительностью к нему следует ограничить или избегать употребления продуктов с высоким содержанием глутамата.[563] Также важно знать, что многие пищевые добавки, а не только глутамат, могут вызвать реакцию гиперчувствительности.

Токсины окружающей среды

Современный мир сталкивается с невидимой, но разрушительной угрозой: токсинами окружающей среды. Эти вредные вещества присутствуют в воздухе, воде, почве и продуктах питания и представляют серьезную угрозу для здоровья человека и окружающей среды. Экологические токсины могут образовываться самыми разными способами, будь то промышленные процессы, сельскохозяйственная деятельность, утилизация отходов или ежедневное использование химических веществ. Их воздействие разнообразно и может быть далеко идущим: от острых проблем со здоровьем до долгосрочного ущерба окружающей среде.

Загрязнение воздуха

Одной из самых больших угроз, связанных с токсинами окружающей среды, является загрязнение воздуха. Сжигание ископаемого топлива, промышленные выбросы, выхлопные газы автомобилей и другие источники выбрасывают в воздух вредные загрязняющие вещества, такие как оксиды азота, диоксид серы, угарный газ и твердые частицы.

Твердые частицы

Твердые частицы - это термин, используемый для описания мелких частиц, которые находятся во взвешенном состоянии в воздухе. Твердые частицы состоят из различных материалов, таких как пыль, сажа, дым, пыльца и другие органические и неорганические вещества. Мелкие частицы пыли имеют диаметр менее 10 микрометров (мкм) или 0,01 миллиметра. Они настолько малы, что невидимы невооруженным глазом. Эти чрезвычайно мелкие частицы могут проникать глубоко в легкие и вызывать различные проблемы со здоровьем, включая заболевания дыхательных путей, сердечно-сосудистые заболевания и рак.[564] Исследование более 600 городов мира выявило прямую связь между загрязнением твердыми частицами и смертностью.[565]

Осторожно: электромобили!

Даже если автомобили с электрическим приводом рекламируются как "не загрязняющие окружающую среду" по сравнению с автомобилями с двигателем внутреннего сгорания, экологичность их невелика, поскольку значительное загрязнение твердыми частицами происходит также при производстве батарей, выработке энергии и, наконец, в процессе эксплуатации из-за износа шин и тормозов (автомобили обычно тяжелее двигателей внутреннего сгорания из-за батарей).[566]

Бензол

Бензол входит в состав бензина и может выделяться при заправке автомобилей и других работах на АЗС, например при заполнении бензобаков или работе с бензольными продуктами. Такое воздействие может представлять потенциальную опасность для здоровья, особенно для работников АЗС и людей, которые часто заправляются. Бензол может воздействовать на центральную нервную систему и вызывать такие неврологические симптомы, как головокружение, головные боли, сонливость и, в тяжелых случаях, потерю сознания.[567] Бензол также является известным канцерогеном, то есть он может вызывать рак, например рак легких и мочевого пузыря.[568,569] Длительное воздействие может увеличить риск развития рака крови (особенно острой миелоидной лейкемии).[567]

Свинец

Помимо вредного воздействия бензола, пары бензина также привели к значительному снижению интеллекта (по результатам тестов на IQ) у более чем 170 миллионов американцев, у которых в детстве в крови был высокий уровень свинца, поскольку свинец в бензине был запрещен только в 1996 году.[570]

Шумовое загрязнение

Еще в 1910 году лауреат Нобелевской премии Роберт Кох предсказал: "В один прекрасный день человеку придется бороться с шумом так же неустанно, как с холерой и чумой ".[571]

Воздействие шума также играет важную роль в развитии заболеваний, особенно в городской среде. Доказано, что городской шум связан с повышением артериального давления, сердечными приступами и инсультами, поскольку шумовые выбросы повышают уровень гормонов стресса, таких как адреналин, в организме и оказывают неблагоприятное воздействие на работу сосудов.[571]

Загрязнение воды

Вода - еще один жизненно важный ресурс, которому угрожают токсины окружающей среды. Загрязнение промышленными стоками, сельскохозяйственными удобрениями и пестицидами, бытовыми отходами может повлиять на качество воды и поставить под угрозу как здоровье человека, так и водную среду. Такие загрязнители, как тяжелые металлы, пестициды, гербициды и органические химикаты, могут накапливаться в реках, озерах, океанах и грунтовых водах и наносить ущерб экосистемам и биоразнообразию.

Микропластик

Микропластик представляет собой растущую угрозу для морской среды и здоровья человека.

Микропластик, крошечные пластиковые частицы размером менее пяти миллиметров, представляет собой растущую угрозу для морской среды и здоровья человека. Эти частицы попадают в воду различными путями, как при прямом поступлении, например, через пластиковые отходы, так и в результате разрушения более крупных пластиковых деталей, таких как упаковка, бутылки и сети.

Поскольку рыба и другие морепродукты являются важным источником белка для многих людей, употребление загрязненной рыбы может привести к попаданию частиц микропластика в пищевую цепочку человека. Хотя точные последствия такого воздействия еще не до конца изучены, существуют опасения по поводу потенциального риска для здоровья, особенно при длительном хроническом воздействии микропластика. Например, попадание микропластика в кишечник может привести к "окислительному стрессу, повреждению клеток и транслокации в другие ткани".[572] Поэтому неудивительно, что микропластик обладает канцерогенным действием.[573]

Загрязнение почвы

Почва также подвержена воздействию токсинов из окружающей среды, вызванных промышленным загрязнением, добычей полезных ископаемых, неконтролируемой утилизацией отходов и использованием пестицидов и удобрений в сельском хозяйстве. Эти вещества могут нарушить плодородие почвы, поставить под угрозу здоровье растений, животных и людей и нанести долгосрочный ущерб сельскохозяйственным экосистемам и средствам к существованию.

Пестициды

Пестициды - это химические вещества, используемые для борьбы с вредителями, такими как сорняки, насекомые, грибки и другие организмы, которые могут повредить урожай. Глифосат - один из наиболее часто используемых гербицидов (уничтожителей сорняков) в мире.[574]

Глифосат и некоторые другие пестициды могут быть токсичными и приводить к проблемам со здоровьем при длительном или чрезмерном воздействии. Исследования показали, что глифосат может быть связан с различными проблемами со здоровьем, включая рак, повреждение почек, печени, нервов, эндокринные нарушения и репродуктивные проблемы.[574,575]

Ультрафиолетовые лучи

Ультрафиолетовые лучи - это разновидность электромагнитного излучения, испускаемого солнцем. Они невидимы для человеческого глаза, так как длина их волн лежит за пределами видимого спектра света.

Ультрафиолетовые лучи, особенно UVA-лучи, могут способствовать образованию свободных радикалов в коже через различные механизмы (см. главу "Добавки и суперпродукты для долгой жизни"; подраздел "Свободные радикалы"). В отличие от UVA-лучей, UVB-лучи не проникают так глубоко в кожу, а воздействуют в основном на верхние слои кожи.[576] УФ-лучи играют важнейшую роль в выработке витамина D в коже (см. главу "Добавки и суперпродукты для долгой жизни"; подраздел "Витамин D").

Хотя ультрафиолетовые лучи солнца на открытом воздухе или в соляриях помогают добиться желаемого загара или медикаментозно лечить пациентов с псориазом, при чрезмерном воздействии они могут быть и вредными. УФ-лучи являются основной причиной солнечных ожогов, а также УФ-лучи, но особенно УФ-А, повышают риск развития рака кожи и преждевременного старения кожи.[576] Поэтому рекомендуется защищать себя от чрезмерного ультрафиолетового излучения, используя солнцезащитный крем (но осторожно: см. фталаты), надевая защитную одежду и ограничивая пребывание на солнце в пиковое время суток.

Фталаты

Фталаты - это химические вещества, которые можно найти в самых разных продуктах, включая пластик, косметику, чистящие средства и многое другое. Они часто используются в качестве пластификаторов, чтобы сделать пластик более гибким и прочным.

Исследования показывают, что некоторые солнцезащитные кремы могут содержать фталаты, особенно те, которые содержат химические УФ-фильтры.[577] Исследования показали, что фталаты можно обнаружить в моче после того, как люди нанесли на кожу солнцезащитные кремы, содержащие фталаты.[577,578] Это означает, что воздействие фталатов через кремы для загара может привести к всасыванию этих химических веществ в организм. Однако не все кремы для загара содержат фталаты, и многие бренды теперь предлагают варианты без фталатов.

Потенциальные риски фталатов для здоровья являются предметом интенсивных исследований. Некоторые из потенциальных рисков, связанных с фталатами, включают:

Нарушение гормонального фона: Некоторые фталаты обладают эстрогеноподобными свойствами и могут действовать как эндокринные разрушители, то есть нарушать гормональный баланс в организме.[579] Это может представлять особую опасность в период вынашивания плода и развития ребенка.[579]

Репродуктивная токсичность и токсичность для развития: Исследования показали связь между воздействием некоторых фталатов и снижением фертильности и проблемами развития у детей.[580,581]

Респираторные и аллергические реакции: Некоторые фталаты могут вызывать раздражение дыхательных путей (бронхиальную астму) и аллергические реакции, особенно у людей, чувствительных к определенным химическим веществам.[582]

Токсичность для печени и почек: Есть данные, что некоторые фталаты могут вызывать повреждения печени и почек при чрезмерном воздействии.[583]

Фосфаты

Фосфаты - это группа химических соединений, содержащихся во многих продуктах питания. Они играют важную роль в биологических процессах и часто используются в качестве пищевых добавок. К числу распространенных продуктов, которые могут содержать фосфаты, относятся

Мясо и птица: обработанные мясные продукты, такие как колбасы и холодная нарезка, могут содержать фосфаты, которые используются в качестве увлажнителей и для улучшения текстуры.[584]

Готовые блюда: многие готовые блюда и замороженные продукты, такие как пицца, содержат фосфаты для улучшения консистенции и продления срока хранения.[584]

Сыры и молочные продукты: Некоторые сыры и молочные продукты могут содержать фосфаты, которые действуют как эмульгаторы и стабилизаторы.[584]

Хлебобулочные изделия: В хлебобулочных изделиях, таких как хлеб, пирожные и торты, фосфаты могут использоваться в качестве разрыхлителей для разрыхления теста и увеличения его объема.[584]

Безалкогольные напитки и обработанные напитки: фосфаты иногда используются в безалкогольных напитках, напитках кола и других обработанных напитках в качестве регуляторов кислотности и усилителей вкуса.[585]

Однако чрезмерное потребление фосфатов может быть проблематичным, особенно для людей с проблемами почек или другими заболеваниями.[585] Некоторые исследования также выявили связь между высоким потреблением фосфатов и такими проблемами со здоровьем, как сердечно-сосудистые заболевания и остеопороз.[584,585,586] Поэтому рекомендуется сократить потребление обработанных продуктов и пищевых добавок или перейти на питание свежими, необработанными продуктами.

Нитраты и нитриты

Нитраты и нитриты естественным образом присутствуют во многих продуктах питания, особенно в таких овощах, как шпинат, руккола, свекла и сельдерей. В пищевой промышленности они используются в качестве консервантов в виде лечебных солей, особенно в мясных полуфабрикатах, таких как сосиски, бекон и ветчина.[587] Нитраты и нитриты противодействуют порче продуктов, подавляя рост бактерий, особенно Clostridium botulinum, которые растут в консервированных продуктах, таких как консервы, и производят ботулотоксин, который чрезвычайно опасен и может привести к опасным для жизни заболеваниям, таким как ботулизм с тяжелыми параличами, нарушениями речи и затрудненным дыханием.[588]

Нитраты могут превращаться в нитриты под действием ферментов в организме. Потенциальная опасность нитратов и нитритов в питьевой воде и продуктах питания связана в основном с их превращением в канцерогенные нитрозамины, особенно при определенных условиях, таких как высокая температура (например, при варке или жарке) и кислая среда (например, в желудке).[587] Кроме того, нитриты могут способствовать превращению гемоглобина в метагемоглобин в эритроцитах.[587] При метаэмоглобине железо в гемоглобине присутствует в окисленной, а не в нормальной восстановленной форме, что означает, что гемоглобин больше не способен переносить достаточное количество кислорода. Это может привести к повреждению тканей и, в тяжелых случаях, к опасным для жизни состояниям, таким как гипоксия.

Против метагемоглобинемии можно использовать, например, метиленовый синий в качестве антидота. Метиленовый синий - это искусственно полученное химическое соединение, которое используется в промышленности в качестве красителя, но его медицинское значение было признано лауреатом Нобелевской премии Паулем Эрлихом в 1891 году.[589] Помимо использования в качестве антидота, он также применяется как противомалярийное средство и оказывает антиоксидантное, нейропротекторное и антивозрастное действие (особенно на кожу).[590]

Осторожно:

Несмотря на то, что метиленовый синий часто рекламируется как препарат для долголетия, большие дозы могут вызвать тошноту, рвоту, головокружение, затрудненное дыхание, падение артериального давления, потерю сознания и даже отказ органов (острое отравление метиленовым синим).[591] Кроме того, могут возникнуть такие опасные для жизни состояния, как серотониновый синдром у пациентов, принимающих антидепрессанты, или гемолитическая анемия, например, у пациентов с дефицитом глюкозо-6-фосфатдегидрогеназы.[591]

Акриламид

Акриламид образуется при нагревании богатых углеводами продуктов (выше 120°C), особенно при приготовлении крахмалистых продуктов, таких как картофель и зерновые, путем обжаривания (кофейные зерна, орехи), выпечки макаронных изделий из зерновых (печенье, слоеное тесто, корочки хлеба) или обжаривания во фритюре (чипсы, картофельные сухарики).[592] Хотя химическая реакция сахаров с аминокислотами (реакция Майяра), вызванная нагреванием, отвечает за золотисто-коричневый цвет ("румянец") и насыщенный вкус продуктов, акриламид может образовываться в большей степени при высоких температурах и низкой влажности.[592,593] В больших количествах акриламид считается вредным для здоровья, поскольку он канцерогенен, нейротоксичен (повреждает нервные клетки), гепатотоксичен (повреждает печень) и тератогенен (вызывает нарушения развития и репродуктивной функции).[592,593,594] Поэтому важно контролировать температуру и время при приготовлении пищи и выпечке, но предварительная тепловая обработка, такая как замачивание и бланширование, также может снизить образование акриламида.[593] В 2017 году Европейский союз уже установил законодательные требования для пищевой промышленности, чтобы ограничить количество акриламида в промышленно произведенных продуктах питания.[592]

Бензпирены

Бензпирены образуются в основном при неполном сгорании органических материалов, таких как уголь, нефть, газ, древесина, табак и другие органические вещества. Они также могут образовываться в процессе приготовления пищи путем варки, жарки, гриля или запекания при высоких температурах, особенно когда жир или мясные соки стекают на горячую поверхность и образуется дым. Как и акриламид, описанный выше, бензпирен является канцерогенным, нейротоксичным и тератогенным веществом.[595] Поэтому следует соблюдать осторожность при использовании барбекю и открытого огня и избегать употребления сильно прожаренной или обугленной пищи.

Инфекции

Инфекционные заболевания всегда были проблемой для человечества. Исторически сложилось так, что они уничтожали целые популяции и меняли социальную структуру. Значение инфекционных заболеваний стало особенно очевидным во время завоевания Нового Света испанскими конкистадорами ("завоевателями"), а их воздействие на коренное население Америки стало трагической главой истории.596 Когда европейцы прибыли в Америку в XV и XVI веках, они принесли с собой различные инфекционные заболевания, против которых у коренного населения не было иммунитета. Среди самых разрушительных болезней были оспа, корь, грипп, тиф и туберкулез.596 Однако, согласно новой гипотезе, в смертельных инфекциях участвовали также лептоспиры (болезнь Вейля), то есть бактерии, встречающиеся у самых разных животных, таких как грызуны, собаки, крупный рогатый скот и свиньи.[595] Болезнь обычно передается через контакт с водой или почвой, загрязненной мочой инфицированных животных.

Инфекционные заболевания быстро распространялись, вызывая эпидемические вспышки, уничтожавшие целые общины. Уровень смертности был чрезвычайно высок: по оценкам, до 90 % коренного населения Америки умерло от болезней в течение нескольких десятилетий после прибытия европейцев.[597]

Со временем человечество научилось понимать, бороться и контролировать многие из этих заболеваний, например, с помощью мер гигиены. Однако, несмотря на достижения медицины и здравоохранения, инфекционные заболевания по-прежнему представляют серьезную угрозу для здоровья людей во всем мире.

Чума

Чума, также известная как "черная смерть", - одно из самых разрушительных инфекционных заболеваний в истории человечества. Она вызывалась бактерией Yersinia pestis и свирепствовала в Европе в Средние века, убив, по разным оценкам, до трети населения Европы.598 Болезнь передавалась людям в основном блохами грызунов, таких как крысы.598 Хотя сегодня чума встречается редко, вспышки все еще происходят в некоторых частях мира, особенно в Африке, Азии и Америке.[598,599]

Аспергиллез

Еще одно инфекционное заболевание, аспергиллез, вызывается грибками рода Aspergillus. Системы кондиционирования воздуха могут служить источником спор Aspergillus и способствовать их распространению, повышая риск заражения, особенно для людей с ослабленной иммунной системой.600 Аспергиллез может принимать различные формы, от безобидной аллергической реакции до опасной для жизни пневмонии.601 Чтобы свести к минимуму риск заражения аспергиллезом от систем кондиционирования воздуха, необходимо правильно обслуживать и чистить системы. Это включает в себя регулярный осмотр, очистку воздушных фильтров и удаление влаги из системы, чтобы предотвратить образование плесени и грибков. Кроме того, в системах кондиционирования можно установить воздухоочистители и системы ультрафиолетового излучения, чтобы уменьшить количество спор в воздухе.

Легионеллез

Болезнь легионеров, вызываемая бактерией Legionella pneumophila pneumophila, - это потенциально смертельное инфекционное заболевание, которое передается при вдыхании капель воды или аэрозолей, содержащих бактерию.[602] Заболевание может вызвать тяжелую пневмонию, от которой в первую очередь страдают пожилые люди и люди с ослабленной иммунной системой.[603] Профилактика легионеллеза направлена на контроль и уничтожение бактерий Legionella в окружающей среде, особенно в системах искусственного водоснабжения. Это включает регулярную очистку и дезинфекцию систем кондиционирования воздуха, душевых насадок, гидромассажных ванн и других источников воды, поддержание соответствующей температуры воды (не менее 60°C в системах горячего водоснабжения), а также использование биоцидов для дезинфекции воды.[604]

Гепатит

Еще одна важная тема в области инфекционных заболеваний –

гепатит, воспаление печени, которое может быть вызвано различными вирусами. Гепатиты В и С являются одними из наиболее распространенных форм вирусного гепатита и представляют собой серьезную проблему для здоровья во всем мире.605 Эти вирусы передаются в основном при контакте с инфицированной кровью или жидкостями организма, например, при небезопасных медицинских процедурах, совместном использовании подкожных игл или незащищенном половом контакте.[605] Хотя гепатиты В и С часто протекают бессимптомно, они могут вызывать долгосрочные осложнения, такие как цирроз печени и рак печени. К счастью, в настоящее время существуют эффективные вакцины для профилактики гепатита В и противовирусные препараты для лечения гепатита С.[605] Тем не менее, профилактика и лечение этих заболеваний остаются сложной задачей, особенно в странах с ограниченными ресурсами и неадекватным медицинским обслуживанием.606

ВИЧ/СПИД

ВИЧ/СПИД - одно из самых известных инфекционных заболеваний современности. ВИЧ, вирус иммунодефицита человека, ослабляет иммунную систему организма и делает его восприимчивым к различным инфекциям и заболеваниям. Вирус передается в основном при незащищенном половом контакте, обмене зараженными иглами, а также от матери к ребенку во время беременности, родов или грудного вскармливания.[607] С момента открытия СПИДа (синдрома приобретенного иммунодефицита) в 1980-х годах медицинские исследования получили значительное развитие, что привело к улучшению профилактики и лечения заболевания. Внедрение антиретровирусных препаратов позволило значительно увеличить продолжительность жизни людей с ВИЧ и снизить риск передачи вируса другим людям.608 Кроме того, информационные кампании и меры по пропаганде безопасного сексуального поведения помогли сдержать распространение ВИЧ.[608]

Грипп

Грипп, также известный как грипп, - это высококонтагиозное вирусное заболевание, которое ежегодно приводит к серьезным вспышкам, имеет высокий уровень смертности и поражает около 10 % людей во всем мире.[609] Грипп легко передается от человека к человеку, в основном через капельки, которые передаются воздушно-капельным путем, когда инфицированные люди кашляют, чихают или разговаривают, и вдыхаются другими. Симптомы включают лихорадку, озноб, кашель, боль в горле, боли в мышцах, головные боли, усталость и общее недомогание.609 У некоторых людей, особенно пожилых, беременных женщин, маленьких детей или людей с ослабленной иммунной системой, грипп может вызвать серьезные осложнения, такие как пневмония (воспаление легких), и даже угрожать жизни.[609] Помимо прямого воздействия на здоровье, существует также значительное экономическое воздействие из-за больничных дней, госпитализации и потери производительности. Несмотря на наличие вакцин, полностью искоренить грипп невозможно, поскольку вирус постоянно изменяется (мутирует) и могут появляться новые штаммы.[610]

КОВИД-19

COVID-19, вызванный вирусом SARS-CoV-2, который был впервые выявлен в китайском городе Ухань в конце 2019 года, - это последняя глобальная пандемия (болезнь, распространяющаяся по всему миру).[611] С момента своего открытия коронавирусное заболевание быстро распространилось по всему миру и привело к миллионам смертей.[612] В результате продолжительность жизни в мире пострадала от избыточной смертности, вызванной инфекциями, то есть при пандемии количество смертей превысило обычное число естественных смертей, которые следовало бы ожидать.[613]

Для COVID-19 характерны такие симптомы, как лихорадка, кашель, затрудненное дыхание и усталость, которые в тяжелых случаях могут привести к пневмонии и смерти.[614] Чтобы сдержать распространение COVID-19, правительства разных стран мира приняли такие меры, как закрытие помещений, социальное дистанцирование, обязательное ношение масок и проведение кампаний по вакцинации.

Постоянной проблемой является синдром усталости после КОВИД-19, или long-COVID, который характеризуется постоянными и часто тяжелыми симптомами, возникающими у людей после острого заболевания КОВИД-19.[615] Эти симптомы могут сохраняться в течение нескольких недель или месяцев после выздоровления от острой инфекции и серьезно влиять на качество жизни пострадавших: постоянная усталость, одышка, боль в груди, мышечная слабость, боль в суставах, головные боли, проблемы с памятью, проблемы с концентрацией внимания, нарушения сна, депрессия, стойкая потеря вкуса и обоняния и желудочно-кишечные жалобы.[615] Точные причины возникновения синдрома усталости после КОВИД-19 до конца не изучены, специальных диагностических тестов не существует, а лечение направлено в первую очередь на облегчение симптомов и улучшение качества жизни больных. Это может включать в себя сочетание медикаментозных методов лечения, физиотерапии, психологической поддержки и консультаций по питанию.

Клещевые инфекции

Инфекции, переносимые клещами, представляют собой серьезную угрозу здоровью, которая значительно возросла в последние годы.[616] Эти крошечные, часто не замечаемые паукообразные паразиты могут передавать серьезные заболевания, включая болезнь Лайма и клещевой энцефалит (КЭ), которые могут поражать как людей, так и животных.

Лайм-боррелиоз, мультисистемное заболевание, вызывается бактерией Borrelia burgdorferi и передается через укус инфицированных клещей. Хотя в большинстве случаев болезнь поддается лечению антибиотиками, нелеченые случаи могут привести к серьезным и долгосрочным осложнениям, таким как воспаление суставов и проблемы с сердцем (сердечная аритмия и нарушения проводимости), нервные расстройства с потерей чувствительности и параличом (полинейропатия) и менингит. Симптомы могут варьироваться от человека к человеку и часто неспецифичны, что затрудняет диагностику.[616]

Помимо бактериальной инфекции, вызываемой боррелиями, ТВЕ - это вирусная инфекция, которая поражает центральную нервную систему и может вызвать менингит. Несмотря на наличие вакцин против ТВЕ, в некоторых регионах, особенно в некоторых частях Европы и Азии, это заболевание по-прежнему представляет опасность.

На распространение клещей влияют различные факторы, включая изменение климата, ландшафта, деятельность человека и распространение диких животных, которые служат хозяевами. Изменение климата, в частности, способствовало увеличению популяций клещей в некоторых регионах, поскольку более теплые температуры и изменение режима осадков создают идеальные условия для их выживания.[617] Клещи - настоящие выживальщики; в

2022 году в лаборатории было получено сообщение о том, что один клещ прожил 27 лет без близкого проникновения в организм![618]

Для минимизации последствий клещевых инфекций необходима целостная стратегия, основанная на профилактике, раннем выявлении и медицинском лечении. Профилактические меры включают ношение одежды с длинными рукавами, использование репеллентов (средств от насекомых), регулярный осмотр тела после пребывания на открытом воздухе и избегание густого подлеска и высокой травы. Своевременное удаление клещей может значительно снизить риск заражения.

Гигиена

Слово "гигиена" происходит от имени греческой богини здоровья и чистоты **Ὑγίεια** (Hygieia). Раньше мытье рук имело скорее ритуальное или религиозное значение, но только в XIX веке была осознана связь между развитием заболеваний из-за несоблюдения личной гигиены и плохих условий окружающей среды и соответствующим образом адаптировано поведение.[619]

Соблюдение правил гигиены может помочь предотвратить распространение заболеваний. Бактерии, вирусы и другие патогенные микроорганизмы могут накапливаться на коже и в полости рта. Регулярное мытье рук, тела и чистка зубов позволяют удалить эти патогены, снижая риск заражения.

Гигиена полости рта особенно важна, поскольку рот является местом проникновения многих патогенных микроорганизмов. Чистка языка, регулярная чистка зубов, использование зубной нити и ополаскивателей для полости рта могут предотвратить образование зубного налета и кариеса. Хорошее состояние полости рта также важно для профилактики заболеваний десен, таких как гингивит и пародонтит.

Регулярное мытье рук и очищение тела помогут предотвратить такие проблемы с кожей, как акне, экзема и кожные инфекции. Гигиенические меры важны для диабетиков, так как эти люди очень восприимчивы к инфекциям.

Использование презервативов и других средств защиты может помочь предотвратить заболевания, передающиеся половым путем.

Карантин, то есть изоляция высокоинфекционных больных, также является важной гигиенической мерой. Если у вас есть симптомы болезни, вы должны оставаться дома, чтобы предотвратить распространение инфекции. Кроме того, для предотвращения распространения патогенов необходимо закрывать рот и нос при кашле и чихании, пользоваться одноразовыми носовыми платками и личными туалетами.

Цетилпиридиний хлорид

Цетилпиридиний хлорид (ЦПК) - это химическое соединение, которое часто используется в качестве антисептика в ополаскивателях для рта, зубных пастах, жевательных резинках и пастилках. В больших концентрациях CPC может нанести вред здоровью: помимо раздражения слизистых оболочек и аллергических реакций, CPC также токсичен: 1) нарушая полимеризацию микротрубочек (формирование мелких молекул в крупные трубчатые структуры), что приводит к риску развития рака; 2) повреждая олигодендроциты, формирующие нервные волокна и защитный слой миелина (изоляция нервов), что может привести к нарушениям развития мозга у детей.[620,621]

Заменители сахара

Главное преимущество сахарозаменителей - их способность снижать калорийность продуктов, поскольку многие из этих веществ низкокалорийны и оказывают минимальное влияние на уровень сахара в крови. Это может быть полезно для людей с диабетом или тех, кто худеет. Кроме того, сахарные спирты, такие как ксилит и сорбит, часто используются в таких безопасных для зубов продуктах, как жевательная резинка, поскольку они не поддаются ферментации бактериями полости рта и, следовательно, снижают риск развития кариеса. Однако и здесь есть свои проблемы со здоровьем.

Ксилит

Ксилит, также известный как березовый сахар, - это сахарный спирт, получаемый из растительных источников, таких как кукуруза или древесина березы. В больших количествах ксилит может вызывать желудочно-кишечный дискомфорт, например вздутие живота или диарею.[622] Употребление ксилита собаками может привести к серьезным проблемам со здоровьем, таким как быстрое падение уровня сахара в крови и повреждение печени. Поэтому очень важно держать ксилит подальше от домашних животных.[623]

Аспартам

Аспартам - это искусственный подсластитель, изготовленный на основе аминокислот аспаргиновой кислоты и фенилаланина, который примерно в 200 раз слаще сахара.[624] Существуют опасения относительно возможного влияния аспартама на здоровье, особенно у людей с нарушением обмена веществ - фенилкетонурией.[624] Также обсуждалось, может ли аспартам вызывать головные боли или другие неврологические последствия, но это спорно и не имеет четких доказательств. Исходя из текущей ситуации с исследованиями, особенно после публикации французского обсервационного исследования с участием более 100 000 человек, Всемирная организация здравоохранения (ВОЗ) отнесла аспартам к категории "возможно канцерогенных" в 2023 году.[625,626]

Эритритол

Эритрит - это не содержащий калорий сахарный спирт, получаемый путем ферментации глюкозы или крахмала. Некоторые люди отмечают охлаждающий эффект во рту при употреблении эритрита. Опасения для здоровья вызывает доказанная связь между эритритом и повышенным риском тромбоза, инфаркта, инсульта и смерти.[627]

Стевия

Стевия, также известная как сладкий лист или медовая трава, производится из листьев южноамериканского растения Stevia rebaudiana, которое считается в 300 раз слаще сахара.[628] Для некоторых людей стевия может иметь горькое послевкусие. Существуют некоторые опасения относительно влияния стевии на фертильность, но этот вопрос еще недостаточно изучен.[628]

Сорбит

Сорбит, также известный как глюцитол, - это сахарный спирт, который часто используется в качестве заменителя сахара в продуктах без сахара или в продуктах для диабетиков. Он производится из глюкозы. В больших количествах или у людей с непереносимостью сорбита он может вызывать желудочно-кишечные расстройства, такие как метеоризм или диарея.[629]

Аварии

Дорожное движение

Дорожно-транспортные происшествия - одна из самых распространенных причин травм и смертей во всем мире.630 После террористических атак на Всемирный торговый центр и Пентагон 11 сентября 2001 года в США просто укоренился страх перед полетами, поэтому население стало больше ездить на автомобилях, что привело к значительному росту смертности в результате ДТП, как выяснили поведенческий психолог профессор Герд Гигеренцер и его коллеги.[631]

Дорожно-транспортные происшествия могут привести к различным травмам, включая травматические повреждения головного мозга, повреждения спинного мозга, переломы, внутренние повреждения и порезы. Тяжесть травм часто зависит от скорости столкновения, типа транспортного средства и других факторов. На риск получения смертельных травм влияют следующие факторы:

1. скорость
2. вождение в состоянии алкогольного или наркотического опьянения
3. тяжесть аварии
4. наличие мер безопасности, таких как ремни безопасности, подушки безопасности, велосипедные и мотоциклетные шлемы.[632]

Для снижения риска дорожно-транспортных происшествий необходимы различные меры, такие как пропаганда безопасного вождения, улучшение дорожной инфраструктуры и продвижение таких мер безопасности, как ремни безопасности, подушки безопасности и детские кресла.[633] Развитие общественного транспорта, велосипедов и пешеходных зон (за исключением электроскутеров, которые в настоящее время имеют высокий уровень аварийности) также может помочь снизить количество дорожно-транспортных происшествий.

Досуговые и экстремальные виды спорта

Досуговые и экстремальные виды спорта дают неоспоримые преимущества для физической подготовки, уверенности в себе и личностного развития.

Развитие. Однако не следует забывать, что эти виды спорта также связаны с серьезными рисками, которые могут привести к серьезным травмам или даже смерти.

Во-первых, следует признать, что рекреационные и экстремальные виды спорта часто происходят в сложных условиях, которые сопряжены с повышенным риском травм. В качестве примера можно привести альпинизм, рафтинг, дайвинг, лыжный спорт, прыжки с парашютом (особенно с вингсьютом или BASE-прыжки, т. е. со зданий "Building", мачт ЛЭП "Antenna", мостов "Span", возвышенностей, таких как скалы "Earth"), кайтсерфинг и горный велосипед.[633] Во время таких занятий непредвиденные ситуации, такие как крутой рельеф, изменения погоды или неожиданные препятствия, могут привести к серьезным несчастным случаям.

Одной из самых распространенных травм в рекреационных видах спорта являются падения, которые могут привести к переломам, растяжениям, вывихам и сотрясениям мозга.[634] Аналогично, такие виды спорта, как дайвинг или серфинг, сопряжены с риском утопления или несчастных случаев на воде, а экстремальные виды спорта, такие как прыжки с бейсджампинга, банджи-джампинг или фри-альпинизм, сопряжены с повышенным риском смертельных травм из-за отказа оборудования или ошибки человека.[633]

Риски, связанные с рекреационными и экстремальными видами спорта, часто усугубляются отсутствием опыта, недостаточной подготовкой или отсутствием соответствующих мер предосторожности. Многие люди погружаются в эту деятельность неподготовленными, не имея базовых навыков или знаний, чтобы распознать потенциальную опасность и справиться с ней.

Чтобы свести к минимуму риск получения травмы, крайне важно обеспечить надлежащие меры безопасности, в том числе для зрителей на спортивных мероприятиях, которые непропорционально часто происходят в гоночных видах спорта.[635] Для спортсменов необходимо использовать защитное снаряжение (например, шлемы, очки, наколенники и протекторы спины), регулярно обслуживать и проверять снаряжение, а также соблюдать протоколы безопасности и рекомендации опытных спортсменов или тренеров. Кроме того, важно, чтобы спортсмены понимали важность оценки рисков и управления ими.636

Психические заболевания

Психические заболевания - это невидимые оковы, которые невообразимым образом ограничивают жизнь многих людей. От постоянно ощущаемого бремени депрессии до сокрушительной реальности шизофрении и коварного яда одиночества - эти болезни формируют переживания и трагически ограничивают качество жизни тех, кто ими страдает.

Депрессия

Депрессия, которую часто называют "тихим убийцей", - это расстройство, которое представляет собой нечто большее, чем временную грусть или меланхолию.[637] Она затрагивает все аспекты жизни и часто оставляет страдальцев в бесконечном водовороте безнадежности и отчаяния. Самые простые задачи могут стать непреодолимыми препятствиями, а чувство пустоты может быть настолько подавляющим, что ставит под сомнение само существование. Радость жизни исчезает, и каждый день превращается в борьбу за то, чтобы просто встать и идти дальше.

У людей, страдающих от депрессии, значительно повышен риск возникновения суицидальных мыслей и попыток самоубийства.[638] Непреодолимая безнадежность и отчаяние, сопровождающие тяжелую депрессию, могут привести к мысли о том, что самоубийство - это единственное решение, позволяющее избавиться от эмоциональной боли.

Депрессия также может оказывать серьезное влияние на физическое здоровье. У людей с депрессией повышен риск сердечно-сосудистых заболеваний, высокого кровяного давления, сахарного диабета, ожирения и других хронических заболеваний, поскольку депрессия может влиять на образ жизни, приводя к неправильному питанию и сну, а также отсутствию физических упражнений.[639]

Психотерапия: когнитивно-поведенческая терапия, межличностная терапия и терапия, основанная на осознанности, - эффективные подходы к лечению депрессии.[640] Эти методы помогают выявить и изменить негативные модели мышления, улучшить преодоление стрессовых жизненных событий и разработать эффективные стратегии преодоления.

Медикаментозная терапия: антидепрессанты - распространенный вариант медикаментозного лечения депрессии. Селективные ингибиторы обратного захвата серотонина (СИОЗС) и ингибиторы обратного захвата серотонина-норадреналина (СИОЗС) являются одними из наиболее часто назначаемых препаратов для лечения депрессии и значительно вытеснили ранее применявшиеся трициклические антидепрессанты и ингибиторы моноаминоксидазы (МАО).[641]

Светотерапия: Светотерапия может быть особенно эффективна при сезонном аффективном расстройстве. Эта форма терапии предполагает воздействие ярким светом для регулирования уровня гормонов и улучшения настроения.[642]

Физическая терапия: регулярная физическая активность может положительно влиять на настроение и способствовать лечению депрессии. Физические упражнения способствуют выделению эндорфинов и других нейромедиаторных веществ, улучшающих самочувствие.[643]

Одиночество

Одиночество - еще одна мрачная реальность, которая затрагивает многих людей, как с диагностированным психическим заболеванием, так и без него. Это не временное чувство изоляции, а глубоко укоренившееся, долговременное ощущение отделенности от других и от самого себя. Одиночество может иметь как физические, так и психические последствия, подрывая самооценку, разрушая уверенность в себе и увеличивая риск возникновения дальнейших проблем с психическим здоровьем.[644] Даже в многолюдном мире человек может чувствовать себя глубоко одиноким, запертым в бесконечном лабиринте самоизоляции. Новый терапевтический подход - использование социальных медиаплатформ для охвата пациентов программами медицинского и психологического вмешательства.[644] Оценка данных акселерометров, электронных дневников и снимков мозга показала, что регулярная физическая активность положительно влияет на психологическое состояние людей, страдающих от одиночества.[645]

Шизофрения

Шизофрения, напротив, представляет собой сложное расстройство, искажающее восприятие реальности и разрушающее самовосприятие. Страдающих могут мучить галлюцинации (например, они слышат голоса, которых не слышат другие) и бред (ложные убеждения, которые сохраняются, несмотря на доказательства обратного), изолирующие их от внешнего мира и погружающие в пугающий мир паранойи и хаоса.[646,647]

Люди, страдающие шизофренией, имеют дезорганизованное мышление, то есть им трудно организовать свои мысли или связно выражать их. Это может проявляться в виде фрагментарной речи или трудностей с поддержанием разговора.[648]

Шизофреники теряют способность нормально функционировать, что приводит к снижению эмоциональной экспрессии, социальной замкнутости и отсутствию мотивации или интереса к повседневной деятельности. Шизофрения может лишить человека чувства контроля над собственной жизнью и держать его в постоянном состоянии растерянности и тревоги.[649] В острых психотических состояниях существует также риск опасности для себя и окружающих.[650]

Существуют следующие варианты лечения:

Антипсихотические препараты: Антипсихотические препараты являются основным методом лечения шизофрении.[651] Они помогают контролировать позитивные симптомы, такие как галлюцинации и бред, воздействуя на активность определенных нейротрансмиттеров в мозге.

Психообразование: Психообразование включает в себя предоставление информации о болезни, вариантах лечения и стратегиях преодоления страдающих и их семей. Это улучшает понимание болезни и способствует приверженности лечению.[652]

Психотерапия: в дополнение к медикаментозному лечению может быть полезна психотерапия, особенно для преодоления негативных симптомов, социальных трудностей и улучшения качества жизни.[653]

Поддерживающая терапия: Поддерживающая терапия, такая как трудотерапия, музыкотерапия и арт-терапия, может способствовать социальной интеграции, улучшению навыков общения и повышению самооценки.[654]

Тревожное расстройство

Тревога - это нормальная человеческая эмоция, которая помогает нам реагировать на потенциальные угрозы и защищать себя. Она возникает, когда мы чувствуем опасность или сталкиваемся со стрессом. Но для некоторых людей эта естественная реакция становится подавляющей и парализующей. Тревожные расстройства - это серьезные психические заболевания, которые могут оказывать значительное влияние на жизнь людей, страдающих от них.

Влияние тревожных расстройств на жизнь человека может быть разрушительным. Люди, страдающие от тревожных расстройств, часто испытывают значительные нарушения в различных сферах жизни, включая работу, учебу, социальные отношения и досуг. Постоянный стресс, вызванный тревогой, может привести к нарушениям сна, проблемам с концентрацией внимания, физическим жалобам и ограничению образа жизни.[655] Кроме того, постоянное напряжение и беспокойство могут повысить риск развития других психических заболеваний, таких как депрессия.[656]

Нельзя недооценивать и социальное воздействие тревожных расстройств. Тревожные расстройства могут привести к значительному экономическому бремени, снижая производительность на рабочем месте, нагружая систему здравоохранения и увеличивая нагрузку на государственные ресурсы.[657] Кроме того, стигматизация психических заболеваний может привести к тому, что люди не захотят обращаться за помощью, а их симптомы останутся нераспознанными или не вылеченными.[658] Тревожные расстройства - сложное и многогранное заболевание, которое может иметь различные причины, включая генетическую предрасположенность, нейробиологические факторы, факторы окружающей среды и жизненный опыт.659,660 Поэтому лечение тревожных расстройств требует комплексного подхода, включающего медицинские, терапевтические и поддерживающие вмешательства. Лекарства, такие как антидепрессанты и бензодиазепины, могут использоваться для облегчения симптомов, а когнитивно-поведенческая терапия, экспозиционная терапия и другие психотерапевтические подходы могут помочь изменить негативные модели мышления и поведения.[660]

Стресс

Стресс - это естественная реакция организма на трудности, с которыми мы сталкиваемся в повседневной жизни. Хотя стресс часто воспринимается как негативное явление, существует два основных типа стресса: дистресс и эустресс. Дистресс - это негативный стресс, который может повлиять на здоровье и самочувствие, а эустресс - это позитивный стресс, который может мотивировать и повышать работоспособность.[661]

Дистресс

Дистресс может иметь различные негативные последствия для здоровья. Дистресс возникает, когда мы чувствуем себя перегруженными, подавленными или неспособными справиться с проблемами, с которыми сталкиваемся. Например, финансовые проблемы, межличностные конфликты или профессиональное давление могут спровоцировать дистресс. Дистресс может привести к стрессу, тревоге или депрессии. Он также может вызывать физические симптомы, такие как головные боли, нарушения сна и проблемы с желудком.[662,663]

Длительный дистресс может иметь серьезные последствия для здоровья. Хронический стресс может ослабить иммунную систему, повысить риск сердечно-сосудистых заболеваний, хронической обструктивной болезни легких (ХОБЛ), артрита, сахарного диабета и привести к ухудшению психического здоровья.[664,665] Кроме того, дистресс может повысить риск выгорания и других последствий стресса, связанных с работой.[666]

Эустресс

В отличие от дистресса, эустресс - это форма стресса, которая воспринимается как позитивная или продуктивная. Он возникает при столкновении с проблемой, которая воспринимается как преодолимая и приносящая удовлетворение. Например, подготовка к экзамену, планирование свадьбы или стремление достичь профессиональных целей могут вызвать эустресс. Эустресс может помочь повысить работоспособность, стимулировать творческий потенциал и повысить уверенность в себе.

Эустресс может оказывать положительное влияние на здоровье, если его испытывать в соответствующих количествах и в течение ограниченного времени. Эустресс может способствовать укреплению психической и эмоциональной устойчивости, помогая справляться с трудностями и развивать навыки.667 Кроме того, эустресс может укрепить иммунную функцию и улучшить общее самочувствие, вызывая положительные эмоции, такие как радость и удовлетворение.[668]

Однако все большее число людей считают, что эустресс имеет решающее значение для "долголетия", и поэтому рекомендуют отказаться от термина "эустресс".[669] Это убедительно продемонстрировал, например, чемпионат мира по футболу в Германии в 2006 году: всякий раз, когда играла немецкая сборная, частота сердечных приступов значительно возрастала.[670]

Чтобы свести к минимуму последствия эустресса и дистресса для здоровья, важно изучить и применять методы управления стрессом. К ним относятся регулярные физические упражнения, техники релаксации, такие как медитация и дыхательные упражнения, сбалансированное питание, достаточный сон и поддержание социальных отношений. Важно научиться справляться со стрессовыми факторами и развивать здоровые механизмы преодоления, чтобы улучшить здоровье и самочувствие и достичь баланса между эустрессом и дистрессом.

Войны, терроризм и уличное насилие

Сокращение продолжительности жизни из-за войн, терроризма и уличного насилия в городских районах - серьезная проблема, угрожающая здоровью и благополучию миллионов людей во всем мире. Войны и уличное насилие приводят к прямым и косвенным последствиям, которые влияют на продолжительность жизни и серьезно сказываются на жизни в городских сообществах.

Войны

Войны, будь то вооруженные конфликты между государствами или внутренние гражданские войны, оказывают разрушительное воздействие на население. Непосредственная угроза бомбардировок, ракетных ударов, обстрелов, мин и стрельбы приводит к прямой гибели людей. Гражданские лица, включая детей, женщин и пожилых людей, часто становятся жертвами насилия, что приводит к повышению уровня смертности и сокращению продолжительности жизни.

Кроме того, войны приводят к разрушению инфраструктуры, в том числе больниц, школ и общественных объектов. Отсутствие медицинской помощи, чистой воды и продуктов питания усугубляет существующие проблемы со здоровьем и повышает риск заболеваний и недоедания.[671] Прекращение медицинского обслуживания и доступа к жизненно важному лечению еще больше усугубляет высокий уровень смертности и сокращает продолжительность жизни населения.

Для борьбы с сокращением продолжительности жизни, вызванным войной, на международном уровне необходимо осуществлять как краткосрочную экстренную помощь, так и долгосрочные процессы мира и примирения. Международное сообщество должно взять на себя обязательства по укреплению мира, безопасности и стабильности путем дипломатических усилий и предотвращения конфликтов.[672] Кроме того, важно устранить коренные причины конфликтов, уменьшить неравенство и способствовать социально-экономическому развитию, чтобы обеспечить устойчивый мир, стабильность и лучшее качество жизни для всех в долгосрочной перспективе.

Терроризм

Терроризм - одна из самых угрожающих и страшных реальностей нашего времени. Разрушительные последствия террористических актов выходят далеко за рамки непосредственного физического ущерба и могут оказывать ограничивающее жизнь воздействие на отдельных людей, сообщества и общества.

Прежде всего, важно признать, что терроризм угрожает не только физическому здоровью, но и может оказывать огромное влияние на психическое здоровье. Жертвы террористических атак часто сталкиваются с серьезными травмами, которые могут привести к различным проблемам психического здоровья, включая посттравматический стресс, тревогу, депрессию и нарушения сна.[673] Эти проблемы психического здоровья могут серьезно повлиять на повседневную жизнь пострадавших и значительно ограничить их способность вести нормальный образ жизни.

Кроме того, терроризм может привести к значительному ограничению личных свобод и социальной жизни. Перед лицом угрозы террористического насилия люди могут ограничить свою деятельность, избегать общественных мест и путешествий. Эти ограничения могут привести к чувству одиночества, изоляции и страха, что может существенно повлиять на качество жизни пострадавших. Кроме того, терроризм оказывает негативное влияние на жизнь общества в целом. Угроза террористического насилия может привести к созданию атмосферы страха и незащищенности, которая разрушает социальную ткань и подрывает доверие между людьми. Это может привести к расколу в обществе, ослаблению социальной сплоченности и снижению способности преодолевать трудности сообща.

Помимо прямого воздействия на здоровье и благополучие отдельных людей и общества в целом, терроризм также имеет долгосрочные последствия для политического, экономического и культурного развития общин и государств. Террористические атаки могут привести к ужесточению политических взглядов, ограничению гражданских свобод и ухудшению экономических условий. Они также могут привести к напряженности в отношениях между различными группами населения и затруднить межкультурный диалог.

Учитывая эти негативные для жизни последствия терроризма, крайне важно, чтобы правительства, сообщества и отдельные люди принимали соответствующие меры для борьбы с терроризмом и минимизации его воздействия. Это включает укрепление мер безопасности, содействие межкультурному взаимопониманию и диалогу, оказание психосоциальной поддержки жертвам и свидетелям, а также повышение жизнестойкости (способности справляться с проблемами в сложных ситуациях) и сплоченности общества.[674]

В конечном итоге терроризм - это не только угроза физической жизни, но и серьезная угроза самим основам общества и человеческого существования. Поэтому очень важно, чтобы мы сообща боролись с терроризмом во всех его формах и создали мир, в котором мир, безопасность и процветание будут возможны для всех.

Уличное насилие

Уличное насилие в городах - еще один серьезный фактор, влияющий на продолжительность жизни. Молодежные банды, преступные организации и социальные беспорядки могут привести к росту насилия на улицах, включая перестрелки, изнасилования, грабежи и убийства. Страх перед насилием и преступностью приводит к ограничению свободы передвижения людей, особенно в темное время суток, и влияет на их участие в общественной жизни и общее самочувствие.

Уличное насилие также оказывает косвенное влияние на здоровье и продолжительность жизни населения. Частые акты насилия могут привести к психологическому стрессу, травмам и тревоге, которые оказывают долгосрочное воздействие на физическое и психическое здоровье. Распространенность запрещенных наркотиков и злоупотребление алкоголем, которые часто ассоциируются с уличным насилием, повышают риск зависимости и передозировки, что также может привести к преждевременной смерти. Для борьбы с сокращением продолжительности жизни, вызванным уличным насилием в городах, необходимы комплексные меры, включающие укрепление верховенства закона и общественной безопасности.[675] Кроме того, важно устранить социально-экономические причины насилия, такие как бедность, неравенство и отсутствие социальной интеграции, чтобы добиться устойчивого улучшения условий жизни в городских сообществах и увеличить продолжительность жизни. Это связано с тем, что сильное социально-экономическое разделение оказывает непосредственное влияние на физическое здоровье, поскольку, например, документально подтверждено значительное увеличение числа сердечно-сосудистых заболеваний в экономически неблагополучных регионах.[676]

Заключение

- При разумном образе жизни долголетие - не волшебство
- Помните о рисках для здоровья, связанных с солнцезащитными кремами и пищевыми добавками.
- Для лечения зависимости - простая мантра: немедленно прекратите употреблять алкоголь, наркотики и курить, при необходимости воспользовавшись профессиональной помощью.
- Будьте внимательны к себе, окружающим людям и окружающей среде

Глава 6: Рецепты

В рекомендациях по питанию часто говорится о "здоровом, сбалансированном питании". Но что это значит на самом деле? Основываясь на современных данных диетологии, которые, однако, как уже говорилось выше, также противоречивы и постоянно меняются, следующие 50 рецептов закусок, основных блюд и десертов могут послужить вдохновением для создания, как мы надеемся, здорового, сбалансированного рациона.

Эти рецепты показывают, что готовить можно быстро и не обязательно сложно. По сравнению с замороженной пиццей, готовыми блюдами и питанием вне дома, самостоятельная готовка обычно полезнее, дешевле и делает вас счастливее, ведь готовить - это еще и весело!

Закуски

Греческий салат с помидорами и огурцом

Время приготовления: около 15 минут

Порции: 4

Ингредиенты:

2 больших спелых помидора

1 огурец

1 красный лук

1 зелёный перец

100 г сыра фета

1/4 чашки оливок Каламата без косточек (по желанию)

2 столовые ложки оливкового масла высшего качества

1 столовая ложка свежего лимонного сока

1 чайная ложка сушеного орегано

Соль и перец по вкусу

Свежая петрушка или базилик для гарнира (по желанию)

Инструкции:

Подготовьте ингредиенты:

Помидоры промойте и нарежьте кубиками, положите в большую миску.

Очистите огурец, разрежьте пополам и ложкой удалите семена. Нарежьте огурец тонкими ломтиками и добавьте к помидорам.

Очистите красный лук и нарежьте тонкими полукольцами. Очистите перец от семян и нарежьте полосками. Добавьте оба к помидорам и огурцу.

Сыр фета нарежьте небольшими кубиками и посыпьте овощи.

По желанию добавьте оливки каламата без косточек.

Приготовьте заправку:

В небольшой миске смешайте оливковое масло, лимонный сок, сушеный орегано, соль и перец.

Соберите салат:

Полейте салат заправкой и аккуратно перемешайте все вместе, чтобы ингредиенты равномерно покрылись ею.

Гарнир:

По желанию украсьте салат свежей петрушкой или листьями базилика.

Оставьте греческий салат постоять в холодильнике не менее 15 минут перед подачей, чтобы вкусы хорошо соединились.

Подавайте порционно, разложив по тарелкам.

Подавайте:

Подавайте греческий салат в качестве полезной закуски перед основным блюдом.

Этот греческий салат не только полезен для здоровья, но и освежает и насыщает вкусом. Он идеально подходит в качестве легкой закуски для летнего ужина или гарнира к мясу или рыбе, приготовленным на гриле.

Жареный нут со специями

Время приготовления: около 30 минут

Порции: 4

Ингредиенты:

2 банки нута (по 400 г), осушенные и промытые

2 столовые ложки оливкового масла

1 чайная ложка молотого кумина

1 чайная ложка порошка паприки

1 чайная ложка чесночного порошка

1 чайная ложка лукового порошка

1/2 чайной ложки молотой куркумы

Соль и перец по вкусу

Свежая зелень для гарнира (по желанию)

Инструкции:

Разогрейте духовку и подготовьте нут:

Разогрейте духовку до 200°C (верхний/нижний жар).

Обсушенный и промытый нут просушите между двумя кухонными полотенцами, чтобы удалить лишнюю влагу.

Приправьте нут:

Положите сухой нут в большую миску и сбрызните оливковым маслом.

Добавьте специи (кумин, паприку, чесночный порошок, луковый порошок, куркуму, соль и перец) и хорошо перемешайте, чтобы нут был равномерно покрыт специями.

Обжарьте нут:

Выложите горох со специями на противень, застеленный бумагой для выпечки, следя за тем, чтобы они не касались друг друга.

Запекайте нут в предварительно разогретой духовке около 20-25 минут, периодически поворачивая, до золотисто-коричневого цвета и хрустящей корочки.

Подавайте:

Выньте запеченный нут из духовки и оставьте немного остыть.

Гарнируйте свежей зеленью по желанию, например, рубленой петрушкой или кинзой.

Подавайте запеченный нут в качестве полезной и хрустящей закуски.

Этот жареный нут богат клетчаткой, белком и полезными жирами. Это вкусная и хрустящая закуска, которая идеально подходит для перекуса перед основным блюдом. Их также можно употреблять в качестве здорового перекуса между приемами пищи.

Цикорий с апельсинами и дробленым миндалем

Время приготовления: около 15 минут

Порции: 4

Ингредиенты:

4 головки цикория

2 апельсина

50 г нарезанного миндаля

2 столовые ложки оливкового масла

1 столовая ложка мёда

1 столовая ложка лимонного сока

Соль и перец по вкусу

Инструкции:

Подготовьте цикорий:

Удалите внешние листья цикория. Разрежьте головки пополам и удалите стебель.

Нарежьте половинки цикория тонкими полосками и положите в большую салатницу.

Подготовьте апельсины:

Очистите апельсины и нарежьте их тонкими ломтиками. Позаботьтесь о том, чтобы удалить семена.

Полейте цикорий соком от нарезки.

Поджарьте миндальные дольки:

Поджарьте миндальную крошку на сухой сковороде на среднем огне до золотисто-коричневого цвета. Периодически помешивайте, чтобы они равномерно подрумянились.

Приготовьте заправку для салата:

В небольшой миске смешайте оливковое масло, мед и лимонный сок. Приправьте солью и перцем.

Сборка салата:

Посыпьте цикорий и апельсины ломтиками поджаренного миндаля.

Полейте салат заправкой.

Осторожно перемешайте:

Тщательно перемешайте все, пока ингредиенты не будут равномерно покрыты заправкой. Следите за тем, чтобы салат не превратился в пюре.

Подавайте:

Подавайте салат из цикория с апельсинами и нарезанным миндалем на тарелках.

Посыпьте свежемолотым черным перцем по вкусу.

Подавайте сразу же и наслаждайтесь.

Салат из цикория с апельсинами и миндалем - это освежающий, но пикантный салат. Он отлично подойдет в качестве закуски или сопровождения к различным основным блюдам.

Базилик, моцарелла, помидоры в оливковом масле (салат Капрезе)

Время приготовления: около 15 минут

Порции: 2-3

Ингредиенты:

2-3 крупных помидора, нарезанных дольками

1-2 шарика моцареллы, нарезанные ломтиками

Листья свежего базилика

2 зубчика чеснока, тонко нарезанные или измельченные

Оливковое масло экстра-класса

Соль и перец по вкусу

По желанию: бальзамическая глазурь или бальзамический уксус для поливки

Инструкции:

Подготовьте ингредиенты:

Вымойте и нарежьте помидоры.

Моцареллу также нарежьте ломтиками.

Очистите зубчики чеснока и нарежьте тонкими ломтиками.

Оторвите листья базилика от стеблей и отложите в сторону.

Подавайте салат:

Выложите ломтики помидоров, моцареллы и листья базилика поочередно на большое сервировочное блюдо.

Разложите тонкие дольки чеснока по салату или равномерно распределите измельченный чеснок сверху.

Приправьте и полейте:

Щедро полейте салат оливковым маслом.

Приправьте солью и перцем по вкусу.

При желании полейте салат бальзамической глазурью или бальзамическим уксусом, чтобы придать ему дополнительные вкусовые нюансы.

Подавайте:

Подавайте сразу же, в идеале - при комнатной температуре, чтобы максимально раскрыть все вкусовые качества.

Этот салат Капрезе - простое, но элегантное блюдо, передающее свежесть и аромат средиземноморской кухни.

Он идеально подходит в качестве закуски или гарнира к основным блюдам. Сочетание сочных помидоров, сливочной моцареллы, свежего базилика и пряного чеснока в оливковом масле создает ароматное впечатление, которым хочется наслаждаться снова и снова.

Салат с авокадо

Время приготовления: около 15 минут

Порции: 2-3

Ингредиенты:

2 спелых авокадо, очищенных и порезанных на кубики

1 большой помидор, нарезанный кубиками

1/2 красного лука, мелко нарезанного

1/2 огурца, очищенного от семян и нарезанного кубиками

1 горсть рукколы или шпината

Сок одного лайма или лимона

2 столовые ложки оливкового масла

Соль и перец по вкусу

По желанию: свежая зелень, например, кинза или петрушка, измельченная

По желанию: сыр Фета, раскрошенный

Инструкции:

Подготовьте ингредиенты:

Разрежьте авокадо пополам, удалите косточку и аккуратно снимите ложкой мякоть с кожицы. Нарежьте кубиками и положите в большую миску.

Помидор нарежьте кубиками и добавьте к авокадо в миску.

Мелко нарежьте красный лук и добавьте в миску.

Очистите огурец от кожуры и нарежьте кубиками. Добавьте в миску к остальным ингредиентам.

Вымойте рукколу или шпинат и высушите.

Приготовьте заправку:

Выжмите сок лайма или лимона на авокадо и овощи в миске.

Добавьте оливковое масло.

Приправьте солью и перцем.

По желанию добавьте рубленую зелень.

Подавайте:

Тщательно перемешайте все в миске, чтобы заправка и ингредиенты равномерно распределились.

По желанию посыпьте сыром фета.

Подавайте сразу же и наслаждайтесь!

Этот салат из авокадо прост в приготовлении и является освежающим и полезным вариантом для обеда или гарнира к другим блюдам. Сочетание сливочного авокадо, свежих овощей и простой заправки делает его вкусным и сбалансированным блюдом.

Шпажки из помидоров и моцареллы с базиликовым песто

Время приготовления: около 15 минут

Порции: 4

Ингредиенты:

2 больших помидора

1 шарик сыра моцарелла

Листья свежего базилика

Оливковое масло

Бальзамическая глазурь

Соль и перец по вкусу

Деревянные шпажки или палочки для коктейлей

Для базиликового песто:

2 чашки свежих листьев базилика

2 зубчика чеснока, грубо измельченных

1/4 чашки поджаренных кедровых орешков

1/4 чашки свеженатертого сыра пармезан

1/2 чашки оливкового масла экстра-класса

Соль и перец по вкусу

Инструкции:

Подготовьте помидоры и моцареллу:

Вымойте помидоры и нарежьте ломтиками толщиной около 1 см.

Моцареллу нарежьте ломтиками такой же толщины, как и помидоры.

Приготовьте базиликовый песто:

Поместите все ингредиенты для базиликового песто (листья базилика, чеснок, кедровые орехи, пармезан, оливковое масло, соль и перец) в блендер или кухонный комбайн.

Взбейте все до однородной пасты. При необходимости добавьте еще оливкового масла, чтобы добиться желаемой консистенции. Приправьте по вкусу солью и перцем.

Соберите шампуры:

Нанизывайте на каждую деревянную шпажку или коктейльную палочку поочередно ломтик помидора, ломтик моцареллы и листик базилика, пока шпажка не заполнится.

Разложите готовые шпажки на сервировочном блюде.

Подавайте:

Сбрызните шампуры оливковым маслом и бальзамической глазурью.

Приправьте щепоткой соли и перца.

Подайте базиликовый песто в небольшой миске рядом с шампурами.

Подавайте шпажки из помидоров и моцареллы с базиликовым песто в качестве полезной и освежающей закуски.

Эти шпажки из помидоров и моцареллы с базиликовым песто не только полезны, но и полны вкусов и текстур. Они идеально подходят для легкого начала вкусного обеда, а также их легко приготовить заранее к приходу гостей.

Тыквенный суп

Время приготовления: около 45 минут

Порции: 4

Ингредиенты:

1 тыква среднего размера (хоккайдо, баттернат или мускатная тыква), около 1,5 кг

1 большая луковица, нарезанная

2 зубчика чеснока, измельчить

1 литр овощного бульона

200 мл кокосового молока (по желанию)

2 столовые ложки оливкового или кокосового масла

1 чайная ложка молотого имбиря

1 чайная ложка молотой куркумы

1 чайная ложка молотого кумина

Соль и перец по вкусу

По желанию: жареные тыквенные семечки или гренки на гарнир

Инструкции:

Подготовьте тыкву:

Разрежьте тыкву пополам и ложкой удалите семена.

Нарежьте мякоть тыквы кубиками, при желании удалив кожицу.

Обжарьте лук и чеснок:

Разогрейте оливковое или кокосовое масло в большой кастрюле.

Добавьте нарезанный лук и измельченный чеснок и обжарьте на среднем огне до полупрозрачности.

Добавьте тыкву и специи:

Добавьте в кастрюлю нарезанную кубиками тыкву и обжаривайте ее вместе с луком и чесноком около 5 минут, до легкого подрумянивания.

Добавьте молотый имбирь, куркуму и кумин и жарьте еще 2 минуты, постоянно помешивая, чтобы раскрыть ароматы.

Приготовьте суп:

Добавьте овощной бульон, чтобы покрыть тыкву.

Доведите суп до кипения, а затем уменьшите огонь до мягкого кипения.

Варите около 20-25 минут, пока тыква не станет мягкой.

Пюрируйте суп:

Снимите суп с огня и пюрируйте его ручным или стационарным блендером до однородности.

По желанию: добавьте кокосовое молоко и снова ненадолго взбейте, чтобы суп стал более кремовым.

Приправьте тыквенный суп солью и перцем.

Подавайте:

Подавайте горячим, по желанию гарнируйте обжаренными тыквенными семечками или гренками.

Этот вкусный тыквенный суп идеально подходит для осенних и зимних дней и прост в приготовлении. Он теплый, уютный и полный вкуса. Подавайте суп в качестве закуски или основного блюда с кусочком свежего хлеба или салатом.

Башни из моцареллы и свеклы

Время приготовления: около 25 минут

Порций: 2

Ингредиенты:

2 свеклы среднего размера, сваренные и очищенные от кожуры

2 шарика моцареллы

2 больших помидора

1 пучок свежего базилика

2 столовые ложки бальзамического уксуса

2 столовые ложки оливкового масла

Соль и перец по вкусу

По желанию: бальзамическая глазурь для гарнира

Инструкции:

Подготовьте ингредиенты:

Сваренную и очищенную свеклу нарежьте ломтиками толщиной около 1 см.

Шарики моцареллы также нарежьте ломтиками.

Вымойте и нарежьте помидоры.

Оторвите листья базилика от стеблей и отложите в сторону.

Сборка башен:

Начните с тарелки с ломтиком свеклы в качестве основы.

Положите сверху ломтик моцареллы, затем ломтик помидора.

Посыпьте несколькими листьями базилика и приправьте щепоткой соли и перца.

Повторяйте этот процесс, пока у вас не получится 2-3 слоя, в зависимости от размера ингредиентов и высоты башни.

В завершение положите ломтик свеклы.

Приготовьте заправку:

В небольшой миске смешайте бальзамический уксус и оливковое масло. Приправьте солью и перцем.

Подавайте:

Разложите башенки по тарелкам.

Полейте башни заправкой.

По желанию гарнируйте небольшим количеством бальзамической глазури.

Подавайте сразу же и наслаждайтесь!

Эта башня из моцареллы и свеклы - не только пиршество для глаз, но и вкусовая сенсация благодаря сочетанию сладкой свеклы, сливочной моцареллы, сочных помидоров и свежего базилика. Это простая, но элегантная закуска или гарнир для особых случаев или легкого обеда.

Основные блюда

Жареное филе скумбрии с овощами на пару

Время приготовления: около 25 минут

Порции: 2

Ингредиенты:

2 филе скумбрии (примерно 150-200 г каждое)

Сок 1 лимона

Соль и перец по вкусу

2 столовые ложки оливкового масла

2 зубчика чеснока, измельчить

1 луковица, нарезанная тонкими кольцами

1 сладкий перец, нарезанный полосками

1 кабачок, нарезанный ломтиками

1 морковь, очищенная и тонко нарезанная

1 горсть свежих листьев шпината

Свежая зелень для гарнира (по желанию)

Инструкции:

Подготовьте филе скумбрии:

Промойте филе скумбрии под холодной водой и высушите кухонной бумагой.

Сбрызните филе лимонным соком и приправьте солью и перцем.

Подготовьте овощи:

Очистите и мелко нарежьте зубчики чеснока.

Подготовьте лук, перец, кабачки и морковь и нарежьте их в желаемой форме.

Приготовьте овощи на пару:

Разогрейте в сковороде 1 столовую ложку оливкового масла.

Добавьте измельченный чеснок и недолго обжарьте до появления аромата.

Добавьте кольца лука и жарьте, помешивая, до полупрозрачности.

Добавьте перец, кабачок и морковь и жарьте около 5-7 минут, пока овощи не станут мягкими, но еще твердыми на вкус.

В конце добавьте свежие листья шпината и обжаривайте их, пока они не развалятся. Снимите сковороду с огня и держите в тепле.

Обжарьте филе скумбрии:

Разогрейте оставшееся оливковое масло в отдельной сковороде.

Положите филе скумбрии кожей вниз на сковороду и жарьте около 3-4 минут, пока кожа не станет хрустящей, а мясо не прожарится насквозь.

Осторожно переверните филе и снова жарьте 1-2 минуты, пока мясо с другой стороны также не прожарится.

Подавайте:

Разложите по тарелкам овощи, приготовленные на пару.

Сверху выложите жареное филе скумбрии.

По желанию украсьте свежей зеленью.

Подавайте сразу же и наслаждайтесь!

Это блюдо не только полезно, но и богато вкусом и питательными веществами. Оно идеально подходит для легкого ужина или полезного обеденного перекуса.

Курица-гриль с пюре из сладкого картофеля

Время приготовления: около 45 минут

Порции: 2

Ингредиенты:

Для курицы-гриль:

2 филе куриной грудки

Сок половины лимона

2 зубчика чеснока, измельченные

Свежие или сушеные листья розмарина и тимьяна

Соль и перец по вкусу

2 столовые ложки оливкового масла

Для пюре из сладкого картофеля:

2 больших сладких картофеля

2 столовые ложки сливочного масла

1/4 чашки молока или сливок (по желанию)

Соль и перец по вкусу

Инструкции:

Приготовьте курицу-гриль:

Промойте филе куриной грудки и вытрите насухо.

Смешайте в миске лимонный сок, измельченный чеснок, розмарин, тимьян, соль, перец и оливковое масло.

Обмакните филе куриной грудки в маринад и оставьте мариноваться минимум на 15-20 минут.

Приготовьте пюре из сладкого картофеля:

Очистите сладкий картофель и нарежьте кубиками.

Залейте кубики сладкого картофеля водой в кастрюле и доведите до кипения. Варите примерно 15-20 минут, пока сладкий картофель не станет мягким.

Приготовьте курицу на гриле:

Пока сладкий картофель готовится, разогрейте гриль.

Выложите замаринованное филе куриной грудки на гриль и жарьте около 6-8 минут с каждой стороны, в зависимости от толщины, пока оно не прожарится до конца и на нем не появится красивый след от гриля. Точное время приготовления может варьироваться в зависимости от гриля.

Приготовьте пюре из сладкого картофеля:

Слейте воду с вареного сладкого картофеля и верните его в кастрюлю.

Добавьте к картофелю сливочное масло и разомните до состояния пюре с помощью картофелемялки или вилки.

При необходимости добавьте молоко или сливки, чтобы добиться желаемой консистенции. Приправьте солью и перцем.

Подавайте:

Подавайте курицу-гриль с пюре из сладкого картофеля на тарелках.

При желании украсьте свежей зеленью.

Подавайте сразу же и наслаждайтесь!

Это блюдо - идеальное сочетание сочной курицы-гриль и сливочного пюре из сладкого картофеля, которое доставляет истинное наслаждение своими вкусами и текстурами.

Овощной микс-фрай с цельнозерновой лапшой

Время приготовления: около 25 минут

Порции: 2-3

Ингредиенты:

200 г макарон из цельнозерновой муки (например, спагетти из цельнозерновой муки или пенне из цельнозерновой муки)

2 столовые ложки оливкового масла

2 зубчика чеснока, измельчить

1 луковица, тонко нарезанная

1 перец, нарезанный полосками

1 кабачок, нарезанный ломтиками

1 морковь, тонко нарезанная

1 горсть помидоров черри, разрезанных пополам

2 чашки детского шпината

Соль и перец по вкусу

По желанию: свежая зелень, например, базилик или петрушка, измельченная

По желанию: сыр пармезан для украшения

Инструкции:

Приготовьте пасту из цельнозерновой муки:

Отварите цельнозерновую пасту в кипящей подсоленной воде до состояния "аль денте" в соответствии с инструкциями на упаковке. Слейте воду и отложите в сторону.

Приготовьте овощное ассорти:

Разогрейте оливковое масло в большой сковороде на среднем огне.

Добавьте измельченный чеснок и лук и обжаривайте в течение 1-2 минут до появления аромата и легкого золотисто-коричневого цвета.

Добавьте в сковороду перец, кабачки и морковь и жарьте еще 5-7 минут, пока овощи не станут мягкими, но еще хрустящими.

Добавьте разрезанные пополам помидоры черри и готовьте еще 2-3 минуты до размягчения.

Добавьте шпинат и готовьте, постоянно помешивая, пока он не развалится.

Приправьте по вкусу солью и перцем и добавьте свежую зелень по вкусу.

Соедините пасту и овощи:

Добавьте готовую цельнозерновую пасту к овощам и хорошо перемешайте, чтобы все вкусы равномерно распределились.

Снимите сковороду с огня.

Подавайте:

Разделите сковороду с овощами и цельнозерновой пастой по тарелкам.

Посыпьте рубленой зеленью по вкусу и посыпьте свеженатертым сыром пармезан.

Подавайте немедленно и наслаждайтесь!

Этот овощной микс-фрай с цельнозерновой пастой не только полезен и полон вкуса, но и прост в приготовлении, а также является вкусным и сбалансированным блюдом.

Жареный тофу с рисом

Время приготовления: около 30 минут

Порции: 2-3

Ингредиенты:

Для приготовления тофу:

200 г твердого тофу, порезанного на кубики

2 столовые ложки соевого соуса

1 столовая ложка кунжутного масла или нейтрального растительного масла

2 зубчика чеснока, измельчить

1 луковица, тонко нарезанная

1 красный перец, нарезанный полосками

1 желтый перец, нарезанный полосками

1 морковь, тонко нарезанная

100 г сахарного горошка

2 весенних лука, нарезанных ломтиками

По желанию: имбирь, нарезанный

По желанию: острый перец чили, измельченный (в зависимости от желаемой степени остроты)

Соль и перец по вкусу

Для риса:

1 чашка жасминового риса (или другого риса по вашему выбору)

2 чашки воды

Инструкции:

Приготовьте рис:

Тщательно промойте рис в холодной воде, пока вода не станет прозрачной.

Положите промытый рис в кастрюлю и добавьте 2 чашки воды.

Доведите рис до кипения, затем уменьшите огонь, накройте крышкой и варите рис около 15-20 минут, пока он не станет мягким и не впитает воду. Снимите кастрюлю с огня и оставьте рис отдыхать под крышкой примерно на 5 минут.

Замаринуйте и обжарьте тофу:

Замаринуйте кубики тофу в миске с соевым соусом и оставьте на несколько минут.

Разогрейте кунжутное масло (или нейтральное масло) в большой сковороде на среднем огне.

Добавьте на сковороду замаринованные кубики тофу и обжаривайте в течение 5-7 минут до золотисто-коричневого цвета и хрустящей корочки. Периодически помешивайте, чтобы обеспечить равномерное подрумянивание.

Снимите жареный тофу со сковороды и отложите в сторону.

Приготовьте фритюр:

В той же сковороде разогрейте еще немного масла, если необходимо.

Добавьте в сковороду измельченный чеснок, дольки лука и, по желанию, измельченный имбирь и жарьте около 1 минуты до появления аромата.

Добавьте перец, морковь и мангольд и жарьте еще 5-7 минут, пока овощи не станут мягкими, но еще хрустящими. Верните обжаренный тофу в сковороду и перемешайте с овощами.

Добавьте весенний лук и измельченный перец чили, если хотите. Приправьте по вкусу солью и перцем.

Подавайте:

Подавайте тофу с рисом в тарелках.

Гарнируйте свежей зеленью или дополнительным соевым соусом по желанию.

Подавайте сразу же и наслаждайтесь!

Этот тофу с рисом - вкусное и питательное блюдо, насыщенное вкусом и текстурой. В нем хорошо сбалансированы белки, углеводы и овощи, и оно идеально подходит для быстрого ужина в будний день.

Овощное карри с курицей

Время приготовления: около 40 минут

Порции: 4

Ингредиенты:

500 г куриной грудки, порезанной на кубики

2 столовые ложки растительного масла (например, подсолнечного)

1 луковица, нарезанная

3 зубчика чеснока, измельчить

1 ст. ложка свежего имбиря, измельченного

2-3 столовые ложки пасты карри (в зависимости от вкуса и остроты)

1 банка (400 мл) несладкого кокосового молока

2 моркови, тонко нарезанные

1 красный перец, нарезанный полосками

1 желтый перец, нарезанный полосками

1 кабачок, порезанный кубиками

1 чашка горошка

Соль и перец по вкусу

По желанию: свежий кориандр или петрушка для гарнира

По желанию: дольки лайма для подачи

Отварной рис или хлеб наан (индийская лепешка) для подачи

Инструкции:

Обжарьте курицу:

В большой сковороде или воке разогрейте растительное масло.

Добавьте кубики курицы и жарьте на средне-высоком огне около 5-7 минут до золотисто-коричневого цвета и прожарки. Периодически помешивайте, чтобы обеспечить равномерное подрумянивание.

Снимите жареные куриные кубики со сковороды и отложите в сторону.

Приготовьте овощное карри:

В той же сковороде обжарьте нарезанный лук, измельченный чеснок и измельченный имбирь на среднем огне в течение 2-3 минут до мягкости и аромата.

Добавьте пасту карри и жарьте еще 1-2 минуты, чтобы раскрыть ее аромат.

Добавьте морковь, перец и кабачки и жарьте около 5 минут, пока овощи не станут немного мягче.

Добавьте кокосовое молоко и хорошо перемешайте, чтобы равномерно распределить пасту карри.

Добавьте горох и тушите еще 5 минут, пока овощи не приготовятся, а соус не загустеет.

Приправьте по вкусу солью и перцем.

Приготовьте карри:

Верните в сковороду обжаренные кубики курицы и хорошо перемешайте с овощами и соусом.

Нагрейте еще раз, пока курица не прогреется.

Подавайте:

Подавайте овощное карри с курицей на подогретых тарелках.

По желанию украсьте свежей зеленью, например кинзой или петрушкой.

Подавайте с дольками лайма и вареным рисом или хлебом наан.

Подавайте сразу же и наслаждайтесь!

Овощное карри с курицей обладает богатым вкусом и ароматом и представляет собой восхитительное сочетание нежной курицы, ярких овощей и сливочного соуса из кокосового молока.

Салат из киноа с авокадо и черной фасолью

Время приготовления: около 30 минут

Порции: 4

Ингредиенты:

1 чашка киноа

2 чашки воды или овощного бульона

1 банка (около 400 г) черной фасоли, слитой и промытой

2 спелых авокадо, очищенных и нарезанных кубиками

1 большой помидор, нарезанный кубиками

1/2 красного лука, мелко нарезанного

1 красный перец, нарезанный кубиками

1/2 пучка свежего кориандра, измельчить

сок 2 лаймов

3 столовые ложки оливкового масла

Соль и перец по вкусу

По желанию: 1 халапеньо (средний острый перец) или зеленый чили, очищенный и мелко нарезанный

Дополнительно: 1 зубчик чеснока, мелко нарезанный

По желанию: свежий шпинат или руккола для подачи.

Инструкции:

Приготовьте киноа:

Тщательно промойте киноа в холодной воде, чтобы удалить горькие вещества.

Доведите воду или овощной бульон до кипения в кастрюле.

Добавьте промытое киноа и доведите до кипения. Уменьшите огонь, накройте крышкой и варите киноа около 15 минут, пока она не станет мягкой и вода полностью не впитается.

Снимите кастрюлю с огня и взбейте киноа вилкой. Оставьте остывать.

Подготовьте ингредиенты:

Пока киноа варится и остывает, слейте воду и тщательно промойте черную фасоль.

Разрежьте авокадо пополам, удалите косточку и аккуратно выньте ложкой мякоть из кожуры. Нарежьте кубиками и отложите в сторону.

Подготовьте помидоры, красный лук, красный перец и свежий кориандр и положите их в большую миску.

Приготовьте заправку:

В небольшой миске смешайте сок 2 лаймов, оливковое масло, соль и перец.

По желанию добавьте измельченный чеснок и халапеньо или зеленый чили и хорошо перемешайте.

Соберите салат:

Добавьте остывшую киноа к подготовленным ингредиентам в миску.

Добавьте слитую черную фасоль.

Полейте салат заправкой и аккуратно перемешайте, чтобы все хорошо соединилось.

Подавайте:

Выложите салат из киноа с авокадо и черной фасолью на тарелки или сервировочное блюдо.

По желанию гарнируйте свежим шпинатом или рукколой.

Подавайте сразу же и наслаждайтесь!

Этот салат из киноа с авокадо и черной фасолью - вкусное и питательное блюдо, богатое белком, клетчаткой и полезными жирами. Он идеально подходит в качестве основного блюда для легкого обеда или ужина, а также в качестве гарнира для барбекю.

Запеченный овощной таббулех

Время приготовления: около 40 минут

Порции: 4

Ингредиенты:

Для запеченных овощей:

2 чашки овощной смеси по вашему выбору, нарезанной небольшими кусочками (например, перец, кабачки, баклажаны, помидоры черри)

2 столовые ложки оливкового масла

Соль и перец по вкусу

По желанию: чесночный порошок, паприка, кумин для дополнительного аромата

Для таббуле:

1 чашка булгура

2 чашки кипятка или овощного бульона

1/4 чашки оливкового масла

Сок 1-2 лимонов

1/2 чашки свежей петрушки, измельченной

1/4 чашки свежей мяты, измельченной

2 весенних лука, мелко нарезанных

1/2 огурца, очищенного от семян и нарезанного небольшими кусочками

Соль и перец по вкусу

Инструкции:

Приготовьте запеченные овощи:

Разогрейте духовку до 200°C.

Нарежьте овощную смесь небольшими кусочками и выложите на противень.

Сбрызните овощи оливковым маслом и приправьте солью, перцем и дополнительными специями по вкусу.

Запекайте овощи в разогретой духовке в течение 20-25 минут до мягкости и легкого подрумянивания. Периодически помешивайте, чтобы овощи равномерно подрумянились.

Приготовьте таббулех:

В миске залейте булгур кипятком или овощным бульоном.

Накройте миску и оставьте булгур замачиваться примерно на 15-20 минут, пока он не станет мягким и полностью не впитает воду.

Разрыхлите булгур вилкой и оставьте остывать.

Соберите салат:

В большой миске смешайте остывший булгур с обжаренными овощами.

Добавьте нарезанную петрушку, мяту, зеленый лук и огурец.

Полейте салат оливковым маслом и лимонным соком и хорошо перемешайте.

Приправьте по вкусу солью и перцем.

Подавайте:

Подавайте табуле из запеченных овощей в миске.

По желанию гарнируйте свежей зеленью.

Подавайте сразу или наслаждайтесь в охлажденном виде в качестве гарнира или легкого основного блюда!

Этот запеченный овощной таббулех - вкусный поворот к классическому рецепту таббулеха, предлагающий богатство вкусов и текстур. Это универсальное блюдо, которое можно подавать как гарнир или легкое основное блюдо и наслаждаться как горячим, так и холодным.

Греческий салат из киноа

Время приготовления: около 25 минут

Порции: 4

Ингредиенты:

1 чашка киноа

2 чашки воды или овощного бульона

1 огурец, нарезанный кубиками

1 красный перец, нарезанный кубиками

1 желтый перец, нарезанный кубиками

1/2 красного лука, мелко нарезанного

1 чашка помидоров черри, разрезанных пополам

1/2 чашки оливок Каламата без косточек

200 г сыра фета, нарезанного кубиками

1/4 чашки свежей петрушки, измельченной

1/4 чашки свежего орегано, измельченного

сок 1-2 лимонов

3 столовые ложки оливкового масла

Соль и перец по вкусу

Инструкции:

Приготовьте киноа:

Тщательно промойте киноа под холодной водой, чтобы удалить горькие вещества.

Доведите воду или овощной бульон до кипения в кастрюле.

Добавьте промытое киноа, доведите до кипения, уменьшите огонь, накройте крышкой и варите около 15 минут, пока жидкость не впитается и киноа не станет мягкой.

Снимите кастрюлю с огня и взбейте киноа вилкой. Оставьте остывать.

Подготовьте ингредиенты:

Пока киноа варится и остывает, подготовьте овощи и сыр фета.

Поместите огурец, красный и желтый перец, красный лук и помидоры черри в большую миску.

Добавьте оливки каламата.

Порежьте сыр фета на кубики и добавьте в миску.

Нарежьте свежую петрушку и орегано и отложите в сторону.

Соберите салат:

Добавьте остывшую киноа к подготовленным ингредиентам в миску.

Полейте салат лимонным соком и оливковым маслом.

Тщательно перемешайте все, пока все ингредиенты не станут хорошо сочетаться.

Приправьте по вкусу солью и перцем.

Подавайте:

Выложите греческий салат из киноа на тарелки или сервировочное блюдо.

По желанию гарнируйте петрушкой и орегано.

Подавайте сразу или наслаждайтесь охлажденным!

Этот греческий салат из киноа - вкусное и питательное блюдо с богатым вкусом и текстурой. Он идеально подходит в качестве основного блюда для легкого обеда или ужина, а также в качестве гарнира для барбекю.

Талер из баклажанов с сыром фета

Время приготовления: около 30 минут

Порции: 4

Ингредиенты:

2 баклажана среднего размера

200 г сыра фета, раскрошенного

2 помидора, тонко нарезанные

1/4 чашки оливкового масла

2 зубчика чеснока, мелко нарезанные

2 столовые ложки свежей петрушки, измельченной

1 столовая ложка свежего орегано, измельченного (или 1 чайная ложка сушеного орегано)

Соль и перец по вкусу

Инструкции:

Подготовьте баклажаны:

Вымойте баклажаны и отрежьте концы.

Нарежьте баклажаны продольными ломтиками толщиной около 1 см.

Посолите ломтики баклажанов:

Выложите ломтики баклажанов на противень и слегка посолите.

Оставьте отдыхать примерно на 15 минут, чтобы баклажаны впитали немного воды и уменьшился горький привкус.

Приготовьте ломтики баклажана на гриле или запеките:

Пока ломтики баклажана отдыхают, разогрейте гриль или разогрейте сковороду-гриль или обычную сковороду с небольшим количеством оливкового масла.

Промокните ломтики баклажана, чтобы удалить лишнюю воду.

Смажьте обе стороны ломтиков баклажана оливковым маслом и обжарьте на гриле или на сковороде в течение 3-4 минут с каждой стороны до мягкости и легкой румяной корочки. В зависимости от размера сковороды или гриля, ломтики баклажана, возможно, придется готовить несколькими партиями.

Отложите готовые ломтики баклажана в сторону и оставьте остывать.

Приготовьте начинку:

Пока ломтики баклажана остывают, раскрошите сыр фета в миску.

Добавьте к сыру фета измельченные зубчики чеснока, петрушку и орегано.

Приправьте солью и перцем и хорошо перемешайте.

Соберите талеры из баклажанов:

Возьмите по одному ломтику баклажана и положите в середину немного смеси из феты.

Сверху положите ломтик помидора.

Сверху положите еще один ломтик баклажана, чтобы получился талер.

Продолжайте работу с оставшимися ломтиками баклажана и начинкой, пока все пельмени не будут готовы.

Подавайте:

Разложите баклажанные талеры на сервировочном блюде.

Гарнируйте петрушкой или базиликом и по желанию выжмите лимонный сок.

Подавайте сразу же и наслаждайтесь!

Эти талеры из баклажанов с сыром фета - вкусное вегетарианское блюдо, наполненное ароматами Средиземноморья. Они отлично подойдут в качестве закуски, гарнира или легкого основного блюда, и это отличный способ насладиться баклажанами.

Весенний лук с сыром фета, пастой и грецкими орехами

Время приготовления: около 25 минут

Порции: 2-3

Ингредиенты:

200 г лингвини или другой пасты по вашему выбору

2 пучка весеннего лука, нарезанные тонкими ломтиками

100 г сыра фета, раскрошенного

1/2 чашки грецких орехов, грубо измельченных

2 зубчика чеснока, мелко нарезанные

2 столовые ложки оливкового масла

Сок 1 лимона

Соль и перец по вкусу

По желанию: свежая петрушка или базилик для гарнира

Инструкции:

Приготовьте пасту:

Доведите воду до кипения в большой кастрюле и отварите пасту в соответствии с инструкциями на упаковке до состояния "аль денте".

Слейте воду с готовой пасты и отложите ее в сторону. Сохраните немного воды для варки, чтобы использовать ее позже для приготовления соуса.

Обжарьте весенний лук:

Разогрейте оливковое масло в большой сковороде на среднем огне.

Добавьте измельченные зубчики чеснока и обжаривайте около 1 минуты до появления аромата.

Добавьте нарезанный весенний лук и жарьте еще 3-4 минуты до размягчения.

Добавьте сыр фета и грецкие орехи:

Добавьте в сковороду раскрошенный сыр фета и крупно порубленные грецкие орехи и недолго перемешивайте, пока сыр фета слегка не расплавится.

Приготовьте соус:

Полейте лимонным соком весенний лук, сыр фета и грецкие орехи.

При желании добавьте немного воды, оставшейся после варки макарон, чтобы разбавить и загустить соус.

Приправьте солью и перцем по вкусу и хорошо перемешайте.

Смешайте пасту и соус вместе:

Добавьте готовую пасту в сковороду с соусом и аккуратно перемешайте, чтобы паста равномерно покрылась соусом.

Подавайте:

Подавайте весенний лук с сыром фета, пастой и грецкими орехами на тарелках или в мисках.

По желанию украсьте свежей петрушкой или базиликом.

Подавайте сразу же и наслаждайтесь!

Это блюдо из весеннего лука с сыром фета, пастой и грецкими орехами - восхитительное сочетание пикантных вкусов и различных текстур. Оно легко и быстро готовится и станет отличным основным блюдом для быстрого ужина или гарниром к другим блюдам.

Жареный картофель с шалфеем, сыром и завернутой ветчиной

Время приготовления: около 30 минут

Порции: 2-3

Ингредиенты:

500 г воскового картофеля, очищенного и нарезанного ломтиками

100 г копченой ветчины

6-8 свежих листьев шалфея

100 г острого сыра (например, гауда, горный сыр или эмменталь), нарезанного тонкими ломтиками

2 столовые ложки оливкового или сливочного масла

Соль и перец по вкусу

Инструкции:

Подготовьте картофель:

Очищенный картофель нарежьте тонкими ломтиками. Они должны быть примерно одинаковой толщины, чтобы они готовились равномерно.

Заверните ветчину:

Разложите копченый окорок, сверху положите по ломтику сыра и приправьте перцем.

Положите лист шалфея поверх сыра и оберните ветчину вокруг сыра и листа шалфея, чтобы получилась своеобразная посылка. Повторите этот процесс с оставшимися ветчиной, сыром и листьями шалфея.

Обжарьте завернутую ветчину:

Разогрейте сковороду на среднем огне и растопите в ней оливковое или сливочное масло.

Выложите обмазанные ветчиной свертки на сковороду и обжаривайте с обеих сторон примерно по 3-4 минуты, пока ветчина не станет хрустящей, а сыр не расплавится. Следите за тем, чтобы сыр не вытекал.

Обжарьте жареный картофель:

Пока ветчина в мундире жарится, разогрейте на другой сковороде немного оливкового или сливочного масла.

Добавьте в сковороду ломтики картофеля и жарьте на среднем огне около 10-15 минут, периодически поворачивая, до золотисто-коричневого цвета и хрустящей корочки. Следите за тем, чтобы они не слиплись во время жарки.

Подавайте:

Разложите жареный картофель на тарелке.

Положите покрошенную ветчину рядом с жареным картофелем.

При желании украсьте свежим шалфеем.

Подавайте немедленно и наслаждайтесь!

Жареный картофель с шалфеем, сыром и ветчиной в мундире - это вкусный поворот к классическому блюду, в котором идеально сочетаются хрустящий картофель, вкусный сыр и ароматный шалфей. Это пикантное блюдо идеально подходит для вкусного обеда или ужина.

Жареные яйца и жареный картофель

Время приготовления: около 30 минут

Порции: 2-3

Ингредиенты:

4 картофелины среднего размера, предпочтительно восковые

2 столовые ложки масла или сливочного масла

1 луковица, мелко нарезанная (по желанию)

Соль и перец по вкусу

4 яйца

По желанию: свежая зелень для гарнира (например, петрушка или шнитт-лук)

Инструкции:

Подготовьте картофель:

Тщательно вымойте и очистите картофель. Затем нарежьте ровными небольшими кубиками.

Обжарьте картофель:

В большой сковороде разогрейте масло или сливочное масло на среднем огне.

Добавьте нарезанный лук (если используется) и жарьте около 2 минут до полупрозрачности.

Добавьте нарезанный кубиками картофель и равномерно распределите его по сковороде.

Жарьте картофель, периодически поворачивая, до золотисто-коричневого цвета и хрустящей корочки, около 15-20 минут.

Приправьте солью и перцем.

Поджарьте яйца:

Разогрейте немного масла в отдельной сковороде.

Осторожно разбейте яйца в сковороду по одному, стараясь не разбить желтки.

Жарьте яйца на среднем огне, пока белки не схватятся, а края не станут хрустящими. При желании желтки могут остаться слегка жидковатыми.

Приправьте солью и перцем.

Подавайте:

Разложите жареный картофель по тарелкам.

Аккуратно выложите жареные яйца поверх жареного картофеля.

По желанию украсьте свежей зеленью.

Подавайте немедленно и наслаждайтесь!

Сочетание жареных яиц и жареного картофеля - это классическое и сытное блюдо, которое можно подать как на завтрак, так и в качестве вкусного ужина. Хрустящий жареный картофель прекрасно гармонирует с сочными жареными яйцами и обеспечивает вкусное и сытное блюдо.

Филе лосося на гриле со спаржей и лимонно-укропным соусом

Время приготовления: около 30 минут

Порции: 2-3

Ингредиенты:

2 филе лосося (примерно 150-200 г каждое)

500 г свежей зеленой спаржи, деревянные концы удалены

2 столовые ложки оливкового масла

Соль и перец по вкусу

Для лимонно-укропного соуса:

1/2 стакана греческого йогурта

Сок и цедра 1 лимона

1 столовая ложка свежего укропа, измельченного

1 зубчик чеснока, мелко нарезанный (по желанию)

Соль и перец по вкусу

Инструкции:

Подготовьте барбекю:

Разогрейте гриль до средне-высокого жара.

Приготовьте лимонно-укропный соус:

В небольшой миске смешайте греческий йогурт с лимонным соком, лимонной цедрой, рубленым укропом и мелко нарезанным чесноком (если используется).

Приправьте солью и перцем.

Накройте соус и уберите в холодильник до готовности.

Приготовьте лосось и спаржу:

Филе лосося смажьте оливковым маслом и приправьте солью и перцем.

Зеленую спаржу сбрызните небольшим количеством оливкового масла и приправьте солью и перцем.

Приготовьте лосося и спаржу на гриле:

Выложите филе лосося и спаржу на гриль.

Готовьте лосося на гриле примерно 4-6 минут с каждой стороны до готовности и легкой румяной корочки. Точное время приготовления зависит от толщины филе лосося.

Спаржу готовьте на гриле около 6-8 минут, периодически поворачивая, до мягкости и легкого подрумянивания.

Подавайте:

Разделите лосось, приготовленный на гриле, между тарелками.

Рядом с лососем выложите спаржу, приготовленную на гриле.

Полейте лосося и спаржу лимонно-укропным соусом или подавайте отдельно.

При желании украсьте свежим укропом.

Подавайте сразу же и наслаждайтесь!

Этот рецепт приготовления филе лосося на гриле со спаржей и лимонно-укропным соусом - легкий и вкусный способ насладиться весной. Сочетание сочного лосося, нежной спаржи и освежающего лимонно-укропного соуса легко готовится и идеально подходит для приготовления полезного и вкусного основного блюда.

Овощное карри с кокосовым молоком

Время приготовления: около 30 минут

Порции: 4

Ингредиенты:

2 столовые ложки растительного масла (например, кокосового или рапсового)

1 луковица, нарезанная

2 зубчика чеснока, измельчить

1 столовая ложка свежего имбиря, мелко нарезанного или натертого на терке

2-3 столовые ложки пасты карри (в зависимости от желаемой остроты и вкуса)

400 мл несладкого кокосового молока

500 г овощной смеси по вашему выбору (например, морковь, перец, брокколи, горошек, кабачки), нарезанной на кусочки

Соль и перец по вкусу

Свежий кориандр или петрушка для гарнира (по желанию)

Отварной рис или наан (индийская лепешка) для подачи

Инструкции:

Подготовьте овощи:

Вымойте, очистите и нарежьте овощи на кусочки.

Обжарьте лук, чеснок и имбирь:

Разогрейте масло в большой сковороде или кастрюле.

Добавьте нарезанный лук и обжарьте на среднем огне до полупрозрачности.

Добавьте измельченный чеснок и имбирь и жарьте, помешивая, еще 1-2 минуты до появления аромата.

Добавьте пасту карри:

Добавьте в сковороду пасту карри и хорошо перемешайте ее с луком, чесноком и имбирем. Обжаривайте около 1-2 минут, чтобы раскрыть аромат.

Добавьте овощи:

Добавьте подготовленные овощи в сковороду и хорошо перемешайте, чтобы покрыть их пастой карри.

Обжаривайте овощи около 5-7 минут до легкого размягчения.

Добавьте кокосовое молоко:

Влейте несладкое кокосовое молоко к овощам и хорошо перемешайте, чтобы все соединилось.

Уменьшите огонь и тушите карри до готовности овощей и загустения соуса, около 10-15 минут.

Подавайте:

Приправьте овощное карри солью и перцем по вкусу.

По желанию украсьте свежей кинзой или петрушкой.

Подавайте овощное карри горячим с вареным рисом или с хлебом наан.

Это овощное карри с кокосовым молоком - вкусное и питательное блюдо, которое легко и быстро готовится. Оно веганское, не содержит глютена и насыщено ароматами специй и кокосового молока. Подавайте его в качестве основного блюда на здоровый ужин или как гарнир к другим индийским блюдам.

Фаршированные перцы с киноа и овощами

Время приготовления: около 60 минут

Порции: 4

Ингредиенты:

4 больших перца (предпочтительно красных или желтых для большего цвета)

1 чашка киноа

2 чашки овощного бульона или воды

1 луковица, нарезанная

2 зубчика чеснока, измельчить

1 морковь, нарезанная кубиками

1 кабачок, нарезанный кубиками

1 красный перец, нарезанный кубиками

1 банка нарезанных помидоров (около 400 г)

1 чайная ложка молотого кумина

1 чайная ложка порошка паприки

Соль и перец по вкусу

1/2 чашки тертого сыра (по желанию)

Свежая петрушка или кинза для гарнира

Инструкции:

Подготовьте перцы:

Разогрейте духовку до 180°C.

Разрежьте перцы пополам, удалите семена и белые мембраны.

Выложите половинки перца в форму для духовки или на противень и отложите в сторону.

Приготовьте киноа:

Тщательно промойте киноа под холодной водой, чтобы удалить горький привкус.

Доведите овощной бульон или воду до кипения в кастрюле.

Добавьте промытое киноа, доведите до кипения, уменьшите огонь, накройте крышкой и варите примерно 15-20 минут, пока жидкость не впитается и киноа не станет мягкой.

Снимите сковороду с огня, взбейте киноа вилкой и отложите в сторону.

Приготовьте овощи:

Разогрейте в сковороде немного масла и обжарьте нарезанный лук и чеснок до появления аромата.

Добавьте нарезанные кубиками морковь, кабачки и красный перец и жарьте около 5-7 минут, пока овощи не станут мягкими.

Приготовьте начинку:

Добавьте готовую киноа в сковороду с обжаренными овощами.

Добавьте нарезанные помидоры, молотый кумин и порошок паприки и хорошо перемешайте.

Приправьте по вкусу солью и перцем.

Нафаршируйте и запеките перцы:

Равномерно нафаршируйте квиноа и овощной смесью подготовленные половинки перца.

По желанию посыпьте фаршированные перцы тертым сыром.

Поместите фаршированные половинки перцев в предварительно разогретую духовку и запекайте примерно 25-30 минут, пока перцы не станут мягкими, а сыр не расплавится.

Подавайте:

Разложите фаршированные перцы на тарелке.

Украсьте свежей петрушкой или кинзой.

Подавайте с дипом или соусом по вкусу.

Подавайте сразу же и наслаждайтесь!

Эти фаршированные перцы с киноа и овощами - вкусное и питательное блюдо, вегетарианское, без глютена и с богатым вкусом. Они идеально подходят в качестве основного блюда для здорового ужина или гарнира к другим блюдам.

Курица-гриль с овощами

Время приготовления: около 40 минут

Порции: 2-3

Ингредиенты:

Для курицы:

2 филе куриной грудки

2 столовые ложки оливкового масла

1 чайная ложка порошка паприки

1 чайная ложка чесночного порошка

Соль и перец по вкусу

Для овощей:

2 перца, нарезать полосками

1 кабачок, нарезать ломтиками

1 баклажан, порезанный кубиками

1 красный лук, нарезанный клиньями

2 столовые ложки оливкового масла

1 чайная ложка сушеного орегано

1 чайная ложка сушеного тимьяна

Соль и перец по вкусу

Инструкции:

Подготовьте барбекю:

Разогрейте гриль до средне-высокого жара.

Подготовьте курицу:

Высушите филе куриной грудки бумажным полотенцем.

В миске смешайте оливковое масло, порошок паприки, чесночный порошок, соль и перец.

Обмажьте филе куриной грудки маринадом и отложите в сторону, чтобы оно впитало в себя ароматы.

Подготовьте овощи:

Выложите нарезанные овощи на противень.

Полейте овощи оливковым маслом и хорошо перемешайте, чтобы овощи равномерно покрылись маслом.

Посыпьте овощи сушеным орегано, тимьяном, солью и перцем и снова перемешайте, чтобы равномерно распределить специи.

Приготовьте курицу на гриле:

Выложите замаринованные куриные грудки на предварительно разогретый гриль.

Жарьте куриные грудки на гриле около 6-8 минут с каждой стороны, пока они не прожарятся до конца и на них не появится красивый след от гриля. Точное время приготовления зависит от толщины филе куриной грудки.

Запеките овощи:

Поместите противень с подготовленными овощами в духовку, предварительно разогретую до 200°С.

Запекайте овощи около 20-25 минут, периодически поворачивая, до мягкости и легкого подрумянивания.

Подавайте:

Разложите курицу-гриль и запеченные овощи по тарелкам.

По желанию украсьте свежей зеленью, например петрушкой или шнитт-луком.

Подавайте сразу же и наслаждайтесь!

Этот рецепт курицы-гриль с запеченными овощами - вкусное и полезное блюдо, которое легко приготовить и которое можно подавать как основное блюдо или как гарнир к другим блюдам. Он предлагает восхитительное сочетание сочной курицы и ароматных запеченных овощей, которое идеально подходит для любого случая.

Запеченный лосось со шпинатом на пару

Время приготовления: около 30 минут

Порции: 2

Ингредиенты:

Для запеченного лосося:

2 филе лосося (примерно 150-200 г каждое)

2 столовые ложки оливкового масла

1 чайная ложка лимонного сока

Соль и перец по вкусу

По желанию: свежая зелень, например, укроп или петрушка, для гарнира.

Для приготовления шпината на пару:

500 г свежего шпината, промытого и грубо нарезанного

2 зубчика чеснока, мелко нарезанные

1 столовая ложка оливкового масла

Соль и перец по вкусу

По желанию: щепотка мускатного ореха для аромата

Инструкции:

Подготовьте духовку:

Разогрейте духовку до 180°C.

Подготовьте лосося:

Промокните филе лосося бумажным полотенцем и выложите на противень, застеленный бумагой для выпечки.

Сбрызните оливковым маслом и лимонным соком и равномерно распределите по филе лосося.

Приправьте солью и перцем.

Запеките лосося:

Поместите филе лосося в предварительно разогретую духовку и запекайте около 15-20 минут, пока лосось не будет готов и не станет легко разделяться вилкой. Точное время приготовления зависит от толщины филе лосося.

Приготовьте шпинат на пару:

В большой сковороде разогрейте оливковое масло на среднем огне.

Добавьте измельченный чеснок и жарьте около 1 минуты до появления аромата.

Добавьте в сковороду промытый и нарезанный шпинат. В зависимости от размера сковороды, возможно, вам придется добавлять шпинат партиями и ждать, пока он развалится.

Обжаривайте шпинат, периодически помешивая, пока он не развалится и не станет слегка подвяленным.

Приправьте солью, перцем и щепоткой мускатного ореха по вкусу.

Подавайте:

Разделите запеченного лосося по тарелкам и выложите рядом с ним приготовленный на пару шпинат.

Гарнируйте свежей зеленью, например укропом или петрушкой, по желанию.

Подавайте сразу же и наслаждайтесь!

Этот рецепт запеченного лосося со шпинатом на пару - полезное и вкусное блюдо, которое легко приготовить. Нежный лосось прекрасно гармонирует со свежим шпинатом и терпким ароматом чеснока. Это идеальное основное блюдо для легкого, но сытного ужина.

Вегетарианский овощной микс-фрай с тофу

Время приготовления: около 30 минут

Порции: 2-3

Ингредиенты:

200 г твердого тофу, порезанного на кубики

2 столовые ложки соевого соуса

2 столовые ложки оливкового или кунжутного масла

1 луковица, тонко нарезанная

2 зубчика чеснока, мелко нарезанных

1 перец, нарезанный полосками

1 морковь, тонко нарезанная

1 небольшой кабачок, нарезанный ломтиками

100 г шампиньонов, нарезанных ломтиками

2 чашки шпината или мангольда, грубо нарезанные

2 ст. ложки соевого соуса

1 столовая ложка рисового уксуса или яблочного уксуса

1 чайная ложка меда или кленового сиропа (по желанию)

Соль и перец по вкусу

Весенний лук или свежий кориандр для гарнира (по желанию)

Отварной рис или лапша для подачи

Инструкции:

Замаринуйте тофу:

Положите кубики тофу в миску и замаринуйте их в 2 столовых ложках соевого соуса. Оставьте мариноваться не менее чем на 10 минут.

Обжарьте тофу:

Разогрейте 1 столовую ложку масла в большой сковороде.

Добавьте маринованные кубики тофу и обжарьте со всех сторон до золотисто-коричневого цвета. Затем снимите со сковороды и отложите в сторону.

Обжарьте овощи:

Разогрейте 1 столовую ложку масла в той же сковороде.

Добавьте нарезанный лук и измельченный чеснок и обжаривайте около 2 минут до появления аромата.

Добавьте полоски перца, кусочки моркови, кабачки и грибы. Жарьте около 5-7 минут, периодически помешивая, пока овощи слегка не подрумянятся и не начнут размягчаться.

Добавьте тофу и шпинат:

Верните подрумяненный тофу в сковороду.

Добавьте нарезанный шпинат или мангольд и перемешайте до легкого подвяливания.

Приправьте сковороду с овощами:

Полейте овощи оставшимися 2 столовыми ложками соевого соуса и уксуса.

По желанию добавьте мед или кленовый сироп, чтобы подсластить соус.

Приправьте по вкусу солью и перцем и хорошо перемешайте.

Подавайте:

Подавайте вегетарианский овощной микс-фрай с тофу на тарелках.

По желанию украсьте весенним луком или свежей кинзой.

Подавайте с вареным рисом или лапшой.

Подавайте сразу и наслаждайтесь!

Это вегетарианское овощное ассорти с тофу - здоровое и вкусное блюдо, насыщенное вкусом и питательными веществами. В нем присутствуют разнообразные овощи и белок тофу, который прекрасно сочетается с ароматным соевым соусом. Это простое и универсальное блюдо, которое можно разнообразить в зависимости от того, какие овощи вы предпочитаете или какие есть под рукой.

Кабачки с сыром фета, картофелем и базиликом в оливковом масле

Время приготовления: около 45 минут

Порции: 2-3

Ингредиенты:

2 средних кабачка

2 больших картофеля

100 г сыра фета

2 зубчика чеснока, мелко нарезанные

Листья свежего базилика, грубо нарезанные

3 столовые ложки оливкового масла

Соль и перец по вкусу

Инструкции:

Подготовьте ингредиенты:

Вымойте кабачки и нарежьте тонкими ломтиками.

Очистите картофель и нарежьте тонкими ломтиками.

Сыр фета нарежьте небольшими кубиками.

Мелко нарежьте чеснок.

Листья базилика мелко нарежьте.

Обжарьте ингредиенты:

Разогрейте 2 столовые ложки оливкового масла в большой сковороде на среднем огне.

Добавьте измельченный чеснок и недолго обжаривайте до появления аромата.

Добавьте в сковороду ломтики картофеля и жарьте около 10 минут, периодически помешивая, до золотисто-коричневого цвета и хрустящей корочки. При необходимости добавьте еще оливкового масла, если картофель станет сухим.

Добавьте кабачки:

Добавьте ломтики кабачков в сковороду с картофелем и жарьте еще 5-7 минут до мягкости и легкого подрумянивания. Периодически помешивайте.

Приправьте по вкусу:

Приправьте жареные кабачки и картофель солью и перцем.

Посыпьте овощи рубленым базиликом и хорошо перемешайте.

Добавьте сыр фета:

Посыпьте кубики сыра фета на обжаренные овощи.

Снимите сковороду с огня и дайте сыру фета слегка расплавиться.

Подавайте:

Разложите кабачки с сыром фета, картофелем, чесноком и базиликом в оливковом масле по тарелкам.

По желанию украсьте блюдо рубленым базиликом.

Подавайте сразу же и наслаждайтесь!

Это восхитительное сочетание кабачков, картофеля, сыра фета, чеснока и базилика в оливковом масле - замечательное блюдо, которое можно подавать как в качестве основного блюда, так и гарнира. Вкус свежих ингредиентов и терпкий сыр фета в сочетании создают незабываемое кулинарное впечатление.

Паста в сливочном соусе с рубленым миндалем

Время приготовления: около 20 минут

Порции: 2-3

Ингредиенты:

250 г макаронных изделий (например, лингвини, спагетти, пенне)

1 столовая ложка оливкового или сливочного масла

2 зубчика чеснока, мелко нарезанных

200 мл сливок

50 г рубленого миндаля

Соль и перец по вкусу

Свежая петрушка или базилик для гарнира (по желанию)

Тертый сыр пармезан для подачи (по желанию)

Инструкции:

Отварите пасту:

Доведите воду до кипения в большой кастрюле и щедро посолите.

Отварите пасту в соответствии с инструкцией на упаковке до состояния "аль денте". Слейте воду и отложите в сторону, сохранив немного воды для варки.

Приготовьте сливочный соус:

Разогрейте оливковое или сливочное масло в большой сковороде на среднем огне.

Добавьте мелко нарезанный чеснок и обжаривайте около 1 минуты до появления аромата.

Влейте в сковороду сливки и доведите до кипения. Уменьшите огонь и варите сливки около 2-3 минут, пока они слегка не загустеют.

Добавьте рубленый миндаль:

Добавьте измельченный миндаль в сливочный соус и хорошо перемешайте.

Приправьте соус солью и перцем.

Соедините пасту со сливочным соусом:

Добавьте готовую пасту в сковороду со сливочным соусом и аккуратно перемешайте, пока паста полностью не покроется соусом.

Если соус слишком густой, добавьте немного воды из-под макарон, чтобы добиться желаемой консистенции.

Подавайте:

Подавайте пасту в сливочном соусе с рубленым миндалем на тарелках.

По желанию украсьте свежей петрушкой или базиликом.

Посыпьте тертым пармезаном, если хотите.

Подавайте сразу же и наслаждайтесь!

Эта сливочная, но простая в приготовлении паста со сливочным соусом и рубленым миндалем - вкусное блюдо, которое готовится быстро и сытно. Чесночная нотка придает соусу дополнительную глубину вкуса, а рубленый миндаль - прекрасную текстуру и ореховый привкус. Это отличный вариант для быстрого ужина на неделе или для особого случая.

Картофель в мундире с рикоттой и шнитт-луком в оливковом масле

Время приготовления: около 30 минут

Порции: 2-3

Ингредиенты:

500 г мелкого воскового картофеля (например, тройки)

200 г кварка

2-3 столовые ложки оливкового масла

2-3 столовые ложки рубленого свежего шнитт-лука

Соль и перец по вкусу

Инструкции:

Отварите картофель:

Тщательно вымойте картофель и залейте его подсоленной водой в кастрюле.

Доведите картофель до кипения и уменьшите огонь. Варите картофель, пока он не станет мягким. Точное время приготовления зависит от размера картофеля, но обычно это занимает около 20-25 минут.

Приготовьте кварк:

Пока картофель варится, положите кварк в миску.

Добавьте оливковое масло и хорошо перемешайте до однородности.

Подготовьте шнитт-лук:

Вымойте свежий шнитт-лук, высушите и мелко нарежьте.

Слейте воду с картофеля и подавайте:

Когда картофель станет мягким, слейте воду и выложите картофель на сервировочное блюдо.

Подавайте:

Подавайте горячий картофель в мундире с готовым кварком.

Посыпьте кварк рубленым шнитт-луком.

При желании сбрызните оливковым маслом.

Приправьте солью и перцем по вкусу.

Подавайте сразу же и наслаждайтесь!

Этот картофель в мундире с рикоттой и шнитт-луком в оливковом масле - вкусное и простое в приготовлении блюдо, которое идеально подходит для легкого обеда или ужина. Сочетание сливочной рикотты, свежего шнитт-лука и высококачественного оливкового масла придает картофелю удивительную глубину вкуса. Это простое блюдо, которое, тем не менее, невероятно сытное и идеально подходит для быстрого обеда в середине недели.

Китайское блюдо в воке

Время приготовления: около 30 минут

Порции: 2-3

Ингредиенты:

250 г постного мяса (курица, говядина, свинина или креветки), нарезанного тонкими полосками или кубиками

2-3 чашки нарезанных овощей (например, перец, брокколи, морковь, мангольд, грибы, лук)

3 зубчика чеснока, мелко нарезанных

1 кусочек имбиря (около 2 см), очищенный и мелко нарезанный

2-3 весенних лука, нарезанных

2-3 ст. ложки соевого соуса

1 столовая ложка устричного соуса (по желанию)

1 столовая ложка кунжутного масла

2 столовые ложки растительного масла для жарки

Соль и перец по вкусу

По желанию: хлопья чили или свежие чили для дополнительной остроты

Готовый рис или лапша для подачи

Инструкции:

Подготовьте ингредиенты:

Нарежьте мясо тонкими полосками или кубиками.

Подготовьте овощи, вымыв, очистив и нарезав их кусочками.

Мелко нарежьте чеснок и имбирь.

Нарежьте весенний лук.

Разогрейте вок:

Разогрейте вок или большую сковороду на сильном огне.

Добавьте растительное масло и убедитесь, что вок хорошо разогрет, прежде чем начать готовить.

Обжарьте мясо:

Добавьте мясо в горячий вок и быстро обжарьте, помешивая, до готовности. Обычно это занимает всего 2-3 минуты, в зависимости от толщины мяса.

Выньте мясо из вока и отложите в сторону.

Обжарьте овощи:

При необходимости добавьте в вок еще немного масла и добавьте измельченный чеснок и имбирь. Недолго обжарьте до появления аромата.

Добавьте нарезанные овощи и жарьте, помешивая, около 3-5 минут до хрустящей корочки.

Соедините и приправьте:

Верните обжаренное мясо в вок и перемешайте с овощами.

Добавьте соевый соус, устричный соус (если используется) и кунжутное масло. Приправьте солью, перцем и хлопьями чили по вкусу.

Хорошо перемешайте все и тушите около 1-2 минут, чтобы ароматы смешались и блюдо дошло до готовности.

Подавайте:

Подавайте китайское блюдо в воке горячим поверх вареного риса или лапши.

По желанию гарнируйте весенним луком или кунжутом.

Подавайте сразу же и наслаждайтесь!

В этом рецепте представлены основы китайского стрим-фрай, который можно разнообразить в зависимости от того, какие ингредиенты вы предпочитаете или какие у вас есть под рукой. Это быстрый, вкусный и полезный вариант домашнего ужина, насыщенного ароматами и свежими ингредиентами.

Баранина с зеленой фасолью и картофелем

Время приготовления: около 60 минут

Порции: 4

Ингредиенты:

500 г баранины (например, из плеча или ноги), нарезанной кубиками

500 г стручковой фасоли, отрезать концы и разрезать пополам

500 г картофеля, очищенного и нарезанного мелкими кубиками

1 луковица, мелко нарезанная

3 зубчика чеснока, мелко нарезанных

2 помидора, нарезать

2 столовые ложки томатного пюре

2 столовые ложки оливкового масла

1 чайная ложка молотого кумина

1 чайная ложка молотой куркумы

1 чайная ложка молотой паприки

Инструкции:

Подготовьте ингредиенты:

Приправьте баранину солью, перцем, молотым кумином, куркумой и паприкой и отложите в сторону.

Очистите картофель и нарежьте небольшими кубиками.

Вымойте стручковую фасоль, отрежьте концы и разрежьте пополам.

Мелко нарежьте лук и чеснок.

Нарежьте помидоры.

Обжарьте баранину:

Разогрейте оливковое масло в большой кастрюле или сковороде.

Добавьте нарезанный лук и чеснок и обжарьте до появления аромата.

Добавьте приправленную баранину и жарьте, постоянно помешивая, до румяной корочки.

Добавьте помидоры и томатное пюре:

Добавьте нарезанные помидоры и томатное пюре к обжаренной баранине. Хорошо перемешайте и тушите несколько минут, пока помидоры не станут мягкими и не смешаются вкусы.

Добавьте картофель и воду:

Добавьте в кастрюлю нарезанный картофель и залейте водой, чтобы она покрыла все. Около 1-2 чашек воды должно быть достаточно.

Накройте кастрюлю и варите на среднем огне, пока картофель не сварится наполовину, около 15-20 минут.

Добавьте стручковую фасоль:

Добавьте в кастрюлю разрезанную пополам стручковую фасоль и продолжайте варить, пока она не станет мягкой, а картофель не приготовится до конца, около 10-15 минут.

Подавайте:

Приправьте блюдо солью и перцем по вкусу.

Подавайте горячим и наслаждайтесь!

Это блюдо из баранины с зеленой фасолью и картофелем - сытное, вкусное и идеально подходит для согревающего ужина. В нем нежная баранина сочетается со свежими овощами и ароматными специями, создавая вкусное блюдо, которое порадует семью и друзей.

Южноамериканский полуночный суп

Время приготовления: около 45 минут

Порции: 4

Ингредиенты:

2 столовые ложки оливкового масла

1 луковица, нарезанная

2 зубчика чеснока, мелко нарезанных

1 красный перец, нарезанный кубиками

1 зеленый перец, нарезанный кубиками

2 моркови, нарезанные ломтиками

2 картофелины, нарезанные кубиками

1 банка (400 г) нарезанных помидоров

1 литр овощного бульона

1 банка (400 г) черной фасоли, слитой и промытой

1 банка (400 г) сладкого корна, слить воду

1 чайная ложка молотого кумина

1 чайная ложка молотой паприки

Соль и перец по вкусу

Сок одного лайма

Свежий кориандр или петрушка для гарнира

По желанию: авокадо, нарезанный ломтиками, сметана или тертый сыр для подачи.

Инструкции:

Приготовление супа:

В большой кастрюле разогрейте оливковое масло на среднем огне.

Добавьте нарезанный лук и измельченный чеснок и жарьте, периодически помешивая, до размягчения и появления аромата, около 3-4 минут.

Добавьте овощи:

Добавьте в кастрюлю нарезанные кубиками красный и зеленый перец, морковь и ломтики картофеля. Жарьте еще 5 минут, периодически помешивая, до легкого подрумянивания овощей.

Добавьте помидоры и бульон:

Добавьте в кастрюлю нарезанные помидоры, включая сок, и перемешайте с овощами.

Добавьте овощной бульон и доведите суп до кипения.

Добавьте фасоль и сладкий корн:

Добавьте в суп осушенную и промытую черную фасоль и осушенную кукурузу и перемешайте.

Добавьте молотый кумин и паприку и слегка приправьте суп солью и перцем.

Готовьте и приправляйте по вкусу:

Варите суп около 20-25 минут, пока овощи не станут мягкими, а вкусы не смешаются.

Приправьте суп по вкусу.

Выдавите сок одного лайма на суп и хорошо перемешайте.

Подавайте:

Подавайте суп "Южноамериканская полночь" в суповых мисках.

По желанию украсьте свежим кориандром или петрушкой.

Подавайте горячим и наслаждайтесь!

Южноамериканский полуночный суп, также известный как "Sopa de Medianoche", - это сытное и согревающее блюдо, которое идеально подходит для холодных ночей.

Кёнигсбергерские фрикадельки

Время приготовления: около 60 минут

Порции: 4

Ингредиенты:

Для фрикаделек:

500 г смешанного фарша (говядина и свинина)

1 луковица, мелко нарезанная

1 яйцо

3 столовые ложки панировочных сухарей

Соль и перец по вкусу

1/2 чайной ложки молотого мускатного ореха

1 столовая ложка рубленой петрушки

1 столовая ложка горчицы

Для соуса:

1 литр овощного бульона2 Lorbeerblätter

6 горошин перца

2 столовые ложки сливочного масла

2 столовые ложки муки

200 мл сливок

сок половины лимона

Соль и перец по вкусу

Для каперсового соуса:

50 г каперсов

1 столовая ложка сливочного масла

1 столовая ложка муки

Инструкции:

Приготовьте фрикадельки:

В миске смешайте фарш с мелко нарезанным луком, яйцом, панировочными сухарями, солью, перцем, мускатным орехом, рубленой петрушкой и горчицей.

Хорошо вымесите смесь, чтобы все ингредиенты равномерно распределились.

Отделяйте небольшие порции фарша и формируйте из них фрикадельки. Они должны быть размером с мяч для гольфа.

Приготовьте фрикадельки:

В большой кастрюле доведите до кипения овощной бульон.

Добавьте лавровые листья и перец горошком.

Осторожно положите фрикадельки в кипящий бульон и медленно варите на среднем огне около 15-20 минут, пока они не будут готовы. Фрикадельки будут готовы, когда они станут твердыми и проваренными насквозь.

Приготовьте соус:

Растопите сливочное масло в отдельной кастрюле.

Добавьте муку и обжаривайте в течение 2-3 минут, постоянно помешивая, до золотисто-коричневого цвета (это образует так называемый "рукс").

Медленно добавьте овощной бульон, постоянно помешивая, чтобы получить гладкий соус.

Добавьте сливки и варите соус около 10 минут, пока он слегка не загустеет.

Приправьте солью, перцем и лимонным соком.

Приготовьте соус из каперсов (по желанию):

Слейте воду с каперсов.

Растопите сливочное масло в небольшой кастрюле и добавьте муку, чтобы получилась румяная масса.

Медленно добавьте овощной бульон, постоянно помешивая, до получения гладкого соуса.

Добавьте слитые каперсы и варите соус около 5 минут.

Подавайте:

Разложите Königsberger Klopse на подогретые тарелки и полейте их соусом.

Подавайте с картофелем или картофельным пюре по желанию.

По желанию полейте тефтели соусом из каперсов.

Подавайте горячими и наслаждайтесь!

Кенигсбергерские фрикадельки - это классическое немецкое блюдо, которое идеально подходит для сытного и сытного ужина. Сочетание нежных фрикаделек и сливочного соуса с нотками лимона просто восхитительно.

Суп из курицы и овощей

Время приготовления: около 60 минут

Порции: 4-6

Ингредиенты:

500 г куриной грудки или куриных бедер, без кожи

2 литра куриного бульона

2 моркови, очищенные и нарезанные

2 стебля сельдерея, нарезанные

1 луковица, нарезанная

2 зубчика чеснока, мелко нарезанных

1 чашка зеленой фасоли, порезанной на кусочки

1 чашка кукурузных зерен (свежих, замороженных или консервированных)

1 чашка горошка (свежего или замороженного)

2 картофелины, очищенные и порезанные на кубики

1 чайная ложка сушеных листьев тимьяна

1 чайная ложка сушеного орегано

1 лавровый лист

Соль и перец по вкусу

Свежая петрушка или шнитт-лук для гарнира (по желанию)

Инструкции:

Приготовьте куриный бульон:

Поместите куриную грудку или куриные бедра в большую кастрюлю с куриным бульоном.

Доведите до кипения, а затем уменьшите огонь, чтобы бульон слегка кипел.

Варите около 30-40 минут, пока курица не прожарится и не станет легко разминаться вилкой.

Измельчите куриное мясо:

Выньте вареную курицу из бульона и измельчите на разделочной доске двумя вилками или нарежьте кусочками.

Отложите измельченную курицу в сторону.

Подготовьте овощи:

Тем временем подготовьте овощи: Очистите и нарежьте морковь, нарежьте сельдерей, мелко нарежьте лук и чеснок, нарежьте стручковую фасоль и нарежьте картофель кубиками.

Добавьте овощи:

Добавьте подготовленные овощи (морковь, сельдерей, лук, чеснок, стручковую фасоль, сладкий корн, горошек и картофель) в бульон.

Добавьте сушеные листья тимьяна и орегано, а также лавровый лист.

Приправьте суп солью и перцем.

Готовьте:

Варите суп на среднем огне, пока овощи не станут мягкими, около 15-20 минут.

Добавьте в суп измельченную курицу и прогрейте еще несколько минут.

Подавайте:

Перед подачей удалите лавровый лист.

Подавайте куриный суп с овощами в суповых мисках.

По желанию украсьте свежей петрушкой или шнитт-луком.

Подавайте горячим и наслаждайтесь!

Этот суп из курицы и овощей не только вкусный и согревающий, но и насыщен полезными овощами и богатой белком курицей. Это идеальное блюдо для холодных дней или когда вам просто хочется чего-то пикантного.

Паста со сливочным соусом и грибами

Время приготовления: около 30 минут

Порции: 4

Ингредиенты:

350 г макарон (например, спагетти, пенне или феттуччине)

300 г шампиньонов, нарезанных ломтиками

2 зубчика чеснока, мелко нарезанные

1 луковица, мелко нарезанная

2 ст. л. сливочного или оливкового масла

250 мл сливок

100 мл овощного бульона

50 г тертого пармезана или пекорино

Соль и перец по вкусу

Свежая петрушка или шнитт-лук для гарнира (по желанию)

Инструкции:

Приготовьте пасту:

Доведите до кипения большую кастрюлю подсоленной воды.

Отварите пасту в соответствии с инструкциями на упаковке до состояния "аль денте".

Когда паста сварится, слейте воду, но сохраните около чашки воды для варки.

Подготовьте грибы:

Разогрейте 1 столовую ложку сливочного или оливкового масла в сковороде на среднем огне.

Добавьте нарезанный лук и измельченный чеснок и обжаривайте в течение нескольких минут до мягкости и аромата.

Добавьте ломтики грибов и продолжайте жарить до легкого подрумянивания и выпаривания жидкости. Это займет около 5-7 минут.

Отложите жареные грибы в сторону.

Приготовьте сливочный соус:

Нагрейте оставшееся сливочное или оливковое масло в той же сковороде.

Добавьте овощной бульон и сливки и доведите до кипения.

Добавьте тертый пармезан и хорошо перемешивайте, пока он не растает и соус не загустеет.

Приправьте солью и перцем.

Смешайте пасту с соусом:

Добавьте готовую пасту в сковороду со сливочным соусом и хорошо перемешайте, чтобы паста равномерно покрылась соусом.

При необходимости добавьте немного воды из-под макарон, чтобы разбавить и эмульгировать соус.

Подавайте:

Разложите пасту со сливочно-грибным соусом по тарелкам.

Разложите обжаренные ломтики грибов поверх пасты.

По желанию украсьте свежей петрушкой или шнитт-луком.

Подавайте горячими и наслаждайтесь!

Эта паста со сливочно-грибным соусом - вкусное и сытное блюдо, которое легко приготовить и которое обязательно понравится всем. Оно идеально подходит для быстрого ужина на неделе или для особых случаев, когда хочется подать что-то вкусное.

Жареный картофель с лисичками и тимьяном

Время приготовления: около 30 минут

Порции: 2

Ингредиенты:

500 г воскового картофеля

200 г свежих лисичек

2 столовые ложки оливкового или сливочного масла

2 зубчика чеснока, мелко нарезанных

Несколько веточек свежего тимьяна

Соль и перец по вкусу

По желанию: рубленая петрушка для гарнира

Инструкции:

Подготовьте картофель:

Тщательно вымойте и очистите картофель. Затем нарежьте ломтиками толщиной около 1 см.

Обжарьте картофель:

В большой сковороде разогрейте оливковое или сливочное масло на среднем огне.

Выложите ломтики картофеля на сковороду и равномерно распределите их так, чтобы они образовали один слой.

Жарьте картофель, периодически поворачивая, до золотисто-коричневого цвета и хрустящей корочки, что может занять около 15-20 минут. Следите за тем, чтобы они не стали слишком темными.

Подготовьте лисички:

Тем временем тщательно вымойте лисички кухонным полотенцем. Крупные экземпляры разрежьте пополам или на четвертинки.

Добавьте чеснок и лисички:

Добавьте мелко нарезанный чеснок в сковороду с жареным картофелем и жарьте около 1 минуты до появления аромата.

Добавьте в сковороду подготовленные лисички и жарьте еще 5-7 минут, периодически помешивая, пока они не станут мягкими и не начнут выделять жидкость.

Приправьте по вкусу и украсьте гарниром:

Приправьте жареный картофель и лисички солью и перцем.

Оторвите от стеблей свежие листья тимьяна и посыпьте ими жареный картофель и лисички.

При желании гарнируйте рубленой петрушкой.

Подавайте:

Разложите жареный картофель с лисичками и тимьяном по тарелкам и подавайте сразу же, пока он еще теплый.

Жареный картофель с лисичками и тимьяном - это вкусный гарнир или легкое основное блюдо, которое быстро готовится и обладает полным вкусом свежих ингредиентов. Они идеально подходят для уютного домашнего ужина или в качестве гарнира к мясу или рыбе, приготовленным на гриле.

Квашеная капуста с беконом и картофелем

Время приготовления: около 45 минут

Порции: 4

Ингредиенты:

500 г вощеного картофеля

200 г бекона, нарезанного кубиками

500 г квашеной капусты (из банки или консервной банки)

1 луковица, нарезанная

2 столовые ложки сливочного масла или сала

Соль и перец по вкусу

По желанию: семена тмина, лавровый лист, кусочки яблок для аромата

Инструкции:

Подготовьте картофель:

Очистите картофель и нарежьте ломтиками толщиной около 1 см.

Обжарьте бекон:

В большой сковороде обжарьте нарезанный кубиками бекон без добавления дополнительного жира на среднем огне, пока он не станет хрустящим и не выделит жир.

Снимите хрустящий бекон со сковороды, выложите на тарелку с кухонной бумагой и отложите в сторону.

Обжарьте лук и добавьте квашеную капусту:

В той же сковороде обжарьте нарезанный лук в небольшом количестве масла или сала до полупрозрачности.

Добавьте квашеную капусту и готовьте на среднем огне около 10-15 минут, периодически помешивая. В результате она станет мягче и приобретет характерный аромат.

Обжарьте картофель:

Пока квашеная капуста готовится, разогрейте оставшееся сливочное масло или сало на отдельной сковороде.

Добавьте в сковороду ломтики картофеля и обжарьте, периодически поворачивая, до золотисто-коричневого цвета и хрустящей корочки.

Соедините и приправьте:

Когда картофель станет хрустящим, верните в сковороду хрустящий бекон и недолго обжарьте его вместе с картофелем, чтобы разогреть бекон.

Добавьте обжаренную квашеную капусту в сковороду с картофелем и беконом и все хорошо перемешайте.

Приправьте по вкусу солью, перцем и другими специями, например, семенами тмина или лавровым листом. Можно также добавить несколько кусочков яблока, чтобы сбалансировать кислотность квашеной капусты.

Подавайте:

Разложите смесь из квашеной капусты, картофеля и бекона по тарелкам и подавайте горячей. Это пикантное блюдо хорошо сочетается с бокалом пива или белого вина. Наслаждайтесь этим деревенским блюдом из квашеной капусты, бекона и картофеля, которое идеально подходит для холодных дней и может окутать вас своим сытным вкусом и теплом.

Белокочанная капуста по-индийски

Время приготовления: около 30 минут

Порции: 4

Ингредиенты:

1 небольшой кочан белокочанной капусты (около 600-800 г)

2 столовые ложки кокосового или нейтрального растительного масла

2 чайные ложки молотой куркумы (куркумин)

1 чайная ложка молотого кумина

1/2 чайной ложки молотого кориандра

1/2 чайной ложки молотого имбиря

1-2 перца чили, мелко нарезанных (в зависимости от желаемой остроты)

50 г тертого кокосового ореха

Соль по вкусу

Свежемолотый черный перец по вкусу

Свежий кориандр или петрушка для гарнира (по желанию)

Дольки лайма для подачи

Инструкции:

Подготовьте белокочанную капусту:

Белокочанную капусту нашинкуйте, вырежьте плодоножку и нарежьте тонкими полосками. Тщательно промойте капусту и слейте воду.

Обжарьте белокочанную капусту:

В большой сковороде или воке разогрейте кокосовое масло на среднем огне.

Добавьте измельченный перец чили и обжарьте до появления аромата.

Добавьте подготовленную белокочанную капусту и жарьте около 5-7 минут, периодически помешивая, до легкого подрумянивания и размягчения.

Добавьте специи и тертый кокос:

Посыпьте белокочанную капусту молотой куркумой, кумином, кориандром и имбирем и хорошо перемешайте, чтобы равномерно распределить специи.

Добавьте кокосовые хлопья и жарьте еще 2-3 минуты, пока они слегка не поджарятся и не отдадут свой аромат.

Подавайте:

Приправьте капустную смесь солью и свежемолотым черным перцем по вкусу.

По желанию гарнируйте свежей кинзой или петрушкой.

Подавайте с дольками лайма для усиления вкуса.

Подавайте смесь из белокочанной капусты в горячем виде как гарнир к мясу, рыбе или вегетарианским блюдам, приготовленным на гриле.

Ее также можно подавать с рисом или использовать в качестве начинки для обертывания (заворачивания в слоеный хлеб).

Эта смесь из белокочанной капусты с куркумой, тертым кокосом и перцем чили не только вкусна, но и полезна для здоровья и насыщена ароматом. Он идеально подходит в качестве гарнира или основного блюда, а также является способом приготовить капусту новым и привлекательным способом.

Рис с авокадо, почечной фасолью и крем-фруашем

Время приготовления: около 30 минут

Порции: 4

Ингредиенты:

1 чашка длиннозерного риса

2 авокадо, очищенных от кожуры, косточек и нарезанных ломтиками

1 банка почечной фасоли, осушенной и промытой

1/2 чашки крем-фруаша

1 лимон, сок

2 зубчика чеснока, измельчить

2 столовые ложки оливкового масла

Соль и перец по вкусу

Свежая петрушка или кинза для гарнира (по желанию)

Инструкции:

Приготовьте рис:

Отварите длиннозерный рис в соответствии с инструкциями на упаковке до готовности. Готовый рис отложите в сторону.

Подготовьте авокадо:

Разрежьте авокадо пополам, удалите косточку и аккуратно выньте мякоть ложкой. Нарежьте ломтиками и сбрызните лимонным соком, чтобы предотвратить подрумянивание.

Приготовьте почечную фасоль:

Поместите осушенную и промытую почечную фасоль в миску.

Приготовьте соус из крем-фреш:

В небольшой миске смешайте крем-фруаше с соком половины лимона. Приправьте солью и перцем.

Обжарьте чеснок:

Разогрейте оливковое масло в сковороде и добавьте измельченный чеснок. Обжаривайте на среднем огне, пока чеснок не станет ароматным, но не коричневым.

Сборка блюда:

Положите готовый рис, ломтики авокадо и почечную фасоль в большую сервировочную миску.

Полейте рис, авокадо и фасоль теплой чесночно-масляной смесью и аккуратно перемешайте, чтобы покрыть все ингредиенты.

Подавайте:

Разложите рис, авокадо, почечную фасоль и крем-фреш по тарелкам. По желанию гарнируйте свежей петрушкой или кинзой.

Подавайте сразу же и наслаждайтесь!

Миска риса с авокадо, почечной фасолью и крем-фруашем - это вкусное и питательное блюдо, которое можно есть как горячим, так и холодным. Оно насыщено вкусами и текстурами и предлагает сбалансированное сочетание углеводов, белков и полезных жиров.

Салат ромэн с сельдью в сливочном соусе, луком и яблоками

Время приготовления: около 20 минут

Порции: 4

Ингредиенты:

1 салат ромэн

200 г филе сельди в сливочном соусе (из банки или консервной банки)

1 большая луковица, тонко нарезанная

2 яблока, очищенных от кожуры, сердцевины и тонко нарезанных

2 столовые ложки уксуса (например, яблочного уксуса)

2 столовые ложки оливкового масла

Соль и перец по вкусу

По желанию: свежая зелень для гарнира (например, петрушка или укроп).

Инструкции:

Подготовьте салат ромэн:

Тщательно вымойте и высушите латук ромэн. Ощипайте или нарежьте листья на кусочки и положите в большую салатницу.

Подготовьте лук и яблоки:

Очистите лук и нарежьте его тонкими ломтиками.

Очистите яблоки от кожуры и сердцевины и также нарежьте тонкими ломтиками.

Приготовьте заправку для салата:

Смешайте оливковое масло и уксус в небольшой миске. Приправьте солью и перцем.

Соберите салат:

Добавьте лук и ломтики яблок к салату ромэн в салатницу.

Филе сельди в сливочном соусе мелко нарежьте и добавьте в салат.

Аккуратно перемешайте:

Полейте салат заправкой.

Тщательно перемешайте все, пока ингредиенты не будут равномерно покрыты заправкой. Следите за тем, чтобы салат не превратился в пюре.

Подавайте:

Разложите салат по тарелкам.

По желанию украсьте свежей зеленью.

Подавайте сразу же и наслаждайтесь.

Этот салат ромэн с сельдью в сливочном соусе, луком и яблоками - освежающее, но сытное сочетание салатов. Он идеально подходит в качестве легкого блюда для теплых дней или гарнира к другим блюдам.

Рис по-персидски с курицей, барбарисом и орехами кешью

Время приготовления: около 40 минут

Порции: 4

Ингредиенты:

300 г риса басмати

500 г филе куриной грудки, порезанное на кусочки

1 луковица, мелко нарезанная

2 зубчика чеснока, мелко нарезанных

100 г сушеного барбариса

50 г орехов кешью

2 столовые ложки оливкового или нейтрального растительного масла

1 чайная ложка молотой куркумы

1 чайная ложка молотого кумина

1 чайная ложка порошка паприки

Соль и перец по вкусу

Свежая петрушка или кинза для гарнира (по желанию)

Инструкции:

Приготовьте рис:

Тщательно промойте рис басмати, пока вода не станет прозрачной. Затем варите согласно инструкции на упаковке до готовности. Обычное соотношение - 1 чашка риса на 1,5 чашки воды. Отложите рис в сторону и держите в тепле.

Подрумяньте курицу:

В большой сковороде или воке разогрейте оливковое масло.

Добавьте нарезанный лук и измельченный чеснок и обжарьте до полупрозрачности.

Добавьте кусочки курицы и обжарьте, периодически помешивая, до золотисто-коричневого цвета со всех сторон.

Добавьте специи:

Посыпьте курицу молотой куркумой, кумином и паприкой и хорошо перемешайте, чтобы специи равномерно распределились.

Добавьте барбарис и кешью:

Добавьте в сковороду сушеные ягоды барбариса и кешью и жарьте еще 2-3 минуты, пока ягоды барбариса не разбухнут, а кешью не поджарятся.

Подавайте:

Добавьте готовый рис в куриную смесь на сковороде и аккуратно перемешайте, пока все не соединится.

Приправьте рис солью и перцем по вкусу.

По желанию гарнируйте свежей петрушкой или кинзой.

Разложите рис с курицей, барбарисом и орехами кешью по тарелкам и сразу же подавайте.

Это блюдо - восхитительное сочетание нежной курицы, ароматного риса, кислого барбариса и хруста орехов кешью. Это прекрасное основное блюдо, одновременно вкусное и питательное.

Десерты

Жареный ананас с медом и корицей

Время приготовления: около 20 минут

Порции: 4

Ингредиенты:

1 спелый ананас

2 столовые ложки мёда

1 чайная ложка корицы

2 столовые ложки сливочного или кокосового масла

По желанию: ванильное мороженое или йогурт для подачи

Инструкции:

Подготовьте ананас:

Разрежьте ананас вдоль на четвертинки и удалите твердую сердцевину.

Срежьте внешнюю кожуру ананаса и нарежьте мякоть толстыми ломтиками.

Приготовьте смесь меда и корицы:

В небольшой миске смешайте мед и корицу до однородности.

Обжарьте ананас:

Разогрейте сковороду на среднем огне и добавьте сливочное или кокосовое масло.

Выложите ломтики ананаса на сковороду и обжаривайте по 2-3 минуты с каждой стороны до золотисто-коричневого цвета и легкой карамелизации.

Уменьшите огонь и вылейте на ананас смесь меда и корицы.

Жарьте ананас еще 2-3 минуты, пока мед не карамелизуется и ананас не станет глазурью.

Подавайте:

Снимите жареный ананас со сковороды и переложите на сервировочное блюдо.

Подавайте ананас теплым, либо как самостоятельный десерт, либо с шариком ванильного мороженого или ложкой йогурта.

По желанию на гарнир к запеченному ананасу можно выжать лимонный сок или добавить щепотку морской соли, чтобы подчеркнуть его вкус.

Это простое и вкусное блюдо из ананасов - восхитительное угощение, которое можно подавать как теплым, так и освежающим. Оно идеально подходит в качестве легкого десерта или сладкого штриха к особому завтраку или бранчу.

Запеченный банан с шоколадной стружкой

Время приготовления: около 20 минут

Порций: 2

Ингредиенты:

2 спелых банана

30 г темного шоколада (70% какао или более), измельченного или крупно нарезанного

2 чайные ложки меда или кленового сиропа (по желанию)

Корица по вкусу (по желанию)

Кокосовые хлопья или измельченные орехи для гарнира (по желанию)

Инструкции:

Подготовьте бананы:

Разогрейте духовку до 180°C.

Очистите бананы от кожуры и разрежьте пополам. Выложите половинки бананов в форму для выпечки или на противень, застеленный бумагой для выпечки.

Добавьте шоколад:

Равномерно посыпьте половинки бананов шоколадной стружкой.

Полейте медом или кленовым сиропом по вкусу и приправьте щепоткой корицы, если хотите.

Выпекайте:

Поставьте запеченные бананы в духовку, предварительно разогретую до 180°С, и выпекайте около 10-12 минут, пока шоколад не растает, а бананы не станут мягкими.

Подавайте:

Выньте запеченные бананы из духовки и сразу же подавайте.

По желанию посыпьте кокосовыми хлопьями или измельченными орехами.

Подавайте горячими и наслаждайтесь!

Эти запеченные бананы с шоколадной стружкой - вкусный десерт, который легко приготовить и который удовлетворит сладкоежек. Бананы можно есть сами по себе или подавать с ложкой йогурта для полноты вкусовых ощущений.

Слоеное блюдо из йогурта и фруктов

Время приготовления: около 15 минут

Порции: 4

Ингредиенты:

500 г греческого йогурта (с низким содержанием жира или по вкусу)

2 столовые ложки меда или кленового сиропа

1 чайная ложка ванильного экстракта (по желанию)

Свежие фрукты по вашему выбору (например, ягоды, манго, ананас)

Орехи или семена для гарнира (например, измельченный миндаль, грецкие орехи, семена чиа)

Листья свежей мяты для гарнира (по желанию)

Инструкции:

Приготовьте йогурт:

Поместите греческий йогурт в миску среднего размера.

Добавьте мед или кленовый сироп и ванильный экстракт.

Хорошо перемешайте до равномерного распределения сладости.

Подготовьте фрукты:

Вымойте и очистите свежие фрукты по вашему выбору и нарежьте их кусочками.

Ягоды можно оставить целыми.

Сборка слоеного блюда:

Возьмите четыре десертных бокала или миски и начните со слоя йогурта на дне.

Затем выложите слой подготовленных свежих фруктов.

Повторяйте этот процесс, пока бокалы не заполнятся, завершая слоем йогурта.

Гарнир:

Посыпьте верхний слой йогурта измельченными орехами или семечками.

Для придания свежести украсьте слоеные блюда листьями свежей мяты.

Десерты можно подавать сразу или охладить в холодильнике не менее 30 минут, чтобы они немного окрепли.

Подавать:

Подавайте полезные слоеные десерты из йогурта и фруктов в десертных бокалах или мисках и наслаждайтесь сразу же!

Это полезное слоеное блюдо из йогурта и фруктов - вкусный и освежающий вариант десерта или сладкого угощения, насыщенного вкусом и питательными веществами. Его легко приготовить и можно варьировать в зависимости от ваших предпочтений и наличия свежих фруктов.

Ягодный смузи

Время приготовления: около 5 минут

Порции: 1-2

Ингредиенты:

1 банан, очищенный от кожуры и порезанный на кусочки

1 чашка смешанных ягод (например, клубники, малины, черники)

1/2 чашки шпината или капусты (по желанию)

1/2 чашки греческого йогурта или миндального молока (для веганского варианта)

1 столовая ложка меда или кленового сиропа (по желанию, в зависимости от желаемой сладости)

Кубики льда (по желанию, для получения охлажденной консистенции)

Инструкции:

Подготовьте ингредиенты:

Очистите и нарежьте банан на кусочки.

Подготовьте смешанные ягоды, вымыв их и удалив плодоножки, если необходимо.

Если используется шпинат или капуста, их следует тщательно промыть.

Состав смузи:

В блендер или кухонный комбайн добавьте кусочки банана, смешанные ягоды, шпинат или капусту (если используете), греческий йогурт или миндальное молоко и по желанию мед или кленовый сироп.

Добавьте несколько кубиков льда, если хотите получить охлажденный смузи.

Смешайте:

Пюрируйте все ингредиенты в блендере или кухонном комбайне до однородности и равномерного смешивания. В зависимости от желаемой консистенции можно добавить больше или меньше жидкости.

Приправьте по вкусу:

Попробуйте смузи на вкус и при необходимости отрегулируйте сладость, добавив больше меда или кленового сиропа.

Вы также можете добавить больше ягод или шпината, чтобы усилить вкус и повысить содержание питательных веществ.

Подавайте:

Разлейте смузи по стаканам и сразу же подавайте.

При желании смузи можно украсить свежими ягодами или выжать лимонный сок.

Этот ягодный смузи не только вкусный, но и богатый антиоксидантами, витаминами и минералами. Он идеально подходит для быстрого завтрака, перекуса между приемами пищи или в качестве освежающего напитка в любое время дня. Экспериментируйте с различными ягодами и зелеными листовыми овощами, чтобы создать свой любимый смузи!

Замороженные ломтики арбузного сорбета

Время приготовления: около 10 минут (плюс время на замораживание)

Порции: 4

Ингредиенты:

1 небольшой арбуз

Сок 1 лайма

2 столовые ложки меда или кленового сиропа (по желанию)

Листья свежей мяты для гарнира (по желанию)

Инструкции:

Подготовьте арбуз:

Нарежьте арбуз ломтиками толщиной около 1,5 см.

Снимите с ломтиков арбуза кожицу.

Приготовление арбузного сорбета:

Порежьте очищенные арбузные ломтики на мелкие кубики и поместите их в блендер или кухонный комбайн.

Добавьте сок лайма и мед или кленовый сироп.

Взбейте все вместе до получения гладкой и равномерной консистенции.

Заморозьте слои сорбета:

Выстелите неглубокую форму для выпечки бумагой для выпечки.

Вылейте смесь арбузного сорбета в форму для выпечки и разровняйте ложкой.

Поместите форму для выпечки в морозильную камеру минимум на 4 часа или на ночь, пока сорбет не станет твердым.

Порционирование ломтиков сорбета:

Достаньте замороженный слой арбузного сорбета из морозильной камеры и нарежьте его ровными прямоугольниками или квадратами.

Выложите кусочки сорбета на десертные тарелки или в небольшие миски.

Подавайте:

По желанию украсьте ломтики сорбета листьями свежей мяты.

Подавайте замороженные ломтики арбузного сорбета сразу же в качестве освежающего и полезного десерта.

Замороженные ломтики арбузного сорбета - вкусный и освежающий десерт, идеальный для жарких летних дней или в качестве здорового перекуса между приемами пищи. Они просты в приготовлении и являются прекрасным способом превратить свежие фрукты во вкусное лакомство.

Греческий йогурт с медом и жареным инжиром

Время приготовления: около 15 минут

Порции: 4

Ингредиенты:

500 г греческого йогурта (с низким содержанием жира или по вкусу)

4 спелых инжира

2 столовые ложки меда

1 столовая ложка измельченных орехов (например, грецких, миндаля) или гранолы (по желанию)

Листья свежей мяты для гарнира (по желанию)

Инструкции:

Подготовьте инжир:

Вымойте инжир, разрежьте пополам и удалите плодоножку.

Обжарьте инжир:

Разогрейте сковороду на среднем огне.

Положите инжир срезом вниз на сковороду и обжаривайте около 2-3 минут до легкой карамелизации.

Приготовьте греческий йогурт:

Поместите греческий йогурт в сервировочную миску.

Добавьте мед и орехи:

Полейте йогурт медом.

Посыпьте измельченными орехами или гранолой.

Подавайте:

Выложите жареный инжир поверх греческого йогурта.

При желании украсьте листиками свежей мяты.

Подавайте сразу же и наслаждайтесь!

Этот полезный десерт прост в приготовлении и предлагает восхитительное сочетание сливочного греческого йогурта, сладкого жареного инжира и нотки меда и орехов. Он богат белком, клетчаткой и полезными жирами и идеально подходит в качестве сладкого завершения любой трапезы.

Пудинг из чиа с фруктами и миндалем

Время приготовления: около 10 минут (плюс время на набухание)

Порции: 2

Ингредиенты:

4 столовые ложки семян чиа

1 чашка несладкого миндального молока (или другого растительного молока по вашему выбору)

1 столовая ложка кленового сиропа или меда (по желанию)

1 чайная ложка ванильного экстракта (по желанию)

Свежие фрукты по вашему выбору (например, ягоды, манго, ананас)

Рубленый миндаль или миндальные хлопья для гарнира

Инструкции:

Приготовьте чиа-пудинг:

Поместите семена чиа в миску.

Залейте несладким миндальным молоком и хорошо перемешайте, чтобы семена чиа были полностью покрыты жидкостью.

При желании добавьте кленовый сироп или мед, ванильный экстракт и снова перемешайте.

Оставьте для набухания:

Охладите смесь с молоком чиа как минимум на 4 часа или на ночь, чтобы семена чиа набухли и приобрели консистенцию, напоминающую пудинг. Периодически помешивайте, чтобы не образовывались комочки.

Подготовьте фрукты:

Вымойте и очистите свежие фрукты по вашему выбору и нарежьте их кусочками.

Сборка чиа-пудинга:

Разделите набухший чиа-пудинг поровну между двумя десертными стаканами или мисками.

Сверху на чиа-пудинг положите подготовленные свежие фрукты.

Гарнир:

Посыпьте десерт рубленым миндалем или миндальными хлопьями, чтобы придать ему дополнительную текстуру и вкус.

Подавайте:

Подавайте чиа-пудинги с фруктами и миндалем сразу же и наслаждайтесь!

Этот пудинг из чиа с фруктами и миндалем - вкусное и питательное десертное блюдо, богатое клетчаткой, белком и полезными жирами. Он идеально подходит для сладкого завершения трапезы или в качестве здорового перекуса между приемами пищи.

Кокосовый пудинг с чиа и свежими ягодами

Время приготовления: около 10 минут (плюс время на набухание)

Порции: 2

Ингредиенты:

4 столовые ложки семян чиа

1 чашка несладкого кокосового молока

1 столовая ложка кленового сиропа или меда (по желанию)

1 чайная ложка ванильного экстракта (по желанию)

Свежие ягоды по вашему выбору (например, клубника, малина, черника)

Тертый кокос для гарнира (по желанию)

Листья свежей мяты для гарнира (по желанию)

Инструкции:

Приготовьте пудинг из семян чиа:

Поместите семена чиа в миску.

Залейте несладким кокосовым молоком и хорошо перемешайте, чтобы семена чиа были полностью покрыты жидкостью.

При желании добавьте кленовый сироп или мед, ванильный экстракт и снова перемешайте.

Оставьте для набухания:

Поставьте смесь чиа и кокосового молока в холодильник минимум на 4 часа или на ночь, чтобы семена чиа набухли и приобрели консистенцию, напоминающую пудинг. Периодически помешивайте, чтобы не образовывались комочки.

Подготовьте свежие ягоды:

Вымойте свежие ягоды и просушите.

Сборка кокосового пудинга с чиа:

Разбухший чиа-пудинг равномерно распределите между двумя десертными стаканами или мисками.

Подавайте со свежими ягодами:

Положите свежие ягоды поверх чиа-пудинга и слегка вдавите, чтобы выделился сок.

Гарнир:

Посыпьте тертым кокосом по желанию.

Украсьте десерт листьями свежей мяты.

Подавайте:

Подавайте кокосовый пудинг с чиа и свежими ягодами сразу же и наслаждайтесь!

Этот кокосовый пудинг с чиа и свежими ягодами - вкусный и питательный десерт, богатый клетчаткой, полезными жирами и антиоксидантами. Он идеально подходит для сладкого завершения трапезы или в качестве здорового перекуса между приемами пищи.

Шоколадный мусс из авокадо

Время приготовления: около 15 минут (плюс время на охлаждение)

Порции: 2

Ингредиенты:

1 спелый авокадо

2 столовые ложки несладкого какао-порошка

2-3 столовые ложки кленового сиропа или меда

1 чайная ложка ванильного экстракта

Щепотка соли

По желанию: свежие ягоды для гарнира

Инструкции:

Подготовьте авокадо:

Разрежьте спелый авокадо вдоль, удалите косточку и выньте мякоть.

Приготовьте мусс:

Поместите мякоть авокадо в блендер или кухонный комбайн вместе с несладким какао-порошком, кленовым сиропом или медом, ванильным экстрактом и щепоткой соли.

Взбейте все вместе до получения гладкой и кремообразной консистенции. При необходимости соскребите лопаточкой со стенок блендера и снова взбейте, чтобы все хорошо перемешалось.

Время охлаждения:

Накройте шоколадный мусс из авокадо и поставьте в холодильник минимум на 1 час, чтобы он немного остыл и затвердел.

Подавайте:

Разделите охлажденный шоколадный мусс из авокадо по десертным бокалам или пиалам.

По желанию гарнируйте мусс свежими ягодами или другими фруктами по вашему выбору.

Подавайте шоколадный мусс из авокадо в качестве вкусного и полезного десерта.

Этот шоколадный мусс из авокадо - здоровая альтернатива традиционным шоколадным муссам. Авокадо придает муссу кремовую текстуру и одновременно насыщает его полезными жирами. Наслаждайтесь этим десертом как вкусным завершением трапезы или как сладким перекусом между приемами пищи.

Резюме

Основываясь на последних научных данных, содержание этой книги показывает неоспоримые преимущества здорового образа жизни, включающего регулярную физическую активность, необходимые периоды отдыха со здоровым сном, здоровое питание, перспективные добавки и максимально возможное избегание вредных веществ. Готовить самим - это, как правило, полезнее, дешевле, не требует много времени и даже может быть весело.

Даже небольшая доза физических упражнений оказалась эффективной "таблеткой". Всего 10 минут упражнений в день могут помочь предотвратить проблемы со здоровьем, справиться со стрессом и улучшить качество жизни. С помощью калистеники, скакалки и йоги тренировки можно проводить практически в любом месте и в любое время без тренажерного зала, оборудования или утяжелителей. Этими видами спорта можно заниматься независимо от погоды, экономя деньги и время.

Сон, релаксация и музыка - недооцененные столпы поддержания здоровья. Лекарства и пищевые добавки для поддержания сна следует по возможности избегать из-за их незначительных побочных эффектов. Даже простые меры могут способствовать гигиене сна. Как прослушивание музыки, так и ее активное создание являются дополнительными мерами по укреплению здоровья.

Некоторые мифы о питании сохраняются, несмотря на меняющуюся ситуацию с исследованиями. Например, плохой образ яиц, жира и соли должен быть частично возрожден, а опасность сахара не должна игнорироваться. Аспекты долголетия, похоже, поддаются проверке и воспроизводятся с помощью кето- и низкоуглеводных диет с выводами на молекулярном уровне. В принципе, мясо не стоит отвергать как вредную пищу.

Добавки к образу жизни обещают долгую и здоровую жизнь, но не все разрекламированные БАДы и экзотические растения имеют смысл, так как доказанный успех оставляет желать лучшего, а в худшем случае может даже навредить здоровью. Вместо этого следует отдать предпочтение сбалансированному питанию и регулярным физическим упражнениям.

В принципе, для достижения хорошего здоровья и возможного увеличения продолжительности жизни сбалансированная диета из региональных продуктов с сезонными фруктами - лучший выбор, чем регулярный прием биологически активных добавок или экзотических растений, обозначенных как "суперфуды".

Витамины незаменимы и поэтому должны поступать в организм с пищей, причем сбалансированная диета должна обеспечивать достаточное количество каждого витамина. В некоторых случаях, например, витамин D, организм также может вырабатывать витамины под воздействием солнечных лучей на кожу. Недостаток витаминов может привести к различным проблемам со здоровьем, в то время как избыток некоторых витаминов также может быть вреден.

Если вы хотите принимать добавки, витамины и/или суперпродукты, это следует обсудить с врачом или диетологом, так как они также могут нанести вред вашему здоровью. Лекарства, такие как метформин и семаглутид, требуют рецепта и не должны приниматься без контроля врача.

Опасный образ жизни, пренебрежение рисками для здоровья и регулярное употребление вредных веществ, таких как алкоголь, наркотики и курение, могут негативно сказаться на здоровье и жизни. При необходимости требуется профессиональная поддержка, поскольку пострадавшие не всегда могут помочь себе сами. Наряду с физическим здоровьем, психическое здоровье также имеет решающее значение для долгой жизни.

Перспектива

В будущем следует продолжить изучение новых результатов эмпирической медицины (медицины, основанной на опыте).

ТКМ

Акупунктура используется в традиционной китайской медицине (ТКМ) на протяжении тысяч лет и с 1979 года признана Всемирной организацией здравоохранения (ВОЗ) в качестве альтернативного метода лечения 43 заболеваний.[677] Точки акупунктуры расположены на системе путей (меридианов), некоторые из которых можно определить с помощью измерения электрического сопротивления (точки сопротивления кожи).[678]
После диагностики в ТКМ к точкам прикладываются либо тонкие стерильные акупунктурные иглы, либо моксибустион, т.е. контролируемое тепловыделение с помощью горящей сушеной полыни (Artemisia vulgaris), для примерно 20-минутной процедуры.[679] Эффект акупунктуры, по-видимому, объясняется выделением организмом различных веществ, способных расширять кровеносные сосуды и оказывать болеутоляющее действие.[677,680]
Следующие акупунктурные точки исследуются на предмет укрепления здоровья, поддержки иммунной системы и долголетия:

足三里 Zúsānlǐ (желудок-36):

Эта точка, расположенная на ширине ладони ниже внешней стороны коленной чашечки, также известна как "точка долголетия" и, по-видимому, обладает нейропротекторным, противораковым и противовоспалительным действием.[681,682,683] Эффект долголетия может быть связан с ингибированием сигнального пути mTOR.[684]

百会 Bǎihuì (рулевой сосуд-20):

Стимуляция этой точки, расположенной в центре черепа, обладает антиоксидантное, нейропротекторное (особенно после инсульта) и пролонгирующее жизнь (через сигнальный путь mTOR) действие.[684,685,686]

涌泉 Yǒngquán (Почка-1):

Эта точка, расположенная на подошве стопы между двумя бурситами, лучше всего поддается лечению моксибустером и может помочь в лечении высокого кровяного давления и продлении жизни благодаря сигнальному пути mTOR.[684,687]

膻中 Shānzhōng (сосуд зачатия-17):

Эта точка, расположенная на уровне солнечного сплетения (грудины), лучше всего поддается лечению моксибустером, как и точка Почки-1, и может оказывать антидепрессивное и кардиопротекторное действие.[679,688]

内关 Nèiguān (Перикард-6):

Эта акупунктурная точка, расположенная на внутренней стороне руки на расстоянии двух больших пальцев от запястья, оказывает кардиопротекторное действие у пациентов с сердечно-сосудистыми заболеваниями и улучшает качество жизни у онкологических больных.[689,690]

曲池 Qūchí (толстый кишечник-11):

Считается, что стимуляция этой акупунктурной точки, расположенной в верхней части локтевого сгиба, оказывает антигипертензивное (снижающее кровяное давление), нейропротекторное, а также пролонгирующее жизнь действие.[682,684,690]

合谷 Hégǔ (толстый кишечник-4):

Эта точка находится в ложбинке между большим и указательным пальцами и также часто стимулируется для самолечения с помощью акупрессуры (иглоукалывания без игл) и может улучшить иммунную защиту и оказать пролонгирующее действие на жизнь.[691]

ТТМ

В традиционной тибетской медицине (ТТМ), на которую оказали влияние аспекты ТКМ, аюрведической медицины и древнегреческой или древнеперсидской медицины, предлагает еще один взгляд со стороны эмпирической медицины в области диетологии (обучения питанию).[692] Интересный подход, которого придерживается моя исследовательская группа, заключается в том, что пациентам с ишемической болезнью сердца можно помочь достичь желаемого снижения веса в соответствии с системой ТТМ, даже если исследования еще не были многоцентровыми.[693,694] В 2022 году китайское кросс-секционное исследование подтвердило некоторые аспекты результатов нашего исследования у людей с метаболическим синдромом.[695]

Самовосстанавливающиеся силы

Несмотря на цирроз печени, вызванный алкоголем, сердечный приступ и депрессию, Иоганну Вольфгангу фон Гете удалось достичь удивительного для того времени возраста - 83 лет.[696] "Гете верил в самоисцеляющие силы человека "Natura sanat, medicus curat" (Природа лечит, врач лечит)" или, как говорит Мефисто в "Урфаусте" и "Фаусте I": "Дух медицины легко постичь, изучить большой и малый мир, чтобы в конце концов отпустить его, как это угодно Богу"".[696]

Остается только сказать: При разумном образе жизни можно прожить долгую жизнь, если соблюдать простые вещи в повседневной жизни. Не нужно заключать дьявольский договор! Диета и образ жизни оказывают огромное влияние на здоровье и продолжительность жизни. Сбалансированное питание, регулярная физическая активность, достаточный сон, борьба со стрессом и отказ от вредных привычек, таких как курение и чрезмерное употребление алкоголя, являются залогом хорошего здоровья и продолжительности жизни. Прежде чем начинать какую-либо программу физических упражнений, принимать добавки или изменять свой рацион, рекомендуется получить профессиональную консультацию у врача, фармацевта, физиотерапевта и/или лицензированного фитнес-тренера.

Феномен времени

О хронологическом возрасте мы говорили во введении. "Хронос" (время) - это явление, которое трудно понять. Известно, что время относительно и не везде течет с одинаковой скоростью (принцип замедления времени в специальной теории относительности Альберта Эйнштейна), и есть новая гипотеза, что процесс старения может способствовать относительности времени.[697] В сюрреалистической картине Сальвадора Дали "Постоянство памяти" "тающие часы" символизируют, что время преходяще, субъективно (в зависимости от восприятия зрителя) и нелинейно698.

Линейное представление о времени в виде реки на временной шкале от альфы до омеги, вероятно, должно уступить место циклическому представлению, как это уже символизировали развитые цивилизации, такие как ольмеки и майя в Центральной Америке или тибетцы с "колесом времени".[699,700] Мыслительные процессы также могут быть линейными или циклическими, в то время как линейное мышление считается логичным, бинарным ("да или нет"), фиксированным и организованным, линейному мышлению не хватает "изобретательности, инноваций и оригинальности" по сравнению с циклическим мышлением701.

Как в микромире (спираль ДНК), так и в макромире (галактика) природа создала циклические, а не линейные формы. В современной физике есть доказательства того, что время - это иллюзия и что прошлое, настоящее и будущее происходят одновременно.[702]

Намеренно провокационное название книги - "Едим бессмертно" - можно рассматривать как жизненный девиз. Пространство, время и возраст сливаются в космические измерения: "Даже если мы, боги, будем упразднены или забыты, звезды никогда не померкнут. Никогда. Они будут сиять до скончания веков!"[703]

Литература

1. Johnson AA, English BW, Shokhirev MN, Sinclar DA, Cuellar TL. Human age reversal: Fact or fiction? *Aging Cell.* 2022;21(8):e13664.
2. Inoue K, Tsugawa Y, Mayeda ER, Ritz B. Association of Daily Step Patterns With Mortality in US Adults. *JAMA Netw Open.* 2023;6(3):e235174.
3. Paluch AE, Bajpai S, Bassett DR, Carnethon MR, Ekelund U, Evenson KR, Galuska DA, Jefferis BJ, Kraus WE, Lee IM, Matthews CE, Omura JD, Patel AV, Pieper CF, Rees-Punia E, Dallmeier D, Klenk J, Whincup PH, Dooley EE, Pettee Gabriel K, Palta P, Pompeii LA, Chernofsky A, Larson MG, Vasan RS, Spartano N, Ballin M, Nordström P, Nordström A, Anderssen SA, Hansen BH, Cochrane JA, Dwyer T, Wang J, Ferrucci L, Liu F, Schrack J, Urbanek J, Saint-Maurice PF, Yamamoto N, Yoshitake Y, Newton RL Jr, Yang S, Shiroma EJ, Fulton JE; Steps for Health Collaborative. Daily steps and all-cause mortality: a meta-analysis of 15 international cohorts. *Lancet Public Health.* 2022;7(3):e219-e228.
4. Paluch AE, Bajpai S, Ballin M, Bassett DR, Buford TW, Carnethon MR, Chernofsky A, Dooley EE, Ekelund U, Evenson KR, Galuska DA, Jefferis BJ, Kong L, Kraus WE, Larson MG, Lee IM, Matthews CE, Newton RL Jr, Nordström A, Nordström P, Palta P, Patel AV, Pettee Gabriel K, Pieper CF, Pompeii L, Rees-Punia E, Spartano NL, Vasan RS, Whincup PH, Yang S, Fulton JE; Steps for Health Collaborative. Prospective Association of Daily Steps With Cardiovascular Disease: A Harmonized Meta-Analysis. *Circulation.* 2023;147(2):122-131.
5. Matthews CE, Moore SC, Arem H, Cook MB, Trabert B, Håkansson N, Larsson SC, Wolk A, Gapstur SM, Lynch BM, Milne RL, Freedman ND, Huang WY, Berrington de Gonzalez A, Kitahara CM, Linet MS, Shiroma EJ, Sandin S, Patel AV, Lee IM. Amount and Intensity of Leisure-Time Physical Activity and Lower Cancer Risk. *J Clin Oncol.* 2020;38(7):686-697.
6. Steinberg B. You only need to walk this many steps per week to add 3 years to your life. *New York Post.* 2024;12 March. https://nypost.com/2024/03/12/lifestyle/you-only-need-to-walk-this-many-steps-per-week-to-add-3-years-to-your-life/.
7. Mok A, Khaw KT, Luben R, Wareham N, Brage S. Physical activity trajectories and mortality: population based cohort study. *BMJ.* 2019;365:l2323.
8. Garber CE, Blissmer B, Deschenes MR, Franklin BA, Lamonte MJ, Lee IM, Nieman DC, Swain DP; American College of Sports Medicine. American College of Sports Medicine position stand. Quantity and quality of exercise for developing and maintaining cardiorespiratory, musculoskeletal, and neuromotor fitness in apparently healthy adults: guidance for prescribing exercise. *Med Sci Sports Exerc.* 2011;43(7):1334-59.
9. Li VL, He Y, Contrepois K, Liu H, Kim JT, Wiggenhorn AL, Tanzo JT, Tung AS, Lyu X, Zushin PH, Jansen RS, Michael B, Loh KY, Yang AC, Carl CS, Voldstedlund CT, Wei W, Terrell SM, Moeller BC, Arthur RM, Wallis GA, van de Wetering K, Stahl A, Kiens B, Richter EA, Banik SM, Snyder MP, Xu Y, Long JZ. An exercise-

inducible metabolite that suppresses feeding and obesity. *Nature.* 2022;606(7915):785-790.

10. Schumann M, Feuerbacher JF, Sünkeler M, Freitag N, Rønnestad BR, Doma K, Lundberg TR. Compatibility of Concurrent Aerobic and Strength Training for Skeletal Muscle Size and Function: An Updated Systematic Review and Meta-Analysis. *Sports Med.* 2022;52(3):601-612.
11. Guseh JS, Figueroa JF. Evaluating the Health Benefits of Low-Frequency Step-Based Physical Activity-The "Weekend Warrior" Pattern Revisited. *JAMA Netw Open.* 2023;6(3):e235184.
12. Khurshid S, Al-Alusi MA, Churchill TW, Guseh JS, Ellinor PT. Accelerometer-Derived "Weekend Warrior" Physical Activity and Incident Cardiovascular Disease. *JAMA.* 2023;330(3):247-252.
13. Hollingsworth JC, Young KC, Abdullah SF, Wadsworth DD, Abukhader A, Elfenbein B, Holley Z.
    Protocol for Minute Calisthenics: a randomized controlled study of a daily, habit-based, bodyweight resistance training program. *BMC Public Health.* 2020;20(1):1242.
14. Baker JA. Comparison of Rope Skipping and Jogging as Methods of Improving Cardiovascular Efficiency of College Men. *Res Q.* 1968;39(2):240-3.
15. Zhang L, Wang D, Liu S, Ren FF, Chi L, Xie C. Effects of Acute High-Intensity Interval Exercise and High-Intensity Continuous Exercise on Inhibitory Function of Overweight and Obese Children. *Int J Environ Res Public Health.* 2022;19(16):10401.
16. Town GP, Sol N, Sinning WE. The effect of rope skipping rate on energy expenditure of males and females. *Med Sci Sports Exerc.* 1980;12(4):295-8.
17. Harrell JS, McMurray RG, Baggett CD, Pennell ML, Pearce PF, Bangdiwala SI. Energy costs of physical activities in children and adolescents. *Med Sci Sports Exerc.* 2005;37(2):329-36.
18. Ajjimaporn A, Rachiwong S, Sikipoknpanich V. Effects of 8 weeks of modified hatha yoga traiing on resting-state brain activity and the p300 ERP in patients with physical disability-related stress. *J Phys Ther Sci.* 2018;30(9):1187-1192.
19. Hofmann SG, Andreoli G, Carpenter JK, Curtiss J. Effect of Hatha Yoga on Anxiety: A Meta-Analysis. *J Evid Based Med.* 2016:9(3):116-124.
20. Cramer H, Sellin C, Schumann D, Dobos G. Yoga in Arterial Hypertension. *Dtsch Arztebl Int.* 2018;115(50):833-9.
21. Vilaval T, Sasinan W, Mayuree C, Chananun P, Somchai S. Effect of acupuncture on blood pressure control in hypertensive patients. *J Tradit Chin Med.* 2019;39(2):246-250.
22. Datta K, Bhutambara A, Narawa Y, Srinath R, Kanitkar M. Improved sleep, cognitive processing and enhanced learning and memory task accuracy with Yoga nidra practice in novices. *PLoS ONE.* 2023;18(12):e0294678.
23. Noetel M, Sanders T, Gallardo-Gómez D, Taylor P, Del Pozo Cruz B, van den Hoek D, Smith JJ, Mahoney J, Spathis J, Moresi M, Pagano R, Pagano L, Vasconcellos R, Arnott H, Varley B, Parker P, Biddle S, Lonsdale C. Effect of exercise for

depression: systematic review and network meta-analysis of randomised controlled trials. *BMJ.* 2024;384:e075847.

24. Veerabrahmachar R, Bista S, Bokde R, Jasti N, Bhargav H, Bista S. Immediate Effect of Nada Yoga Meditation on Energy Levels and Alignment of Seven Chakras as Assessed by Electro-photonic Imaging: A Randomized Controlled Crossover Pilot Study. *Adv Mind Body Med.* 2023;37(1):11-16.
25. Kelder P, Salvesen C. In: Die Fünf Tibeter / Der Sechste Tibeter in einem Band. *Fischer Taschenbuch Verlag*; 5. Ed. 2010:1-336.
26. Lobsang T. In: Lu Jong: die älteste tibetische Bewegungslehre zur Heilung von Körper und Geist. *O.W. Barth*; 10. Ed. 2010:1-176.
27. Sahu R. In: Yoga For Beginners: Hatha Yoga: The Complete Guide to Master Hatha Yoga; Benefits, Essentials, Asanas (with Pictures), Hatha Meditation, Common Mistakes, FAQs, and Common Myths. *Independently published.* 2020:1-189.
28. **Dimitrov S**, Lange T, Gouttefangeas C, Jensen ATR, Szczepanski M, Lehnnolz J, Soekadar S, Rammensee HG, Born J, Besedovsky L. Gα_s-coupled receptor signaling and sleep regulate integrin activation of human antigen-specific T cells. *J Exp Med.* 2019;216(3):517-526.
29. Wang C, Bangdiwala SI, Rangarajan S, Lear SA, AlHabib KF, Mohan V, Teo K, Poirier P, Tse LA, Liu Z, Rosengren A, Kumar R, Lopez-Jaramillo P, Yusoff K, Monsef N, Krishnapillai V, Ismail N, Seron P, Dans AL, Kruger L, Yeates K, Leach L, Yusuf R, Orlandini A, Wolyniec M, Bahonar A, Mohan I, Khatib R, Temizhan A, Li W, Yusuf S. Association of estimated sleep duration and naps with mortality and cardiovascular events: a study of 116 632 people from 21 countries. *Eur Heart J.* 2019;40(20):1620-1629.
30. Li J, Cao D, Huang Y, Chen Z, Wang R, Dong Q, Wei Q, Liu L. Sleep duration and health outcomes: an umbrella review. *Sleep Breath.* 2022;26(3):1479-1501.
31. Mitter P, De Crescenzo F, Loo Yong Kee K, Xia J, Roberts S, Chi W, Kurtulmus A, Kyle SD, Geddes JR, Cipriani A. Sleep deprivation as a treatment for major depressive episodes: A systematic review and meta-analysis. *Sleep Med Rev.* 2022;64:101647.
32. Dhand R, Sohal H. Good sleep, bad sleep! The role of daytime naps in healthy adults. *Curr Opin Pulm Med.* 2006;12(6):379-82.
33. Ong JL, Lau TY, Lee XK, van Rijn E, Chee MWL. A daytime nap restores hippocampal function and improves declarative learning. *Sleep.* 2020;43(9):zsaa058.
34. Zheng B, Yu C, Lv J, Guo Y, Bian Z, Zhou M, Yang L, Chen Y, Li X, Zou J, Ning F, Chen J, Chen Z, Li L; China Kadoorie Biobank Collaborative Group. Insomnia symptoms and risk of cardiovascular diseases among 0.5 million adults: A 10-year cohort. *Neurology.* 2019;93(23):e2110-e2120.
35. McAlpine CS, Kiss MG, Rattik S, He S, Vassalli A, Valet C, Anzai A, Chan CT, Mindur JE, Kahles F, Poller WC, Frodermann V, Fenn AM, Gregory AF, Halle L, Iwamoto Y, Hoyer FF, Binder CJ, Libby P, Tafti M, Scammell TE, Nahrendorf M, Swirski FK. Sleep modulates haematopoiesis and protects against atherosclerosis. *Nature.* 2019;566(7744):383-387.

36. Benz F, Meneo D, Baglioni C, Hertenstein E. Insomnia symptoms as risk factor for somatic disorders: An umbrella review of systematic reviews and meta-analyses. *J Sleep Res.* 2023;32(6):e13984.
37. Le Bon O. Relationships between REM and NREM in the NREM-REM sleep cycle: a review on competing concepts. *Sleep Med.* 2020;70:6-16.
38. Ackermann S, Rasch B. Differential effects of non-REM and REM sleep on memory consolidation? *Curr Neurol Neurosci Rep.* 2014;14(2):430.
39. Chinoy ED, Cuellar JA, Huwa KE, Jameson JT, Watson CH, Bessman SC, Hirsch DA, Cooper AD, Drummond SPA, Markwald RR. Performance of seven consumer sleep-tracking devices compared with polysomnography. *Sleep.* 2021;44(5):zsaa291.
40. Hussey KD. Timeless spaces: Field experiments in the physiological study of circadian rhythms, 1938-1963. *Hist Philos Life Sci.* 2023;45(2):17.
41. Boivin DB, Boudreau P, Kosmadopoulos A. Disturbance of the Circadian System in Shift Work and Its Health Impact. *J Biol Rhythms.* 2022;37(1):3-28.
42. Touitou Y, Reinberg A, Touitou D. Association between light at night, melatonin secretion, sleep deprivation, and the internal clock: Health impacts and mechanisms of circadian disruption. *Life Sci.* 2017;173:94-106.
43. Lopresti AL, Smith SJ, Drummond PD. An investigation into an evening intake of a saffron extract (affron®) on sleep quality, cortisol, and melatonin concentrations in adults with poor sleep: a randomised, double-blind, placebo-controlled, multi-dose study. *Sleep Med.* 2021;86:7-18.
44. Shinjyo N, Waddell G, Green J. Valerian Root in Treating Sleep Problems and Associated Disorders-A Systematic Review and Meta-Analysis. *J Evid Based Integr Med.* 2020;25:2515690X20967323.
45. DeKosky ST, Williamson JB. The Long and the Short of Benzodiazepines and Sleep Medications: Short-Term Benefits, Long-Term Harms? *Neurotherapeutics.* 2020;17(1):153-155.
46. Irish LA, Kline CE, Gunn HE, Buysse DJ, Hall MH. The role of sleep hygiene in promoting public health: A review of empirical evidence. *Sleep Med Rev.* 2015;22:23-36.
47. Harvey DL, Milton K, Jones AP, Atkin AJ. International trends in screen-based behaviours from 2012 to 2019. *Prev Med.* 2022;154:106909.
48. Moszeik EN, von Oertzen T, Renner KH. Effectiveness of a short Yoga Nidra meditation on stress, sleep, and well-being in a large and diverse sample. *Curr Psychology.* 2022;41:5272-5286.
49. Song I, Baek K, Kim C, Song C. Effects of nature sounds on the attention and physiological and psychological relaxation. *Urban For Urban Gree.* 2023;86:127987.
50. Precht LM, Mertens F, Brickau DS, Kramm RJ, Margraf J, Stirnberg J, Brailovskaia J. Engaging in physical activity instead of (over)using the smartphone: An experimental investigation of lifestyle interventions to prevent problematic smartphone use and to promote mental health. *Z Gesundh Wiss.* 2023:1-19.

51. Hallam S, Creech A. Can active music making promote health and well-being in older citizens? Findings of the music for life project. *London J Prim Care (Abingdon).* 2016;8(2):21-25.
52. Daykin N, de Viggiani N, Pilkington P, Moriarty Y. Music making for health, well-being and behaviour change in youth justice settings: a systematic review. *Health Promot Int.* 2013;28(2):197-210.
53. Sutcliffe R, Du K, Ruffman T. Music Making and Neuropsychological Aging: A Review. *Neurosci Biobehav Rev.* 2020;113:479-491.
54. de la Rubia Ortí JE, García-Pardo MP, Iranzo CC, Madrigal JJC, Castillo SS, Rochina MJ, Gascó VJP. Does Music Therapy Improve Anxiety and Depression in Alzheimer's Patients? *J Altern Complement Med.* 2018;24(1):33-36.
55. Pauwels EK, Volterrani D, Mariani G, Kostkiewics M. Mozart, music and medicine. *Med Princ Pract.* 2014;23(5):403-12.
56. Sanfilippo KRM, Stewart L, Glover V. How music may support perinatal mental health: an overview. *Arch Womens Ment Health.* 2021;24(5):831-839.
57. Araújo LS, Wasley D, Redding E, Atkins L, Perkins R, Ginsborg J, Williamon A. Fit to Perform: A Profile of Higher Education Music Students' Physical Fitness. *Front Psychol.* 2020;11:298.
58. Kulinski J, Ofori EK, Visotcky A, Smith A, Sparapani R, Fleg JL. Effects of music on the cardiovascular system. *Trends Cardiovasc Med.* 2022;32(6):390-398.
59. Krucoff MW, Crater SW, Green CL, Maas AC, Seskevich JE, Lane JD, Loeffler KA, Morris K, Bashore TM, Koenig HG. Integrative noetic therapies as adjuncts to percutaneous intervention during unstable coronary syndromes: Monitoring and Actualization of Noetic Training (MANTRA) feasibility pilot. *Am Heart J.* 2001;142(5):760-9.
60. Krucoff MW, Crater SW, Gallup D, Blankenship JC, Cuffe M, Guarneri M, Krieger RA, Kshettry VR, Morris K, Oz M, Pichard A, Sketch MH Jr, Koenig HG, Mark D, Lee KL. Music, imagery, touch, and prayer as adjuncts to interventional cardiac care: the Monitoring and Actualisation of Noetic Trainings (MANTRA) II randomised study. *Lancet.* 2005;366(9481):211-7.
61. Koelsch S, Jäncke L. Music and the heart. *Eur Heart J.* 2015;36(44):3043-9.
62. Bittman B, Croft DT Jr, Brinker J, van Laar R, Vernalis MN, Ellsworth DL. Recreational Music-Making alters gene expression pathways in patients with coronary heart disease. *Med Sci Monit.* 2013;19:139-47.
63. Wong MM, Tahir T, Wong MM, Baron A, Finnerty R. Biomarkers of Stress in Music Interventions: A Systematic Review. *Music Ther.* 2021;58(3):241-277.
64. Linnemann A, Ditzen B, Strahler J, Doerr JM, Nater UM. Music listening as a means of stress reduction in daily life. *Psychoneuroendocrinology.* 2015;60:82-90.

65. Zhao B, Gan L, Graubard BI, Männistö S, Albanes D, Huang J. Associations of Dietary Cholesterol, Serum Cholesterol, and Egg Consumption With Overall and Cause-Specific Mortality: Systematic Review and Updated Meta-Analysis. *Circulation.* 2022;145(20):1506-1520.
66. Zhong VW, Van Horn L, Cornelis MC, Wilkins JT, Ning H, Carnethon MR, Greenland P, Mentz RJ, Tucker KL, Zhao L, Norwood AF, Lloyd-Jones DM, Allen NB. Associations of Dietary Cholesterol or Egg Consumption With Incident Cardiovascular Disease and Mortality. *JAMA.* 2019;321(11):1081-1095.
67. Weggemans RM, Zock PL, Katan MB. Dietary cholesterol from eggs increases the ratio of total cholesterol to high-density lipoprotein cholesterol in humans: a meta-analysis. *Am J Clin Nutr.* 2001;73(5):885-91.
68. Dehghan M, Mente A, Rangarajan S, Mohan V, Lear S, Swaminathan S, Wielgosz A, Seron P, Avezum A, Lopez-Jaramillo P, Turbide G, Chifamba J, AlHabib KF, Mohammadifard N, Szuba A, Khatib R, Altuntas Y, Liu X, Iqbal R, Rosengren A, Yusuf R, Smuts M, Yusufali A, Li N, Diaz R, Yusoff K, Kaur M, Soman B, Ismail N, Gupta R, Dans A, Sheridan P, Teo K, Anand SS, Yusuf S. Association of egg intake with blood lipids, cardiovascular disease, and mortality in 177,000 people in 50 countries. *Am J Clin Nutr.* 2020;111(4):795-803.
69. Carson JAS, Lichtenstein AH, Anderson CAM, Appel LJ, Kris-Etherton PM, Meyer KA, Petersen K, Polonsky T, Van Horn L; American Heart Association Nutrition Committee of the Council on Lifestyle and Cardiometabolic Health; Council on Arteriosclerosis, Thrombosis and Vascular Biology; Council on Cardiovascular and Stroke Nursing; Council on Clinical Cardiology; Council on Peripheral Vascular Disease; and Stroke Council. Dietary Cholesterol and Cardiovascular Risk: A Science Advisory From the American Heart Association. *Circulation.* 2020;141(3):e39-e53.
70. Shin JY, Xun P, Nakamura Y, He K. Egg consumption in relation to risk of cardiovascular disease and diabetes: a systematic review and meta-analysis. *Am J Clin Nutr.* 2013;98(1):146-59.
71. Liu C, Song Z, Li Z, Boon MR, Schönke M, Rensen PCN, Wang Y. Dietary choline increases brown adipose tissue activation markers and improves cholesterol metabolism in female APOE*3-Leiden.CETP mice. *Int J Obes (Lond).* 2023;47(3):236-243.
72. DiBella M, Thomas MS, Alyousef H, Millar C, Blesso C, Malysheva O, Caudill MA, Fernandez ML. Choline Intake as Supplement or as a Component of Eggs Increases Plasma Choline and Reduces Interleukin-6 without Modifying Plasma Cholesterol in Participants with Metabolic Syndrome. *Nutrients.* 2020;12(10):3120.
73. Tsoupras A, Lordan R, Zabetakis I. Inflammation, not Cholesterol, Is a Cause of Chronic Disease. *Nutrients.* 2018;10(5):604.
74. Grčević M, Kralik Z, Kralik G, Galović O. Effects of dietary marigold extract on lutein content, yolk color and fatty acid profile of omega-3 eggs. *J Sci Food Agric.* 2019;99(5):2292-2299.

75. Mach F, Baigent C, Catapano AL, Koskinas KC, Casula M, Badimon L, Chapman MJ, De Backer GG, Delgado V, Ference BA, Graham IM, Halliday A, Landmesser U, Mihaylova B, Pedersen TR, Riccardi G, Richter DJ, Sabatine MS, Taskinen MR, Tokgozoglu L, Wiklund O; ESC Scientific Document Group. 2019 ESC/EAS Guidelines for the management of dyslipidaemias: lipid modification to reduce cardiovascular risk. *Eur Heart J.* 2020;41(1):111-188.
76. Eckel RH, Jakicic JM, Ard JD, de Jesus JM, Houston Miller N, Hubbard VS, Lee IM, Lichtenstein AH, Loria CM, Millen BE, Nonas CA, Sacks FM, Smith SC Jr, Svetkey LP, Wadden TA, Yanovski SZ, Kendall KA, Morgan LC, Trisolini MG, Velasco G, Wnek J, Anderson JL, Halperin JL, Albert NM, Bozkurt B, Brindis RG, Curtis LH, DeMets D, Hochman JS, Kovacs RJ, Ohman EM, Pressler SJ, Sellke FW, Shen WK, Smith SC Jr, Tomaselli GF; American College of Cardiology/American Heart Association Task Force on Practice Guidelines. 2013 AHA/ACC guideline on lifestyle management to reduce cardiovascular risk: a report of the American College of Cardiology/American Heart Association Task Force on Practice Guidelines. *Circulation.* 2014;129(25 Suppl 2):S76-99.
77. BGH *GesR*. 2008;361.
78. BGH *NJW-RR.* 2014;1053.
79. Peou S, Milliard-Hasting B, Shah SA. Impact of avocado-enriched diets on plasma lipoproteins: A meta-analysis. *J Clin Lipidol.* 2016;10(1):161-71.
80. Estruch R, Ros E, Salas-Salvadó J, Covas MI, Corella D, Arós F, Gómez-Gracia E, Ruiz-Gutiérrez V, Fiol M, Lapetra J, Lamuela-Raventos RM, Serra-Majem L, Pintó X, Basora J, Muñoz MA, Sorlí JV, Martínez JA, Martínez-González MA; PREDIMED Study Investigators. Primary prevention of cardiovascular disease with a Mediterranean diet. *N Engl J Med.* 2013;368(14):1279-90.
81. Del Gobbo LC, Falk MC, Feldman R, Lewis K, Mozaffarian D. Effects of tree nuts on blood lipids, apolipoproteins, and blood pressure: systematic review, meta-analysis, and dose-response of 61 controlled intervention trials. *Am J Clin Nutr.* 2015;102(6):1347-56.
82. O'Neil CE, Fulgoni VL 3rd, Nicklas TA. Tree Nut consumption is associated with better adiposity measures and cardiovascular and metabolic syndrome health risk factors in U.S. Adults: NHANES 2005-2010. *Nutr J.* 2015;14:64.
83. Opie LH, Lecour S. The red wine hypothesis: from concepts to protective signalling molecules. *Eur Heart J.* 2007;28(14):1683-93.
84. Windler E, Beil FU, Berthold HK, Gouni-Berthold I, Kassner U, Klose G, Lorkowski S, März W, Parhofer KG, Plat J, Silbernagel G, Steinhagen-Thiessen E, Weingärtner O, Zyriax BC, Lütjohann D. Phytosterols and Cardiovascular Risk Evaluated against the Background of Phytosterolemia Cases-A German Expert Panel Statement. *Nutrients.* 2023;15(4):828.
85. Kreuzer J. Phytosterols and phytostanols: is it time to rethink that supplemented margarine? *Cardiovasc Res.* 2011;90(3):397-8.
86. Glenn AJ, Guasch-Ferré M, Malik VS, Kendall CWC, Manson JE, Rimm EB, Willett WC, Sun Q, Jenkins DJA, Hu FB, Sievenpiper JL. Portfolio Diet Score and Risk

of Cardiovascular Disease: Findings From 3 Prospective Cohort Studies. *Circulation.* 2023;148(22):1750-1763.

87. Makhmudova U, Schulze PC, Lütjohann D, Weingärtner O. Phytosterols and Cardiovascular Disease. *Curr Atheroscler Rep.* 2021;23(11):68.
88. Cheng WW, Liu GQ, Wang LQ, Liu ZS. Glycidyl Fatty Acid Esters in Refined Edible Oils: A Review on Formation, Occurrence, Analysis, and Elimination Methods. *Compr Rev Food Sci Food Saf.* 2017;16(2):263-281.
89. Gavrilova O, Marcus-Samuels B, Graham D, Kim JK, Shulman GI, Castle AL, Vinson C, Eckhaus M, Reitman ML. Surgical implantation of adipose tissue reverses diabetes in lipoatrophic mice. *J Clin Invest.* 2000;105(3):271-8.
90. Shai I, Schwarzfuchs D, Henkin Y, Shahar DR, Witkow S, Greenberg I, Golan R, Fraser D, Bolotin A, Vardi H, Tangi-Rozental O, Zuk-Ramot R, Sarusi B, Brickner D, Schwartz Z, Sheiner E, Marko R, Katorza E, Thiery J, Fiedler GM, Blüher M, Stumvoll M, Stampfer MJ; Dietary Intervention Randomized Controlled Trial (DIRECT) Group. Weight loss with a low-carbohydrate, Mediterranean, or low-fat diet. *N Engl J Med.* 2008;359(3):229-41.
91. Mozaffarian D, Hao T, Rimm EB, Willett WC, Hu FB. Changes in diet and lifestyle and long-term weight gain in women and men. *N Engl J Med.* 2011;364(25):2392-404.
92. Jensen JD, Smed S. State-of-the-art for food taxes to promote public health. *Proc Nutr Soc.* 2018;77(2):100-105.
93. Sargsyan A, Dubasi HB. Milk Consumption and Prostate Cancer: A Systematic Review. *World J Mens Health.* 2021;39(3):419-428.
94. Savaiano DA, Hutkins RW. Yogurt, cultured fermented milk, and health: a systematic review. *Nutr Rev.* 2021;79(5):599-614.
95. McGandy RB, Hegsted DM, Stare FJ. Dietary fats, carbohydrates and atherosclerotic vascular disease. *N Engl J Med.* 1967;277(5):242-7.
96. Kearns CE, Schmidt LA, Glantz SA. Sugar Industry and Coronary Heart Disease Research: A Historical Analysis of Internal Industry Documents. *JAMA Intern Med.* 2016;176(11):1680-1685.
97. Catapano AL, Graham I, De Backer G, Wiklund O, Chapman MJ, Drexel H, Hoes AW, Jennings CS, Landmesser U, Pedersen TR, Reiner Ž, Riccardi G, Taskinen MR, Tokgozoglu L, Verschuren WMM, Vlachopoulos C, Wood DA, Zamorano JL, Cooney MT; ESC Scientific Document Group. 2016 ESC/EAS Guidelines for the Management of Dyslipidaemias. *Eur Heart J.* 2016;37(39):2999-3058.
98. Sofi F, Dinu M, Pagliai G, Cesari F, Gori AM, Sereni A, Becatti M, Fiorillo C, Marcucci R, Casini A. Low-Calorie Vegetarian Versus Mediterranean Diets for Reducing Body Weight and Improving Cardiovascular Risk Profile: CARDIVEG Study (Cardiovascular Prevention With Vegetarian Diet). *Circulation.* 2018;137(11):1103-1113.
99. Link VM, Subramanian P, Cheung F, Han KL, Stacy A, Chi L, Sellers BA, Koroleva G, Courville AB, Mistry S, Burns A, Apps R, Hall KD, Belkaid Y. Differential peripheral immune signatures elicited by vegan versus ketogenic diets in humans. *Nat Med.* 2024;30(2):560-572.

100. Gohari S, Ghobadi S, Jafari A, Ahangar H, Gohari S, Mahjani M. The effect of dietary approaches to stop hypertension and ketogenic diets intervention on serum uric acid concentration: a systematic review and meta-analysis of randomized controlled trials. *Sci Rep.* 2023;13(1):10492.
101. Shan Z, Guo Y, Hu FB, Liu L, Qi Q. Association of Low-Carbohydrate and Low-Fat Diets With Mortality Among US Adults. *JAMA Intern Med.* 2020;180(4):513-523.
102. McGaugh E, Barthel B. A Review of Ketogenic Diet and Lifestyle. *Mo Med.* 2022;119(1):84-88.
103. Barghouthy Y, Corrales M, Somani B. The Relationship between Modern Fad Diets and Kidney Stone Disease: A Systematic Review of Literature. *Nutrients.* 2021;13(12):4270.
104. Lagiou P, Sandin S, Lof M, Trichopoulos D, Adami HO, Weiderpass E. Low carbohydrate-high protein diet and incidence of cardiovascular diseases in Swedish women: prospective cohort study. *BMJ.* 2012;344:e4026.
105. Lee MB, Hill CM, Bitto A, Kaeberlein M. Antiaging diets: Separating fact from fiction. *Science.* 2021;374(6570):eabe7365.
106. Mao B, Zhang Q, Ma L, Zhao DS, Zhao P, Yan P. Overview of Research into mTOR Inhibitors. *Molecules.* 2022;27(16):5295.
107. Zhang X, Kapoor D, Jeong SJ, Fappi A, Stitham J, Shabrish V, Sergin I, Yousif E, Rodriguez-Velez A, Yeh YS, Park A, Yurdagul Jr A, Rom O, Epelman S, Schilling JD, Sardiello M, Diwan A, Cho J, Stitziel NA, Javaheri A, Lodhi IJ, Mittendorder B, Razani B. Identification of a leucine-mediated threshold effect governing macrophage mTOR signalling and cardiovascular risk. *Nat Metab.* 2024;6:359-377.
108. Zheng Y, Li Y, Satija A, Pan A, Sotos-Prieto M, Rimm E, Willett WC, Hu FB. Association of changes in red meat consumption with total and cause specific mortality among US women and men: two prospective cohort studies. *BMJ.* 2019;365:l2110.
109. Genoni A, Christophersen CT, Lo J, Coghlan M, Boyce MC, Bird AR, Lyons-Wall P, Devine A. Long-term Paleolithic diet is associated with lower resistant starch intake, different gut microbiota composition and increased serum TMAO concentrations. *Eur J Nutr.* 2020;59(5):1845-1858.
110. Zeraatkar D, Han MA, Guyatt GH, Vernooij RWM, El Dib R, Cheung K, Milio K, Zworth M, Bartoszko JJ, Valli C, Rabassa M, Lee Y, Zajac J, Prokop-Dorner A, Lo C, Bala MM, Alonso-Coello P, Hanna SE, Johnston BC. Red and Processed Meat Consumption and Risk for All-Cause Mortality and Cardiometabolic Outcomes: A Systematic Review and Meta-analysis of Cohort Studies. *Ann Intern Med.* 2019;171(10):703-710.
111. Han MA, Zeraatkar D, Guyatt GH, Vernooij RWM, El Dib R, Zhang Y, Algarni A, Leung G, Storman D, Valli C, Rabassa M, Rehman N, Parvizian MK, Zworth M, Bartoszko JJ, Lopes LC, Sit D, Bala MM, Alonso-Coello P, Johnston BC. Reduction of Red and Processed Meat Intake and Cancer Mortality and Incidence: A

Systematic Review and Meta-analysis of Cohort Studies. *Ann Intern Med.* 2019;171(10):711-720.

112. Vernooij RWM, Zeraatkar D, Han MA, El Dib R, Zworth M, Milio K, Sit D, Lee Y, Gomaa H, Valli C, Swierz MJ, Chang Y, Hanna SE, Brauer PM, Sievenpiper J, de Souza R, Alonso-Coello P, Bala MM, Guyatt GH, Johnston BC. Patterns of Red and Processed Meat Consumption and Risk for Cardiometabolic and Cancer Outcomes: A Systematic Review and Meta-analysis of Cohort Studies. *Ann Intern Med.* 2019;171(10):732-741.
113. Ramel A, Nwaru BI, Lamberg-Allardt C, Thorisdottir B, Bärebring L, Söderlund F, Arnesen EK, Dierkes J, Åkesson A. White meat consumption and risk of cardiovascular disease and type 2 diabetes: a systematic review and meta-analysis. *Food Nutr Res.* 2023;67:10.29219/fnr.v67.9543.
114. Sebastiani G, Herranz Barbero A, Borrás-Novell C, Alsina Casanova M, Aldecoa-Bilbao V, Andreu-Fernández V, Pascual Tutusaus M, Ferrero Martínez S, Gómez Roig MD, García-Algar O. The Effects of Vegetarian and Vegan Diet during Pregnancy on the Health of Mothers and Offspring. *Nutrients.* 2019;11(3):557.
115. Leung AKC, Lam JM, Wong AHC, Hon KL, Li X. Iron Deficiency Anemia: An Updated Review. *Curr Pediatr Rev.* 2024;20(3):339-356.
116. Coy A, Medina A, Rivera A, Sánchez P. Calcium intake in Colombia: are we still in deficit? *Arch Osteoporos.* 2020;15(1):71.
117. Keefe JA, Moore OM, Ho KS, Wehrens XHT. Role of Ca^{2+} in healthy and pathologic cardiac function: from normal excitation-contraction coupling to mutations that cause inherited arrhythmia. *Arch Toxicol.* 2023;97(1):73-92.
118. Miyajima M. Amino acids: key sources for immunometabolites and immunotransmitters. *Int Immunol.* 2020;32(7):435-446.
119. Che D, Nyingwa PS, Ralinala KM, Maswanganye GMT, Wu G. Amino Acids in the Nutrition, Metabolism, and Health of Domestic Cats. *Adv Exp Med Biol.* 2021;1285:217-231.
120. Soice E, Johnston J. Immortalizing Cells for Human Consumption. *Int J Mol Sci.* 2021;22(21):11660.
121. Mateti T, Laha A, Shenoy P. Artificial Meat Industry: Production Methodology, Challenges, and Future. *JOM.* 2022;74(9):3428-3444.
122. Queiroz LS, Nogueira Silva NF, Jessen F, Mohammadifar MA, Stephani R, Fernandes de Carvalho A, Perrone ÍT, Casanova F. Edible insect as an alternative protein source: a review on the chemistry and functionalities of proteins under different processing methods. *Heliyon.* 2023;9(4):e14831.
123. Bisconsin-Junior A, Feitosa BF, Silva FL, Mariutti LRB. Mycotoxins on edible insects: Should we be worried? *Food Chem Toxicol.* 2023;177:113845.
124. Harris E. WHO: Nations Must Do More to Reduce Salt Consumption by 2025 *JAMA.* 2023;329(14):1143.
125. Mozaffarian D, Fahimi S, Singh GM, Micha R, Khatibzadeh S, Engell RE, Lim S, Danaei G, Ezzati M, Powles J; Global Burden of Diseases Nutrition and Chronic Diseases Expert Group. Global sodium consumption and death from cardiovascular causes. *N Engl J Med.* 2014;371(7):624-34.

126. Wan L, Ogrinz B, Vigo D, Bersenev E, Tuerlinckx F, Van den Bergh O, Aubert AE. Cardiovascular autonomic adaptation to long-term confinement during a 105-day simulated Mars mission. *Aviat Space Environ Med.* 2011;82(7):711-6.
127. He FJ, Tan M, Ma Y, MacGregor GA. Salt Reduction to Prevent Hypertension and Cardiovascular Disease: JACC State-of-the-Art Review. *J Am Coll Cardiol.* 2020;75(6):632-647.
128. DiNicolantonio JJ, Mehta V, Zaman SB, O'Keefe JH. Not Salt But Sugar As Aetiological In Osteoporosis: A Review. *Mo Med.* 2018;115(3):247-252.
129. Wu X, Chen L, Cheng J, Qian J, Fang Z, Wu J. Effect of Dietary Salt Intake on Risk of Gastric Cancer: A Systematic Review and Meta-Analysis of Case-Control Studies. *Nutrients.* 2022;14(20):4260.
130. Braam B, Huang X, Cupples WA, Hamza SM. Understanding the Two Faces of Low-Salt Intake. *Curr Hypertens Rep.* 2017;19(6):49.
131. Yuan Y, Jin A, Neal B, Feng X, Qiao Q, Wang H, Zhang R, Li J, Duan P, Cao L, Zhang H, Hu S, Li H, Gao P, Xie G, Yuan J, Cheng L, Wang S, Zhang H, Niu W, Fang H, Zhao M, Gao R, Chen J, Elliott P, Labarthe D, Wu Y. Salt substitution and salt-supply restriction for lowering blood pressure in elderly care facilities: a cluster-randomized trial. *Nat Med.* 2023;29(4):973-981.
132. de Cabo R, Mattson MP. Effects of Intermittent Fasting on Health, Aging, and Disease. *N Engl J Med.* 2019;381(26):2541-2551.
133. Devrim-Lanpir A, Hill L, Knechtle B. Efficacy of Popular Diets Applied by Endurance Athletes on Sports Performance: Beneficial or Detrimental? A Narrative Review. *Nutrients.* 2021;13(2):491.
134. Song DK, Kim YW. Beneficial effects of intermittent fasting: a narrative review. *J Yeungnam Med Sci.* 2023;40(1):4-11.
135. Pietzner M, Uluvar B, Kolnes KJ, Jeppesen PB, Frivold SV, Skattebo Ø, Johansen EI, Skålhegg BS, Wojtaszewski JFP, Kolnes AJ, Yeo GSH, O'Rahilly S, Jensen J, Langenberg C. Systemic proteome adaptions to 7-day complete caloric restriction in humans. *Nat Metab.* 2024 Mar 1. doi: 10.1038/s42255-024-01008-9. Online ahead of print.
136. Brooks M. Intermittent fasting linked to higher CVD death risk. *Medscape*. 2024;19 March. https://www.medscape.com/viewarticle/intermittent-fasting-linked-higher-cvd-death-risk-2024a1000559.
137. Boccardi V, Pigliautile M, Guazzarini AG, Mecocci P. The Potential of Fasting-Mimicking Diet as a Preventive and Curative Strategy for Alzheimer's Disease. *Biomolecules.* 2023;13(7):1133.
138. Wei M, Brandhorst S, Shelehchi M, Mirzaei H, Cheng CW, Budniak J, Groshen S, Mack WJ, Guen E, Di Biase S, Cohen P, Morgan TE, Dorff T, Hong K, Michalsen A, Laviano A, Longo VD. Fasting-mimicking diet and markers/risk factors for aging, diabetes, cancer, and cardiovascular disease. *Sci Transl Med.* 2017;9(377):eaai8700.
139. Brandhorst S, Levine ME, Wei M, Shelehchi M, Morgan TE, Nayak KS, Dorff T, Hong K, Crimmins EM, Cohen P, Longo VD. Fasting-mimicking diet causes he-

patic and blood markers changes indicating reduced biological age and disease risk. *Nat Commun.* 2024;15(1):1309.

140. Bleakley CM, Bieuzen F, Davison GW, Costello JT. Whole-body cryotherapy: empirical evidence and theoretical perspectives. *Open Access J Sports Med.* 2014;5:25-36.
141. Miller KC, Launstein ED, Glovatsky RM. Rectal Temperature Cooling Using 2 Cold-Water Immersion Preparation Strategies. *J Athl Train.* 2023;58(4):355-360.
142. Loap S, Lathe R. Mechanism Underlying Tissue Cryotherapy to Combat Obesity/Overweight: Triggering Thermogenesis. *J Obes.* 2018;2018:5789647.
143. Marlatt KL, Ravussin E. Brown Adipose Tissue: an Update on Recent Findings. *Curr Obes Rep.* 2017;6(4):389-396.
144. Galic S, Loh K, Murray-Segal L, Steinberg GR, Andrews ZB, Kemp BE. AMPK signaling to acetyl-CoA carboxylase is required for fasting- and cold-induced appetite but not thermogenesis. *Elife.* 2018;7:e32656.
145. Bakal K, Danckers M, Denson JL, Sauthoff H. Therapeutic hypothermia after cardiac arrest in a patient with systemic sclerosis and Raynaud phenomenon. *Chest.* 2015;147(2):e27-e30.
146. van den Driessche JJ, Plat J, Mensink RP. Effects of superfoods on risk factors of metabolic syndrome: a systematic review of human intervention trials. *Food Funct.* 2018;9(4):1944-1966.
147. Gulcin İ. Antioxidants and antioxidant methods: an updated overview. *Arch Toxicol.* 2020;94(3):651-715.
148. Price C. The Age of Scurvy. *Distillations Magazine.* 2017;3(2):12-23.
149. Stubbs BJ. Captain Cook's Beer; the anti-scorbutic effects of malt and beer in late 18th century sea voyages. *Asia and Pacific Journal of Clinical Nutrition.* 2003;12(2):129-37.
150. Xu K, Peng R, Zou Y, Jiang X, Sun Q, Song C. Vitamin C intake and multiple health outcomes: an umbrella review of systematic reviews and meta-analyses. *Int J Food Sci Nutr.* 2022;73(5):588-599.
151. Magrì A, Germano G, Lorenzato A, Lamba S, Chilà R, Montone M, Amodio V, Ceruti T, Sassi F, Arena S, Abrignani S, D'Incalci M, Zucchetti M, Di Nicolantonio F, Bardelli A. High-dose vitamin C enhances cancer immunotherapy. *Sci Transl Med.* 2020;12(532):eaay8707.
152. Shaw G, Lee-Barthel A, Ross ML, Wang B, Baar K. Vitamin C-enriched gelatin supplementation before intermittent activity augments collagen synthesis. *Am J Clin Nutr.* 2017;105(1):136-143.
153. Lbban E, Kwon K, Ashor A, Stephan B, Idris I, Tsintzas K, Siervo M. Vitamin C supplementation showed greater effects on systolic blood pressure in hypertensive and diabetic patients: an updated systematic review and meta-analysis of randomised clinical trials. *Int J Food Sci Nutr.* 2023;74(8):814-825.

154. Kook SY, Lee KM, Kim Y, Cha MY, Kang S, Baik SH, Lee H, Park R, Mook-Jung I. High-dose of vitamin C supplementation reduces amyloid plaque burden and ameliorates pathological changes in the brain of 5XFAD mice. *Cell Death Dis.* 2014;5(2):e1083.
155. Santos RD. Vitamin C and primary prevention of cardiovascular disease: the case for Mendelian randomization. *Eur J Prev Cardiol.* 2022;28(16):1838-1839.
156. Kangisser L, Tan E, Bellomo R, Deane AM, Plummer MP. Neuroprotective Properties of Vitamin C: A Scoping Review of Pre-Clinical and Clinical Studies. *J Neurotrauma.* 2021;38(16):2194-2205.
157. Doseděl M, Jirkovský E, Macáková K, Krčmová LK, Javorská L, Pourová J, Mercolini L, Remião F, Nováková L, Mladěnka P, On Behalf Of The Oemonom. Vitamin C-Sources, Physiological Role, Kinetics, Deficiency, Use, Toxicity, and Determination. *Nutrients.* 2021;13(2):615.
158. Olechnowicz J, Tinkov A, Skalny A, Suliburska J. Zinc status is associated with inflammation, oxidative stress, lipid, and glucose metabolism. *J Physiol Sci.* 2018;68(1):19-31.
159. Wessels I, Maywald M, Rink L. Zinc as a Gatekeeper of Immune Function. *Nutrients.* 2017;9(12):1286.
160. Jia S, Wang J, Li S, Wang X, Liu Q, Li Y, Shad M, Ma B, Wang L, Li C, Li X. Genetically encoded zinc-binding collagen-like protein hybrid hydrogels for wound repair. *Int J Biol Macromol.* 2024;254(Pt 1):127592.
161. Baltaci AK, Mogulkoc R, Baltaci SB. Review: The role of zinc in the endocrine system. *Pak J Pharm Sci.* 2019;32(1):231-239.
162. Bolke L, Schlippe G, Gerß J, Voss W. A Collagen Supplement Improves Skin Hydration, Elasticity, Roughness, and Density: Results of a Randomized, Placebo-Controlled, Blind Study. *Nutrients.* 2019;11(10):2494.
163. Sun R, Wang J, Feng J, Cao B. Zinc in Cognitive Impairment and Aging. *Biomolecules.* 2022;12(7):1000.
164. Singh JK, van Attikum H. DNA double-strand break repair: Putting zinc fingers on the sore spot. *Semin Cell Dev Biol.* 2021;113:65-74.
165. Ceballos-Rasgado M, Lowe NM, Mallard S, Clegg A, Moran VH, Harris C, Montez J, Xipsiti M. Adverse Effects of Excessive Zinc Intake in Infants and Children Aged 0-3 Years: A Systematic Review and Meta-Analysis. *Adv Nutr.* 2022;13(6):2488-2518.
166. Nguyen TTU, Yeom JH, Kim W. Beneficial Effects of Vitamin E Supplementation on Endothelial Dysfunction, Inflammation, and Oxidative Stress Biomarkers in Patients Receiving Hemodialysis: A Systematic Review and Meta-Analysis of Randomized Controlled Trials. *Int J Mol Sci.* 2021;22(21):11923.
167. Rychter AM, Hryhorowicz S, Słomski R, Dobrowolska A, Krela-Kaźmierczak I. Antioxidant effects of vitamin E and risk of cardiovascular disease in women with obesity - A narrative review. *Clin Nutr.* 2022;41(7):1557-1565.
168. Lewis ED, Meydani SN, Wu D. Regulatory role of vitamin E in the immune system and inflammation. *IUBMB Life.* 2019;71(4):487-494.

169. Zainal Z, Khaza'ai H, Kutty Radhakrishnan A, Chang SK. Therapeutic potential of palm oil vitamin E-derived tocotrienols in inflammation and chronic diseases: Evidence from preclinical and clinical studies. *Food Res Int.* 2022;156:111175.
170. Michalak M. Plant-Derived Antioxidants: Significance in Skin Health and the Ageing Process. *Int J Mol Sci.* 2022;23(2):585.
171. US Preventive Services Task Force; Mangione CM, Barry MJ, Nicholson WK, Cabana M, Chelmow D, Coker TR, Davis EM, Donahue KE, Doubeni CA, Jaén CR, Kubik M, Li L, Ogedegbe G, Pbert L, Ruiz JM, Stevermer J, Wong JB. Vitamin, Mineral, and Multivitamin Supplementation to Prevent Cardiovascular Disease and Cancer: US Preventive Services Task Force Recommendation Statement. *JAMA.* 2022;327(23):2326-2333.
172. Zheng WV, Xu W, Li Y, Qin J, Zhou T, Li D, Xu Y, Cheng X, Xiong Y, Chen Z. Anti-aging effect of β-carotene through regulating the KAT7-P15 signaling axis, inflammation and oxidative stress process. *Cell Mol Biol Lett.* 2022;27(1):86.
173. Liu S, Wu Q, Wang S, He Y. Causal associations between circulation β-carotene and cardiovascular disease: A Mendelian randomization study. *Medicine (Baltimore).* 2023;102(48):e36432.
174. Honda M. Z-Isomers of lycopene and β-carotene exhibit greater skin-quality improving action than their all-E-isomers. *Food Chem.* 2023;421:135954.
175. Johra FT, Bepari AK, Bristy AT, Reza HM. A Mechanistic Review of β-Carotene, Lutein, and Zeaxanthin in Eye Health and Disease. *Antioxidants (Basel).* 2020;9(11):1046.
176. Omenn GS. Chemoprevention of lung cancers: lessons from CARET, the beta-carotene and retinol efficacy trial, and prospects for the future. *Eur J Cancer Prev.* 2007;16(3):184-91.
177. Kavalappa YP, Gopal SS, Ponesakki G. Lutein inhibits breast cancer cell growth by suppressing antioxidant and cell survival signals and induces apoptosis. *Cell Physiol.* 2021;236(3):1798-1809.
178. Satia JA, Littman A, Slatore CG, Galanko JA, White E. Long-term use of beta-carotene, retinol, lycopene, and lutein supplements and lung cancer risk: results from the VITamins And Lifestyle (VITAL) study. *Am J Epidemiol.* 2009;169(7):815-28.
179. Li N, Wu X, Zhuang W, Xia L, Chen Y, Wu C, Rao Z, Du L, Zhao R, Yi M, Wan Q, Zhou Y. Tomato and lycopene and multiple health outcomes: Umbrella review. *Food Chem.* 2021;343:128396.
180. Khan UM, Sevindik M, Zarrabi A, Nami M, Ozdemir B, Kaplan DN, Selamoglu Z, Hasan M, Kumar M, Alshehri MM, Sharifi-Rad J. Lycopene: Food Sources, Biological Activities, and Human Health Benefits. *Oxid Med Cell Longev.* 2021;2021:2713511.
181. Kulawik A, Cielecka-Piontek J, Zalewski P. The Importance of Antioxidant Activity for the Health-Promoting Effect of Lycopene. *Nutrients.* 2023;15(17):3821.
182. Razaghi A, Poorebrahim M, Sarhan D, Björnstedt M. Selenium stimulates the antitumour immunity: Insights to future research. *Eur J Cancer.* 2021;155:256-267.

183. Bjørklund G, Shanaida M, Lysiuk R, Antonyak H, Klishch I, Shanaida V, Peana M. Selenium: An Antioxidant with a Critical Role in Anti-Aging. *Molecules.* 2022;27(19):6613.
184. Wang F, Li C, Li S, Cui L, Zhao J, Liao L. Selenium and thyroid diseases. *Front Endocrinol (Lausanne).* 2023;14:1133000.
185. Xiang S, Dai Z, Man C, Fan Y. Circulating Selenium and Cardiovascular or All-Cause Mortality in the General Population: a Meta-Analysis. *Biol Trace Elem Res.* 2020;195(1):55-62.
186. Zhang F, Li X, Wei Y. Selenium and Selenoproteins in Health. *Biomolecules.* 2023;13(5):799.
187. Hariharan S, Dharmaraj S. Selenium and selenoproteins: it's role in regulation of inflammation. *Inflammopharmacology.* 2020;28(3):667-695.
188. Vinceti M, Filippini T, Del Giovane C, Dennert G, Zwahlen M, Brinkman M, Zeegers MP, Horneber M, D'Amico R, Crespi CM. Selenium for preventing cancer. *Cochrane Database Syst Rev.* 2018;1(1):CD005195.
189. Yuan S, Mason AM, Carter P, Vithayathil M, Kar S, Burgess S, Larsson SC. Selenium and cancer risk: Wide-angled Mendelian randomization analysis. *Int J Cancer.* 2022;150(7):1134-1140.
190. Ferreira RLU, Sena-Evangelista KCM, de Azevedo EP, Pinheiro FI, Cobucci RN, Pedrosa LFC. Selenium in Human Health and Gut Microflora: Bioavailability of Selenocompounds and Relationship With Diseases. *Front Nutr.* 2021;8:685317.
191. Deepika, Maurya PK. Health Benefits of Quercetin in Age-Related Diseases. *Molecules.* 2022;27(8):2498.
192. Qi W, Qi W, Xiong D, Long M. Quercetin: Its Antioxidant Mechanism, Antibacterial Properties and Potential Application in Prevention and Control of Toxipathy. *Molecules.* 2022;27(19):6545.
193. Li Y, Yao J, Han C, Yang J, Chaudhry MT, Wang S, Liu H, Yin Y. Quercetin, Inflammation and Immunity. *Nutrients.* 2016;8(3):167.
194. Hosseini A, Razavi BM, Banach M, Hosseinzadeh H. Quercetin and metabolic syndrome: A review. *Phytother Res.* 2021;35(10):5352-5364.
195. Dabeek WM, Marra MV. Dietary Quercetin and Kaempferol: Bioavailability and Potential Cardiovascular-Related Bioactivity in Humans. *Nutrients.* 2019;11(10):2288.
196. Reyes-Farias M, Carrasco-Pozo C. The Anti-Cancer Effect of Quercetin: Molecular Implications in Cancer Metabolism. *Int J Mol Sci.* 2019;20(13):3177.
197. Zu G, Sun K, Li L, Zu X, Han T, Huang H. Mechanism of quercetin therapeutic targets for Alzheimer disease and type 2 diabetes mellitus. *Sci Rep.* 2021;11(1):22959.
198. Alizadeh SR, Ebrahimzadeh MA. Quercetin derivatives: Drug design, development, and biological activities, a review. *Eur J Med Chem.* 2022;229:114068.
199. Burkina V, Zamaratskaia G, Rasmussen MK. Curcumin and quercetin modify warfarin-induced regulation of porcine CYP1A2 and CYP3A expression and activity *in vitro. Xenobiotica.* 2022;52(5):435-441.

200. Diao M, Liang Y, Zhao J, Zhao C, Zhang J, Zhang T. Enhanced cytotoxicity and antioxidant capacity of kaempferol complexed with α-lactalbumin. *Food Chem Toxicol.* 2021;153:112265.
201. Chagas MDSS, Behrens MD, Moragas-Tellis CJ, Penedo GXM, Silva AR, Gonçalves-de-Albuquerque CF. Flavonols and Flavones as Potential anti-Inflammatory, Antioxidant, and Antibacterial Compounds. *Oxid Med Cell Longev.* 2022;2022:9966750.
202. Nejabati HR, Roshangar L. Kaempferol: A potential agent in the prevention of colorectal cancer. *Physiol Rep.* 2022;10(20):e15488.
203. Imran M, Salehi B, Sharifi-Rad J, Aslam Gondal T, Saeed F, Imran A, Shahbaz M, Tsouh Fokou PV, Umair Arshad M, Khan H, Guerreiro SG, Martins N, Estevinho LM. Kaempferol: A Key Emphasis to Its Anticancer Potential. *Molecules.* 2019;24(12):2277.
204. Jin S, Zhang L, Wang L. Kaempferol, a potential neuroprotective agent in neurodegenerative diseases: From chemistry to medicine. *Biomed Pharmacother.* 2023;165:115215.
205. Al-Nour MY, Ibrahim MM, Elsaman T. Ellagic Acid, Kaempferol, and Quercetin from *Acacia nilotica*: Promising Combined Drug With Multiple Mechanisms of Action. *Curr Pharmacol Rep.* 2019;5(4):255-280.
206. Franza L, Carusi V, Nucera E, Pandolfi F. Luteolin, inflammation and cancer: Special emphasis on gut microbiota. *Biofactors.* 2021;47(2):181-189.
207. Huang L, Kim MY, Cho JY. Immunopharmacological Activities of Luteolin in Chronic Diseases
Int J Mol Sci. 2023;24(3):2136.
208. Imran M, Rauf A, Abu-Izneid T, Nadeem M, Shariati MA, Khan IA, Imran A, Orhan IE, Rizwan M, Atif M, Gondal TA, Mubarak MS. Luteolin, a flavonoid, as an anticancer agent: A review.
Biomed Pharmacother. 2019;112:108612.
209. Hussain Y, Cui JH, Khan H, Aschner M, Batiha GE, Jeandet P. Luteolin and cancer metastasis suppression: focus on the role of epithelial to mesenchymal transition. *Med Oncol.* 2021;38(6):66.
210. Kempuraj D, Thangavel R, Kempuraj DD, Ahmed ME, Selvakumar GP, Raikwar SP, Zaheer SA, Iyer SS, Govindarajan R, Chandrasekaran PN, Zaheer A. Neuroprotective effects of flavone luteolin in neuroinflammation and neurotrauma. *Biofactors.* 2021;47(2):190-197.
211. Swaminathan A, Basu M, Bekri A, Drapeau P, Kundu TK. The Dietary Flavonoid, Luteolin, Negatively Affects Neuronal Differentiation. *Front Mol Neurosci.* 2019;12:41.
212. Musial C, Kuban-Jankowska A, Gorska-Ponikowska M. Beneficial Properties of Green Tea Catechins. *Int J Mol Sci.* 2020;21(5):1744.
213. Baranwal A, Aggarwal P, Rai A, Kumar N. Pharmacological Actions and Underlying Mechanisms of Catechin: A Review. *Mini Rev Med Chem.* 2022;22(5):821-833.

214. Kerimi A, Williamson G. The cardiovascular benefits of dark chocolate. *Vascul Pharmacol.* 2015;71:11-5.
215. Ohishi T, Miyoshi N, Mori M, Sagara M, Yamori Y. Health Effects of Soy Isoflavones and Green Tea Catechins on Cancer and Cardiovascular Diseases Based on Urinary Biomarker Levels. *Molecules.* 2022;27(24):8899.
216. Sirotkin AV, Kolesárová A. The anti-obesity and health-promoting effects of tea and coffee. *Physiol Res.* 2021;70(2):161-168.
217. Sesso HD, Manson JE, Aragaki AK, Rist PM, Johnson LG, Friedenberg G, Copeland T, Clar A, Mora S, Moorthy MV, Sarkissian A, Carrick WR, Anderson GL; COSMOS Research Group. Effect of cocoa flavanol supplementation for the prevention of cardiovascular disease events: the COcoa Supplement and Multivitamin Outcomes Study (COSMOS) randomized clinical trial. *Am J Clin Nutr.* 2022;115(6):1490-1500.
218. Sesso HD, Rist PM, Aragaki AK, Rautiainen S, Johnson LG, Friedenberg G, Copeland T, Clar A, Mora S, Moorthy MV, Sarkissian A, Wactawski-Wende J, Tinker LF, Carrick WR, Anderson GL, Manson JE; COSMOS Research Group. Multivitamins in the prevention of cancer and cardiovascular disease: the COcoa Supplement and Multivitamin Outcomes Study (COSMOS) randomized clinical trial. *Am J Clin Nutr.* 2022;115(6):1501-1510.
219. Khalatbary AR, Khademi E. The green tea polyphenolic catechin epigallocatechin gallate and neuroprotection. *Nutr Neurosci.* 2020;23(4):281-294.
220. Brickman AM, Yeung LK, Alschuler DM, Ottaviani JI, Kuhnle GGC, Sloan RP, Luttmann-Gibson H, Copeland T, Schroeter H, Sesso HD, Manson JE, Wall M, Small SA. Dietary flavanols restore hippocampal-dependent memory in older adults with lower diet quality and lower habitual flavanol consumption. *Proc Natl Acad Sci U S A.* 2023;120(23):e2216932120.
221. Satoh T, Fujisawa H, Nakamura A, Takahashi N, Watanabe K. Inhibitory Effects of Eight Green Tea Catechins on Cytochrome P450 1A2, 2C9, 2D6, and 3A4 Activities. *J Pharm Pharm Sci.* 2016;19(2):188-97.
222. Mandal B, Das R, Mondal S. Anthocyanin: A Potential Phytochemical Candidate for the Amelioration of Non-Alcoholic Fatty Liver Disease. *Ann Pharm Fr.* 2024:S0003-4509(24)00023-3.
223. Sahoo DK, Heilmann RM, Paital B, Patel A, Yadav VK, Wong D, Jergens AE. Oxidative stress, hormones, and effects of natural antioxidants on intestinal inflammation in inflammatory bowel disease. *Front Endocrinol (Lausanne).* 2023;14:1217165.
224. Kalt W, Cassidy A, Howard LR, Krikorian R, Stull AJ, Tremblay F, Zamora-Ros R. Recent Research on the Health Benefits of Blueberries and Their Anthocyanins. *Adv Nutr.* 2020;11(2):224-236.
225. Krikorian R, Skelton MR, Summer SS, Shidler MD, Sullivan PG. Blueberry Supplementation in Midlife for Dementia Risk Reduction. *Nutrients.* 2022;14(8):1619.

226. Khoo HE, Ng HS, Yap WS, Goh HJH, Yim HS. Nutrients for Prevention of Macular Degeneration and Eye-Related Diseases. *Antioxidants (Basel).* 2019;8(4):85.
227. Gómez-Garduño J, León-Rodríguez R, Alemón-Medina R, Pérez-Guillé BE, Soriano-Rosales RE, González-Ortiz A, Chávez-Pacheco JL, Solorio-López E, Fernandez-Pérez P, Rivera-Espinosa L. Phytochemicals That Interfere With Drug Metabolism and Transport, Modifying Plasma Concentration in Humans and Animals. *Dose Response.* 2022;20(3):15593258221120485.
228. Chung KT, Wong TY, Wei CI, Huang YW, Lin Y. Tannins and human health: a review. *Crit Rev Food Sci Nutr.* 1998;38(6):421-64.
229. Maugeri A, Lombardo GE, Cirmi S, Süntar I, Barreca D, Laganà G, Navarra M. Pharmacology and toxicology of tannins. *Arch Toxicol.* 2022;96(5):1257-1277.
230. Yuan H, Zhou P, Peng Z, Wang C. Antioxidant and Antibacterial Activities of Dodecyl Tannin Derivative Linked with 1,2,3-Triazole. *Chem Biodivers.* 2022;19(1):e202100558.
231. Vendrame S, Adekeye TE, Klimis-Zacas D. The Role of Berry Consumption on Blood Pressure Regulation and Hypertension: An Overview of the Clinical Evidence. *Nutrients.* 2022;14(13):2701.
232. Nishida S, Katsumi N, Matsumoto K. Prevention of the rise in plasma cholesterol and glucose levels by kaki-tannin and characterization of its bile acid binding capacity. *Sci Food Agric.* 2021;101(5):2117-2124.
233. Rajasekar N, Sivanantham A, Ravikumar V, Rajasekaran S. An overview on the role of plant-derived tannins for the treatment of lung cancer. *Phytochemistry.* 2021;188:112799.
234. Fu F, Song C, Wen C, Yang L, Guo Y, Yang X, Shu Z, Li X, Feng Y, Liu B, Sun M, Zhong Y, Chen L, Niu Y, Chen J, Wang G, Yin T, Chen S, Xue L, Cao F. The Metasequoia genome and evolutionary relationships among redwoods. *Plant Commun.* 2023;4(6):100643.
235. Petroski W, Minich DM. Is There Such a Thing as "Anti-Nutrients"? A Narrative Review of Perceived Problematic Plant Compounds. *Nutrients.* 2020;12(10):2929.
236. Abera S, Yohannes W, Chandravanshi BS. Effect of Processing Methods on Antinutritional Factors (Oxalate, Phytate, and Tannin) and Their Interaction with Minerals (Calcium, Iron, and Zinc) in Red, White, and Black Kidney Beans. *Int J Anal Chem.* 2023;2023:6762027.
237. Brito AF, Zang Y. A Review of Lignan Metabolism, Milk Enterolactone Concentration, and Antioxidant Status of Dairy Cows Fed Flaxseed. *Molecules.* 2018;24(1):41.
238. Rattanaburee T, Tanawattanasuntorn T, Thongpanchang T, Tipmanee V, Graidist P. Trans-(-)-Kusunokinin: A Potential Anticancer Lignan Compound against HER2 in Breast Cancer Cell Lines? *Molecules.* 2021;26(15):4537.
239. Jenkins DJA, Kendall CWC, Sievenpiper JL. Plant Polyphenols Lignans and Cardiovascular Disease. *J Am Coll Cardiol.* 2021;78(7):679-682.

240. Parikh M, Maddaford TG, Austria JA, Aliani M, Netticadan T, Pierce GN. Dietary Flaxseed as a Strategy for Improving Human Health. *Nutrients.* 2019;11(5):1171.
241. Ren Y, Xu Z, Qiao Z, Wang X, Yang C. Flaxseed Lignan Alleviates the Paracetamol-Induced Hepatotoxicity Associated with Regulation of Gut Microbiota and Serum Metabolome. *Nutrients.* 2024;16(2):295.
242. Aishwarya V, Solaipriya S, Sivaramakrishnan V. Role of ellagic acid for the prevention and treatment of liver diseases. *Phytother Res.* 2021;35(6):2925-2944.
243. Cota D, Patil D. Antibacterial potential of ellagic acid and gallic acid against IBD bacterial isolates and cytotoxicity against colorectal cancer. *Nat Prod Res.* 2023;37(12):1998-2002.
244. Possamai Rossatto FC, Tharmalingam N, Escobar IE, d'Azevedo PA, Zimmer KR, Mylonakis E. Antifungal Activity of the Phenolic Compounds Ellagic Acid (EA) and Caffeic Acid Phenethyl Ester (CAPE) against Drug-Resistant *Candida auris. J Fungi (Basel).* 2021;7(9):763.
245. Naraki K, Ghasemzadeh Rahbardar M, Ajiboye BO, Hosseinzadeh H. The effect of ellagic acid on the metabolic syndrome: A review article. *Heliyon.* 2023;9(11):e21844.
246. Zhu H, Yan Y, Jiang Y, Meng X. Ellagic Acid and Its Anti-Aging Effects on Central Nervous System. *Int J Mol Sci.* 2022;23(18):10937.
247. Borrelli F, Posadas I, Capasso R, Aviello G, Ascione V, Capasso F. Effect of caffeic acid phenethyl ester on gastric acid secretion in vitro. *Eur J Pharmacol.* 2005;521(1-3):139-43.
248. Purushothaman A, Babu SS, Naroth S, Janardanan D. Antioxidant activity of caffeic acid: thermodynamic and kinetic aspects on the oxidative degradation pathway. *Free Radic Res.* 2022;56(9-10):617-630.
249. Khan F, Bamunuarachchi NI, Tabassum N, Kim YM. Caffeic Acid and Its Derivatives: Antimicrobial Drugs toward Microbial Pathogens. *J Agric Food Chem.* 2021;69(10):2979-3004.
250. Pavlíková N. Caffeic Acid and Diseases-Mechanisms of Action. *Int J Mol Sci.* 2022;24(1):588.
251. Sun R, Wu T, Xing S, Wei S, Bielicki JK, Pan X, Zhou M, Chen J. Caffeic acid protects against atherosclerotic lesions and cognitive decline in ApoE$^{-/-}$ mice. *J Pharmacol Sci.* 2023;151(2):110-118.
252. Muhammad Abdul Kadar NN, Ahmad F, Teoh SL, Yahaya MF. Caffeic Acid on Metabolic Syndrome: A Review. *Molecules.* 2021;26(18):5490.
253. Salau VF, Erukainure OL, Bharuth V, Islam MS. Caffeic acid improves glucose utilization and maintains tissue ultrastructural morphology while modulating metabolic activities implicated in neurodegenerative disorders in isolated rat brains. *J Biochem Mol Toxicol.* 2021;35(1):e22610.
254. Zia A, Farkhondeh T, Pourbagher-Shahri AM, Samarghandian S. The role of curcumin in aging and senescence: Molecular mechanisms. *Biomed Pharmacother.* 2021;134:111119.

255. Dehzad MJ, Ghalandari H, Nouri M, Askarpour M. Antioxidant and anti-inflammatory effects of curcumin/turmeric supplementation in adults: A GRADE-assessed systematic review and dose-response meta-analysis of randomized controlled trials. *Cytokine.* 2023;164:156144.
256. Ming T, Tao Q, Tang S, Zhao H, Yang H, Liu M, Ren S, Xu H. Curcumin: An epigenetic regulator and its application in cancer. *Biomed Pharmacother.* 2022;156:113956.
257. Pourbagher-Shahri AM, Farkhondeh T, Ashrafizadeh M, Talebi M, Samargahndian S. Curcumin and cardiovascular diseases: Focus on cellular targets and cascades. *Biomed Pharmacother.* 2021;136:111214.
258. Askarizadeh A, Barreto GE, Henney NC, Majeed M, Sahebkar A. Neuroprotection by curcumin: A review on brain delivery strategies. *Int J Pharm.* 2020;585:119476.
259. Zhou DD, Luo M, Huang SY, Saimaiti A, Shang A, Gan RY, Li HB. Effects and Mechanisms of Resveratrol on Aging and Age-Related Diseases. *Oxid Med Cell Longev.* 2021;2021:9932218.
260. Rauf A, Imran M, Butt MS, Nadeem M, Peters DG, Mubarak MS. Resveratrol as an anti-cancer agent: A review. *Crit Rev Food Sci Nutr.* 2018;58(9):1428-1447.
261. Chudzińska M, Rogowicz D, Wołowiec Ł, Banach J, Sielski S, Bujak R, Sinkiewicz A, Grześk G. Resveratrol and cardiovascular system-the unfulfilled hopes. *Ir J Med Sci.* 2021;190(3):981-986.
262. Islam F, Nafady MH, Islam MR, Saha S, Rashid S, Akter A, Or-Rashid MH, Akhtar MF, Perveen A, Md Ashraf G, Rahman MH, Hussein Sweilam S. Resveratrol and neuroprotection: an insight into prospective therapeutic approaches against Alzheimer's disease from bench to bedside. *Mol Neurobiol.* 2022;59(7):4384-4404.
263. Galiniak S, Aebisher D, Bartusik-Aebisher D. Health benefits of resveratrol administration. *Acta Biochim Pol.* 2019;66(1):13-21.
264. Jaisamut P, Wanna S, Limsuwan S, Chusri S, Wiwattanawongsa K, Wiwattanapatapee R. Enhanced Oral Bioavailability and Improved Biological Activities of a Quercetin/Resveratrol Combination Using a Liquid Self-Microemulsifying Drug Delivery System. *Planta Med.* 2021;87(4):336-346.
265. Lee SH, Lee JH, Lee HY, Min KJ. Sirtuin signaling in cellular senescence and aging. *BMB Rep.* 2019;52(1):24-34.
266. Juang YP, Liang PH. Biological and Pharmacological Effects of Synthetic Saponins. *Molecules.* 2020;25(21):4974.
267. Diez-Simon C, Eichelsheim C, Mumm R, Hall RD. Chemical and Sensory Characteristics of Soy Sauce: A Review. *J Agric Food Chem.* 2020;68(42):11612-11630.
268. Gorissen SHM, Crombag JJR, Senden JMG, Waterval WAH, Bierau J, Verdijk LB, van Loon LJC. Protein content and amino acid composition of commercially available plant-based protein isolates. *Amino Acids.* 2018;50(12):1685-1695.
269. Ohishi T, Miyoshi N, Mori M, Sagara M, Yamori Y. Health Effects of Soy Isoflavones and Green Tea Catechins on Cancer and Cardiovascular Diseases Based on Urinary Biomarker Levels. *Molecules.* 2022;27(24):8899.

270. Takagi A, Kano M, Kaga C. Possibility of breast cancer prevention: use of soy isoflavones and fermented soy beverage produced using probiotics. *Int J Mol Sci.* 2015;16(5):10907-20.
271. Sahin I, Bilir B, Ali S, Sahin K, Kucuk O. Soy Isoflavones in Integrative Oncology: Increased Efficacy and Decreased Toxicity of Cancer Therapy. *Integr Cancer Ther.* 2019;18:1534735419835310.
272. Ramdath DD, Padhi EM, Sarfaraz S, Renwick S, Duncan AM. Beyond the Cholesterol-Lowering Effect of Soy Protein: A Review of the Effects of Dietary Soy and Its Constituents on Risk Factors for Cardiovascular Disease. *Nutrients.* 2017;9(4):324.
273. Zuo X, Zhao R, Wu M, Wan Q, Li T. Soy Consumption and the Risk of Type 2 Diabetes and Cardiovascular Diseases: A Systematic Review and Meta-Analysis. *Nutrients.* 2023;15(6):1358.
274. Wang X, Yu C, Lv J, Li L, Hu Y, Liu K, Shirai K, Iso H, Dong JY. Consumption of soy products and cardiovascular mortality in people with and without cardiovascular disease: a prospective cohort study of 0.5 million individuals. *Eur J Nutr.* 2021;60(8):4429-4438.
275. George KS, Muñoz J, Akhavan NS, Foley EM, Siebert SC, Tenenbaum G, Khalil DA, Chai SC, Arjmandi BH. Is soy protein effective in reducing cholesterol and improving bone health? *Food Funct.* 2020;11(1):544-551.
276. Chen LR, Chen KH. Utilization of Isoflavones in Soybeans for Women with Menopausal Syndrome: An Overview. *Int J Mol Sci.* 2021;22(6):3212.
277. Seth D, Poowutikul P, Pansare M, Kamat D. Food Allergy: A Review. *Pediatr Ann.* 2020;49(1):e50-e58.
278. López-Cervantes J, Sánchez-Machado D, de la Mora-López DS, Sanches-Silva A. Quinoa (Chenopodium quinoa Willd.): Exploring a Superfood from Andean Indigenous Cultures with Potential to Reduce Cardiovascular Disease (CVD) Risk Markers. *Curr Mol Pharmacol.* 2021;14(6):925-934.
279. Agarwal A, Rizwana, Tripathi AD, Kumar T, Sharma KP, Patel SKS. Nutritional and Functional New Perspectives and Potential Health Benefits of Quinoa and Chia Seeds. *Antioxidants (Basel).* 2023;12(7):1413.
280. Melini V, Melini F. Functional Components and Anti-Nutritional Factors in Gluten-Free Grains: A Focus on Quinoa Seeds. *Foods.* 2021;10(2):351.
281. Jan N, Hussain SZ, Naseer B, Bhat TA. Amaranth and quinoa as potential nutraceuticals: A review of anti-nutritional factors, health benefits and their applications in food, medicinal and cosmetic sectors. *Food Chem X.* 2023;18:100687.
282. Fan X, Guo H, Teng C, Yang X, Qin P, Richel A, Zhang L, Blecker C, Ren G. Supplementation of quinoa peptides alleviates colorectal cancer and restores gut microbiota in AOM/DSS-treated mice. *Food Chem.* 2023;408:135196.
283. Präger L, Simon JC, Treudler R. Food allergy - New risks through vegan diet? Overview of new allergen sources and current data on the potential risk of anaphylaxis. *J Dtsch Dermatol Ges.* 2023;21(11):1308-1313.

284. Hong J, Convers K, Reeves N, Temprano J. Anaphylaxis to quinoa. *Ann Allergy Asthma Immunol.* 2013;110(1):60-1.
285. Riggins CW, Mumm RH. Amaranths. *Curr Biol.* 2021;31(13):R834-R835.
286. Stetter MG, Vidal-Villarejo M, Schmid KJ. Parallel Seed Color Adaptation during Multiple Domestication Attempts of an Ancient New World Grain. *Mol Biol Evol.* 2020;37(5):1407-1419.
287. Niro S, D'Agostino A, Fratianni A, Cinquanta L, Panfili G. Gluten-Free Alternative Grains: Nutritional Evaluation and Bioactive Compounds. *Foods.* 2019;8(6):208.
288. Chmelík Z, Šnejdrlová M, Vrablík M. Amaranth as a potential dietary adjunct of lifestyle modification to improve cardiovascular risk profile. *Nutr Res.* 2019;72:36-45.
289. Nardo AE, Suárez S, Quiroga AV, Añón MC. Amaranth as a Source of Antihypertensive Peptides. *Front Plant Sci.* 2020;11:578631.
290. Gélinas B, Seguin P. Oxalate in grain amaranth. *J Agric Food Chem.* 2007;55(12):4789-94.
291. Mancuso C, Santangelo R. Panax ginseng and Panax quinquefolius: From pharmacology to toxicology. *Food Chem Toxicol.* 2017;107(Pt A):362-372.
292. Valdés-González JA, Sánchez M, Moratilla-Rivera I, Iglesias I, Gómez-Serranillos MP. Immunomodulatory, Anti-Inflammatory, and Anti-Cancer Properties of Ginseng: A Pharmacological Update. *Molecules.* 2023;28(9):3863.
293. Yoon J, Park B, Hong KW, Jung DH. The effects of Korean Red Ginseng on stress-related neurotransmitters and gene expression: A randomized, double-blind, placebo-controlled trial. *J Ginseng Res.* 2023;47(6):766-772.
294. Muñoz-Castellanos B, Martínez-López P, Bailón-Moreno R, Esquius L. Effect of Ginseng Intake on Muscle Damage Induced by Exercise in Healthy Adults. *Nutrients.* 2023;16(1):90.
295. Yang S, Li F, Lu S, Ren L, Bian S, Liu M, Zhao D, Wang S, Wang J. Ginseng root extract attenuates inflammation by inhibiting the MAPK/NF-κB signaling pathway and activating autophagy and p62-Nrf2-Keap1 signaling in vitro and in vivo. *J Ethnopharmacol.* 2022;283:114739.
296. Zhao L, Zhang Y, Li Y, Li C, Shi K, Zhang K, Liu N. Therapeutic effects of ginseng and ginsenosides on colorectal cancer. *Food Funct.* 2022;13(12):6450-6466.
297. Yao W, Guan Y. Ginsenosides in cancer: A focus on the regulation of cell metabolism. *Biomed Pharmacother.* 2022;156:113756.
298. de Oliveira Zanuso B, de Oliveira Dos Santos AR, Miola VFB, Guissoni Campos LM, Spilla CSG, Barbalho SM. Panax ginseng and aging related disorders: A systematic review. *Exp Gerontol.* 2022;161:111731.
299. Chen YY, Liu QP, An P, Jia M, Luan X, Tang JY, Zhang H. Ginsenoside Rd: A promising natural neuroprotective agent. *Phytomedicine.* 2022;95:153883.
300. Malík M, Tlustoš P. Nootropics as Cognitive Enhancers: Types, Dosage and Side Effects of Smart Drugs. *Nutrients.* 2022;14(16):3367.
301. Choi MK, Song IS. Interactions of ginseng with therapeutic drugs. *Arch Pharm Res.* 2019;42(10):862-878.

302. Jin S, Lee S, Jeon JH, Kim H, Choi MK, Song IS. Enhanced Intestinal Permeability and Plasma Concentration of Metformin in Rats by the Repeated Administration of Red Ginseng Extract. *Pharmaceutics.* 2019;11(4):189.
303. Ahmed A, Saleem MA, Saeed F, Afzaal M, Imran A, Nadeem M, Ambreen S, Imran M, Hussain M, Jbawi EA. *Gynostemma pentaphyllum* an immortal herb with promising therapeutic potential: a comprehensive review on its phytochemistry and pharmacological perspective. *International Journal of Food Properties.* 2023;26(1), 808-832.
304. Wang Z, Wang Z, Huang W, Suo J, Chen X, Ding K, Sun Q, Zhang H. Antioxidant and anti-inflammatory activities of an anti-diabetic polysaccharide extracted from Gynostemma pentaphyllum herb. *Int J Biol Macromol.* 2020;145:484-491.
305. Liu H, Li X, Duan Y, Xie JB, Piao XL. Mechanism of gypenosides of Gynostemma pentaphyllum inducing apoptosis of renal cell carcinoma by PI3K/AKT/mTOR pathway. *J Ethnopharmacol.* 2021;271:113907.
306. Su C, Li N, Ren R, Wang Y, Su X, Lu F, Zong R, Yang L, Ma X. Progress in the Medicinal Value, Bioactive Compounds, and Pharmacological Activities of Gynostemma pentaphyllum. *Molecules.* 2021;26(20):6249.
307. Choi EK, Won YH, Kim SY, Noh SO, Park SH, Jung SJ, Lee CK, Hwang BY, Lee MK, Ha KC, Baek HI, Kim HM, Ko MH, Chae SW. Supplementation with extract of Gynostemma pentaphyllum leaves reduces anxiety in healthy subjects with chronic psychological stress: A randomized, double-blind, placebo-controlled clinical trial. *Phytomedicine.* 2019;52:198-205.
308. Dai N, Zhao FF, Fang M, Pu FL, Kong LY, Liu JP. Gynostemma pentaphyllum for dyslipidemia: A systematic review of randomized controlled trials. *Front Pharmacol.* 2022;13:917521.
309. Shaito A, Thuan DTB, Phu HT, Nguyen THD, Hasan H, Halabi S, Abdelhady S, Nasrallah GK, Eid AH, Pintus G. Herbal Medicine for Cardiovascular Diseases: Efficacy, Mechanisms, and Safety. *Front Pharmacol.* 2020;11:422.
310. Phu HT, Thuan DTB, Nguyen THD, Posadino AM, Eid AH, Pintus G. Herbal Medicine for Cardiovascular Diseases: Efficacy, Mechanisms, and Safety. *Curr Vasc Pharmacol.* 2020;18(4):369-393.
311. Lv J, Shen X, Shen X, Zhao S, Xu R, Yan Q, Lu J, Zhu D, Zhao Y, Dong J, Wang J, Shen X. NPLC0393 from Gynostemma pentaphyllum ameliorates Alzheimer's disease-like pathology in mice by targeting protein phosphatase magnesium-dependent 1A phosphatase. *Phytother Res.* 2023;37(10):4771-4790.
312. Tan H, Liu ZL, Liu MJ. Antithrombotic effect of Gynostemma pentaphyllum. *Zhongguo Zhong Xi Yi Jie He Za Zhi.* 1993;13(5):278-80,261.
313. Siwek M, Woroń J, Wrzosek A, Gupało J, Chrobak AA. Harder, better, faster, stronger? Retrospective chart review of adverse events of interactions between adaptogens and antidepressant drugs. *Front Pharmacol.* 2023;14:1271776.
314. VGH Baden-Württemberg *openJur.* 2022,13460.

315. Seng J. Poesie und Leben: Zur Entstehung von Goethes 'Gingo biloba'-Gedicht. In: Bohnenkamp, A: Jahrbuch Freies deutsches Hochstift 2021. *Jahrbuch des Freien Deutschen Hochstifts.* 2022:94-108.
316. Lyman BS. The etymology of 'ginkgo.' *Science.* 1885;6(130):84.
317. Li Y, Zhu X, Wang K, Zhu L, Murray M, Zhou F. The potential of Ginkgo biloba in the treatment of human diseases and the relationship to Nrf2-mediated antioxidant protection. *J Pharm Pharmacol.* 2022;74(12):1689-1699.
318. Xie C, Jiang J, Liu J, Yuan G, Zhao Z. Ginkgolide B attenuates collagen-induced rheumatoid arthritis and regulates fibroblast-like synoviocytes-mediated apoptosis and inflammation. *Ann Transl Med.* 2020;8(22):1497.
319. Yu J, Wang J, Yang J, Ouyang T, Gao H, Kan H, Yang Y. New insight into the mechanisms of Ginkgo biloba leaves in the treatment of cancer. *Phytomedicine.* 2024;122:155088.
320. Kook H, Yu CW, Choi D, Ahn TH, Chang K, Cho JM, Kim SJ, Park CG, Cho DK, Kim SH, Lee HC, Jin HY, Chae IH, Kwon K, Ahn SG, Kim JH, Lee SR, Kim JS, Kim SY, Lim SW. Efficacy and Safety of SID142 in Patients With Peripheral Arterial Disease: A Multicenter, Randomized, Double-Blind, Active-Controlled, Parallel-Group, Phase III Clinical Trial. *Clin Ther.* 2022;44(4):508-528.
321. Ye W, Wang J, Little PJ, Zou J, Zheng Z, Lu J, Yin Y, Liu H, Zhang D, Liu P, Xu S, Ye W, Liu Z. Anti-atherosclerotic effects and molecular targets of ginkgolide B from *Ginkgo biloba. Acta Pharm Sin B.* 2024;14(1):1-19.
322. Silva H, Martins FG. Cardiovascular Activity of Ginkgo biloba-An Insight from Healthy Subjects. *Biology (Basel).* 2022;12(1):15.
323. Xie L, Zhu Q, Lu J. Can We Use *Ginkgo biloba* Extract to Treat Alzheimer's Disease? Lessons from Preclinical and Clinical Studies. *Cells.* 2022;11(3):479.
324. Boateng ID. A critical review of current technologies used to reduce ginkgotoxin, ginkgotoxin-5'-glucoside, ginkgolic acid, allergic glycoprotein, and cyanide in Ginkgo biloba L. seed. *Food Chem.* 2022;382:132408.
325. Diamond BJ, Bailey MR. Ginkgo biloba: indications, mechanisms, and safety. *Psychiatr Clin North Am.* 2013;36(1):73-83.
326. Arenas-Jal M, Suñé-Negre JM, García-Montoya E. Coenzyme Q10 supplementation: Efficacy, safety, and formulation challenges. *Compr Rev Food Sci Food Saf.* 2020;19(2):574-594.
327. Al Saadi T, Assaf Y, Farwati M, Turkmani K, Al-Mouakeh A, Shebli B, Khoja M, Essali A, Madmani ME. Coenzyme Q10 for heart failure. *Cochrane Database Syst Rev.* 2021;(2)(2):CD008684.
328. Tsai IC, Hsu CW, Chang CH, Tseng PT, Chang KV. Effectiveness of Coenzyme Q10 Supplementation for Reducing Fatigue: A Systematic Review and Meta-Analysis of Randomized Controlled Trials. *Front Pharmacol.* 2022;13:883251.
329. Fladerer JP, Grollitsch S. Comparison of Coenzyme Q10 (Ubiquinone) and Reduced Coenzyme Q10 (Ubiquinol) as Supplement to Prevent Cardiovascular Disease and Reduce Cardiovascular Mortality. *Curr Cardiol Rep.* 2023;25(12):1759-1767.

330. Thapa M, Dallmann G. Role of coenzymes in cancer metabolism. *Semin Cell Dev Biol.* 2020;98:44-53.
331. Mantle D, Heaton RA, Hargreaves IP. Coenzyme Q10 and Immune Function: An Overview. *Antioxidants (Basel).* 2021;10(5):759.
332. Wu H, Zhong Z, Lin S, Qiu C, Xie P, Lv S, Cui L, Wu T. Coenzyme Q_{10} Sunscreen Prevents Progression of Ultraviolet-Induced Skin Damage in Mice. *Biomed Res Int.* 2020;2020:9039843.
333. Zhou Q, Zhou S, Chan E. Effect of coenzyme Q10 on warfarin hydroxylation in rat and human liver microsomes. *Curr Drug Metab.* 2005;6(2):67-81.
334. Holick MF. The One-Hundred-Year Anniversary of the Discovery of the Sunshine Vitamin D_3: Historical, Personal Experience and Evidence-Based Perspectives. *Nutrients.* 2023;15(3):593.
335. Miller WL, Imel EA. Rickets, Vitamin D, and Ca/P Metabolism. *Horm Res Paediatr.* 2022;95(6):579-592.
336. LeBoff MS, Greenspan SL, Insogna KL, Lewiecki EM, Saag KG, Singer AJ, Siris ES. The clinician's guide to prevention and treatment of osteoporosis. *Osteoporos Int.* 2022;33(10):2049-2102.
337. Sîrbe C, Rednic S, Grama A, Pop TL. An Update on the Effects of Vitamin D on the Immune System and Autoimmune Diseases. *Int J Mol Sci.* 2022;23(17):9784.
338. Costenbader KH, Cook NR, Lee IM, Hahn J, Walter J, Bubes V, Kotler G, Yang N, Friedman S, Alexander EK, Manson JE. Vitamin D and Marine n-3 Fatty Acids for Autoimmune Disease Prevention: Outcomes at Two Years after VITAL Trial Completion. *Arthritis Rheumatol.* 2024 Jan 25. doi: 10.1002/art.42811. Online ahead of print.
339. Latic N, Erben RG. Vitamin D and Cardiovascular Disease, with Emphasis on Hypertension, Atherosclerosis, and Heart Failure. *Int J Mol Sci.* 2020;21(18):6483.
340. Akpınar Ş, Karadağ MG. Is Vitamin D Important in Anxiety or Depression? What Is the Truth? *Curr Nutr Rep.* 2022;11(4):675-681.
341. Cui X, McGrath JJ, Burne THJ, Eyles DW. Vitamin D and schizophrenia: 20 years on. *Mol Psychiatry.* 2021;26(7):2708-2720.
342. Wan M, Patel J, Rait G, Shroff R. Hypervitaminosis D and nephrocalcinosis: too much of a good thing? *Pediatr Nephrol.* 2022;37(10):2225-2229.
343. Viljoen M, Bipath P, Tosh C. Pellagra in South Africa from 1897 to 2019: a scoping review. *Public Health Nutr.* 2021;24(8):2062-2076.
344. Davidson M, Rashidi N, Nurgali K, Apostolopoulos V. The Role of Tryptophan Metabolites in Neuropsychiatric Disorders. *Int J Mol Sci.* 2022;23(17):9968.
345. Campbell JM. Supplementation with NAD^+ and Its Precursors to Prevent Cognitive Decline across Disease Contexts. *Nutrients.* 2022;14(15):3231.
346. Superko HR, Zhao XQ, Hodis HN, Guyton JR. Niacin and heart disease prevention: Engraving its tombstone is a mistake. *J Clin Lipidol.* 2017;11(6):1309-1317.
347. Tuteja S. Activation of HCAR2 by niacin: benefits beyond lipid lowering. *Pharmacogenomics.* 2019;20(16):1143-1150.

348. Ruparelia N, Digby JE, Choudhury RP. Effects of niacin on atherosclerosis and vascular function. *Curr Opin Cardiol.* 2011;26(1):66-70.
349. Mikkelsen K, Apostolopoulos V. B Vitamins and Ageing. *Subcell Biochem.* 2018;90:451-470.
350. Tian S, Wu L, Zheng H, Zhong X, Liu M, Yu X, Wu W. Dietary niacin intake in relation to depression among adults: a population-based study. *BMC Psychiatry.* 2023;23(1):678.
351. Madaan P, Sikka P, Malik DS. Cosmeceutical Aptitudes of Niacinamide: A Review.
Recent Adv Antiinfect Drug Discov. 2021;16(3):196-208.
352. Papaliodis D, Boucher W, Kempuraj D, Michaelian M, Wolfberg A, House M, Theoharides TC. Niacin-induced "flush" involves release of prostaglandin D2 from mast cells and serotonin from platelets: evidence from human cells in vitro and an animal model. *J Pharmacol Exp Ther.* 2008;327(3):665-72.
353. Ferrell M, Wang Z, Anderson JT, Li XS, Witkowski M, DiDonato JA, Hilser JR, Hartiala JA, Haghikia A, Cajka T, Fiehn O, Sangwan N, Demuth I, König M, Steinhagen-Thiessen E, Landmesser U, Tang WHW, Allayee H, Hazen SL. A terminal metabolite of niacin promotes vascular inflammation and contributes to cardiovascular disease risk. *Nat Med.* 2024;30(2):424-434.
354. Calder PC. Omega-3 fatty acids and inflammatory processes: from molecules to man. *Biochem Soc Trans.* 2017;45(5):1105-1115.
355. Williams EJ, Berthon BS, Stoodley I, Williams LM, Wood LG. Nutrition in Asthma. *Semin Respir Crit Care Med.* 2022;43(5):646-661.
356. Schreiner P, Martinho-Grueber M, Studerus D, Vavricka SR, Tilg H, Biedermann L; on behalf of Swiss IBDnet, an official working group of the Swiss Society of Gastroenterology. Nutrition in Inflammatory Bowel Disease. *Digestion.* 2020;101 Suppl 1:120-135.
357. Bhatt DL, Steg PG, Miller M, Brinton EA, Jacobson TA, Ketchum SB, et al.; REDUCE-IT Investigators. Cardiovascular Risk Reduction with Icosapent Ethyl for Hypertriglyceridemia. *N Engl J Med.* 2019;380(1):11-22.
358. Harris WS, Tintle NL, Imamura F, Qian F, Korat AVA, Marklund M, Djoussé L, Bassett JK, Carmichael PH, Chen YY, Hirakawa Y, Küpers LK, Laguzzi F, Lankinen M, Murphy RA, Samieri C, Senn MK, Shi P, Virtanen JK, Brouwer IA, Chien KL, Eiriksdottir G, Forouhi NG, Geleijnse JM, Giles GG, Gudnason V, Helmer C, Hodge A, Jackson R, Khaw KT, Laakso M, Lai H, Laurin D, Leander K, Lindsay J, Micha R, Mursu J, Ninomiya T, Post W, Psaty BM, Risérus U, Robinson JG, Shadyab AH, Snetselaar L, Sala-Vila A, Sun Y, Steffen LM, Tsai MY, Wareham NJ, Wood AC, Wu JHY, Hu F, Sun Q, Siscovick DS, Lemaitre RN, Mozaffarian D; Fatty Acids and Outcomes Research Consortium (FORCE). Blood n-3 fatty acid levels and total and cause-specific mortality from 17 prospective studies. *Nat Commun.* 2021;12(1):2329.

359. Abdelhamid AS, Brown TJ, Brainard JS, Biswas P, Thorpe GC, Moore HJ, Deane KH, AlAbdulghafoor FK, Summerbell CD, Worthington HV, Song F, Hooper L. Omega-3 fatty acids for the primary and secondary prevention of cardiovascular disease. *Cochrane Database Syst Rev.* 2018;7(7):CD003177.
360. Markozannes G, Ntzani EE, Tsapas A, Mantzoros CS, Tsiara S, Xanthos T, Karpettas N, Patrikios I, Rizos EC. Dose-related meta-analysis for Omega-3 fatty acids supplementation on major adverse cardiovascular events. *Clin Nutr.* 2022;41(4):923-30.
361. Appleton KM, Voyias PD, Sallis HM, Dawson S, Ness AR, Churchill R, Perry R. Omega-3 fatty acids for depression in adults. *Cochrane Database Syst Rev.* 2021;11(11):CD004692.
362. Thomsen BJ, Chow EY, Sapijaszko MJ. The Potential Uses of Omega-3 Fatty Acids in Dermatology: A Review. *J Cutan Med Surg.* 2020;24(5):481-494.
363. Jiang H, Shi X, Fan Y, Wang D, Li B, Zhou J, Pei C, Ma L. Dietary omega-3 polyunsaturated fatty acids and fish intake and risk of age-related macular degeneration. *Clin Nutr.* 2021;40(12):5662-5673.
364. Bowen KJ, Harris WS, Kris-Etherton PM. Omega-3 Fatty Acids and Cardiovascular Disease: Are There Benefits? *Curr Treat Options Cardiovasc Med.* 2016;18(11):69.
365. Farag MA, Gad MZ. Omega-9 fatty acids: potential roles in inflammation and cancer management. *J Genet Eng Biotechnol.* 2022;20(1):48.
366. Johnson M, Bradford C. Omega-3, Omega-6 and Omega-9 Fatty Acids: Implications for Cardiovascular and Other Diseases. *J Glycomics Lipidomics.* 2014;4(4):1000123.
367. Wang Y, Jin J, Wu G, Wei W, Jin Q, Wang X. Omega-9 monounsaturated fatty acids: a review of current scientific evidence of sources, metabolism, benefits, recommended intake, and edible safety. *Crit Rev Food Sci Nutr.* 2024 Feb 11:1-21. doi: 10.1080/10408398.2024.2313181. Online ahead of print.
368. Lin CY, Hsu CY, Elzoghby AO, Alalaiwe A, Hwang TL, Fang JY. Oleic acid as the active agent and lipid matrix in cilomilast-loaded nanocarriers to assist PDE4 inhibition of activated neutrophils for mitigating psoriasis-like lesions. *Acta Biomater.* 2019;90:350-361.
369. Delgado GE, Krämer BK, Lorkowski S, März W, von Schacky C, Kleber ME. Individual omega-9 monounsaturated fatty acids and mortality-The Ludwigshafen Risk and Cardiovascular Health Study. *J Clin Lipidol.* 2017;11(1):126-135.e5.
370. Galanty A, Grudzińska M, Paździora W, Paśko P. Erucic Acid-Both Sides of the Story: A Concise Review on Its Beneficial and Toxic Properties. *Molecules.* 2023;28(4):1924.
371. Belz GG, Palm D. Paracelsus: Dosis sola facit venenum. *Dtsch Arztebl.* 1993; 90(22): A-1630.
372. Rajman L, Chwalek K, Sinclair DA. Therapeutic Potential of NAD-Boosting Molecules: The In Vivo Evidence. *Cell Metab.* 2018;27(3):529-547.
373. Lopaschuk GD, Karwi QG, Tian R, Wende AR, Abel ED. Cardiac Energy Metabolism in Heart Failure. *Circ Res.* 2021;128(10):1487-1513.

374. Covarrubias AJ, Perrone R, Grozio A, Verdin E. NAD^+ metabolism and its roles in cellular processes during ageing. *Nat Rev Mol Cell Biol.* 2021;22(2):119-141.
375. Kida Y, Goligorsky MS. Sirtuins, Cell Senescence, and Vascular Aging. *Can J Cardiol.* 2016;32(5):634-41.
376. Dai H, Sinclair DA, Ellis JL, Steegborn C. Sirtuin activators and inhibitors: Promises, achievements, and challenges. *Pharmacol Ther.* 2018;188:140-154.
377. Song Q, Zhou X, Xu K, Liu S, Zhu X, Yang J. The Safety and Antiaging Effects of Nicotinamide Mononucleotide in Human Clinical Trials: an Update. *Adv Nutr.* 2023;14(6):1416-1435.
378. Nadeeshani H, Li J, Ying T, Zhang B, Lu J. Nicotinamide mononucleotide (NMN) as an anti-aging health product - Promises and safety concerns. *J Adv Res.* 2021;37:267-278.
379. Herman R, Kravos NA, Jensterle M, Janež A, Dolžan V. Metformin and Insulin Resistance: A Review of the Underlying Mechanisms behind Changes in GLUT4-Mediated Glucose Transport. *Int J Mol Sci.* 2022;23(3):1264.
380. Kristófi R, Eriksson JW. Metformin as an anti-inflammatory agent: a short review. *J Endocrinol.* 2021;251(2):R11-R22.
381. Lv Z, Guo Y. Metformin and Its Benefits for Various Diseases. *Front Endocrinol (Lausanne).* 2020;11:191.
382. Huang X, Sun T, Wang J, Hong X, Chen H, Yan T, Zhou C, Sun D, Yang C, Yu T, Su W, Du W, Xiong H. Metformin Reprograms Tryptophan Metabolism to Stimulate CD8+ T-cell Function in Colorectal Cancer. *Cancer Res.* 2023;83(14):2358-2371.
383. Cejuela M, Martin-Castillo B, Menendez JA, Pernas S. Metformin and Breast Cancer: Where Are We Now? *Int J Mol Sci.* 2022;23(5):2705.
384. Ma T, Tian X, Zhang B, Li M, Wang Y, Yang C, Wu J, Wei X, Qu Q, Yu Y, Long S, Feng JW, Li C, Zhang C, Xie C, Wu Y, Xu Z, Chen J, Yu Y, Huang X, He Y, Yao L, Zhang L, Zhu M, Wang W, Wang ZC, Zhang M, Bao Y, Jia W, Lin SY, Ye Z, Piao HL, Deng X, Zhang CS, Lin SC. Low-dose metformin targets the lysosomal AMPK pathway through PEN2. *Nature.* 2022;603(7899):159-165.
385. Infante M, Leoni M, Caprio M, Fabbri A. Long-term metformin therapy and vitamin B12 deficiency: An association to bear in mind. *World J Diabetes.* 2021;12(7):916-931.
386. Kushner RF, Calanna S, Davies M, Dicker D, Garvey WT, Goldman B, Lingvay I, Thomsen M, Wadden TA, Wharton S, Wilding JPH, Rubino D. Semaglutide 2.4 mg for the Treatment of Obesity: Key Elements of the STEP Trials 1 to 5. *Obesity (Silver Spring).* 2020;28(6):1050-1061.
387. Bergmann NC, Davies MJ, Lingvay I, Knop FK. Semaglutide for the treatment of overweight and obesity: A review. *Diabetes Obes Metab.* 2023;25(1):18-35.
388. Lincoff AM, Brown-Frandsen K, Colhoun HM, Deanfield J, Emerson SS, Esbjerg S, Hardt-Lindberg S, Hovingh GK, Kahn SE, Kushner RF, Lingvay I, Oral TK, Michelsen MM, Plutzky J, Tornøe CW, Ryan DH; SELECT Trial Investigators. Semaglutide and Cardiovascular Outcomes in Obesity without Diabetes. *N Engl J Med.* 2023;389(24):2221-2232.

389. Hussein H, Zaccardi F, Khunti K, Davies MJ, Patsko E, Dhalwani NN, Kloecker DE, Ioannidou E, Gray LJ. Efficacy and tolerability of sodium-glucose co-transporter-2 inhibitors and glucagon-like peptide-1 receptor agonists: A systematic review and network meta-analysis. *Diabetes Obes Metab.* 2020;22(7):1035-1046.
390. McIntyre RS, Mansur RB, Rosenblat JD, Kwan ATH. The association between glucagon-like peptide-1 receptor agonists (GLP-1 RAs) and suicidality: reports to the Food and Drug Administration Adverse Event Reporting System (FAERS). *Expert Opin Drug Saf.* 2024;23(1):47-55.
391. Wang W, Volkow ND, Berger NA, Davis PB, Kaelber DC, Xu R. Association of semaglutide with risk of suicidal ideation in a real-world cohort. *Nat Med.* 2024;30(1):168-176.
392. Tobaiqy M, Elkout H. Psychiatric adverse events associated with semaglutide, liraglutide and tirzepatide: a pharmacovigilance analysis of individual case safety reports submitted to the EudraVigilance database. *Int J Clin Pharm.* 2024 Jan 24. doi: 10.1007/s11096-023-01694-7. Online ahead of print.
393. Berkel HJ. Does an 'aspirin-a-day' keep the doctor away? *Br J Cancer.*1999;81(1):1-2.
394. Montinari MR, Minelli S, De Caterina R. The first 3500 years of aspirin history from its roots - A concise summary. *Vascul Pharmacol.* 2019;113:1-8.
395. Ugurlucan M, Caglar IM, Caglar FN, Ziyade S, Karatepe O, Yildiz Y, Zencirci E, Ugurlucan FG, Arslan AH, Korkmaz S, Filizcan U, Cicek S. Aspirin: from a historical perspective. *Recent Pat Cardiovasc Drug Discov.* 2012;7(1):71-6.
396. Gall EP. The safety of treating rheumatoid arthritis with aspirin. *JAMA.* 1982;247(1):63-4.
397. Moore N, Le Parc JM, van Ganse E, Wall R, Schneid H, Cairns R. Tolerability of ibuprofen, aspirin and paracetamol for the treatment of cold and flu symptoms and sore throat pain. *Int J Clin Pract.* 2002;56(10):732-4.
398. Patrono C, Rocca B. Less Thromboxane, Longer Life. *J Am Coll Cardiol.* 2022;80(3):251-255.
399. Soodi D, VanWormer JJ, Rezkalla SH. Aspirin in Primary Prevention of Cardiovascular Events. *Clin Med Res.* 2020;18(2-3):89-94.
400. Zheng SL, Roddick AJ. Association of Aspirin Use for Primary Prevention With Cardiovascular Events and Bleeding Events: A Systematic Review and Meta-analysis. *JAMA.* 2019;321(3):277-287.
401. Bigalke B, Geisler T, Hövelborn T, May AE, Gawaz M. Management of perioperative stent thrombosis in patients undergoing surgery. *Platelets.* 2010;21(7):578-82.
402. Kamada T, Satoh K, Itoh T, Ito M, Iwamoto J, Okimoto T, Kanno T, Sugimoto M, Chiba T, Nomura S, Mieda M, Hiraishi H, Yoshino J, Takagi A, Watanabe S, Koike K. Evidence-based clinical practice guidelines for peptic ulcer disease 2020. *J Gastroenterol.* 2021;56(4):303-322.
403. Szczeklik A. Aspirin-induced asthma: a tribute to John Vane as a source of inspiration. *Pharmacol Rep.* 2010;62(3):526-9.

404. Fitzgerald DA. Aspirin and Reye syndrome. *Paediatr Drugs.* 2007;9(3):205-6.
405. Yu D, Liao JK. Emerging views of statin pleiotropy and cholesterol lowering. *Cardiovasc Res.* 2022;118(2):413-423.
406. Hussain A, Kaler J, Ray SD. The Benefits Outweigh the Risks of Treating Hypercholesterolemia: The Statin Dilemma. *Cureus.* 2023;15(1):e33648.
407. Cholesterol Treatment Trialists' (CTT) Collaboration; Baigent C, Blackwell L, Emberson J, Holland LE, Reith C, Bhala N, Peto R, Barnes EH, Keech A, Simes J, Collins R. Efficacy and safety of more intensive lowering of LDL cholesterol: a meta-analysis of data from 170,000 participants in 26 randomised trials. *Lancet.* 2010;376(9753):1670-81.
408. Ference BA, Ginsberg HN, Graham I, Ray KK, Packard CJ, Bruckert E, Hegele RA, Krauss RM, Raal FJ, Schunkert H, Watts GF, Borén J, Fazio S, Horton JD, Masana L, Nicholls SJ, Nordestgaard BG, van de Sluis B, Taskinen MR, Tokgözoglu L, Landmesser U, Laufs U, Wiklund O, Stock JK, Chapman MJ, Catapano AL. Low-density lipoproteins cause atherosclerotic cardiovascular disease. 1. Evidence from genetic, epidemiologic, and clinical studies. A consensus statement from the European Atherosclerosis Society Consensus Panel. *Eur Heart J.* 2017;38(32):2459-2472.
409. Ballaz S, Bourin M. High Sensitivity C-reactive Protein (hsCRP) and its Implications in Cardiovascular Outcomes. *Curr Pharm Des.* 2021;27(2):263-275.
410. Zhang Y, Liang M, Sun C, Qu G, Shi T, Min M, Wu Y, Sun Y. Statin Use and Risk of Pancreatic Cancer: An Updated Meta-analysis of 26 Studies. *Pancreas.* 2019;48(2):142-150.
411. Tran KT, McMenamin ÚC, Coleman HG, Cardwell CR, Murchie P, Iversen L, Lee AJ, Thrift AP. Statin use and risk of liver cancer: Evidence from two population-based studies. *Int J Cancer.* 2020;146(5):1250-1260.
412. Vinci P, Panizon E, Tosoni LM, Cerrato C, Pellicori F, Mearelli F, Biasinutto C, Fiotti N, Di Girolamo FG, Biolo G. Statin-Associated Myopathy: Emphasis on Mechanisms and Targeted Therapy. *Int J Mol Sci.* 2021;22(21):11687.
413. Furberg CD, Pitt B. Withdrawal of cerivastatin from the world market. *Curr Control Trials Cardiovasc Med.* 2001;2(5):205-207.
414. Liu A, Wu Q, Guo J, Ares I, Rodríguez JL, Martínez-Larrañaga MR, Yuan Z, Anadón A, Wang X, Martínez MA. Statins: Adverse reactions, oxidative stress and metabolic interactions. *Pharmacol Ther.* 2019;195:54-84.
415. Casula M, Mozzanica F, Scotti L, Tragni E, Pirillo A, Corrao G, Catapano AL. Statin use and risk of new-onset diabetes: A meta-analysis of observational studies. *Nutr Metab Cardiovasc Dis.* 2017;27(5):396-406.
416. Mansi IA, Chansard M, Lingvay I, Zhang S, Halm EA, Alvarez CA. Association of Statin Therapy Initiation With Diabetes Progression: A Retrospective Matched-Cohort Study. *JAMA Intern Med.* 2021;181(12):1562-1574.
417. Adhikari A, Tripathy S, Chuzi S, Peterson J, Stone NJ. Association between statin use and cognitive function: A systematic review of randomized clinical trials and observational studies. *J Clin Lipidol.* 2021;15(1):22-32.e12.

418. Heckman MA, Weil J, Gonzalez de Mejia E. Caffeine (1, 3, 7-trimethylxanthine) in foods: a comprehensive review on consumption, functionality, safety, and regulatory matters. *J Food Sci.* 2010;75(3):R77-87.
419. Nieber K. The Impact of Coffee on Health. *Planta Med.* 2017;83(16):1256-1263.
420. Jeukendrup AE, Randell R. Fat burners: nutrition supplements that increase fat metabolism. *Obes Rev.* 2011;12(10):841-51.
421. Guest NS, VanDusseldorp TA, Nelson MT, Grgic J, Schoenfeld BJ, Jenkins NDM, Arent SM, Antonio J, Stout JR, Trexler ET, Smith-Ryan AE, Goldstein ER, Kalman DS, Campbell BI. International society of sports nutrition position stand: caffeine and exercise performance. *J Int Soc Sports Nutr.* 2021;18(1):1.
422. Zulli A, Smith RM, Kubatka P, Novak J, Uehara Y, Loftus H, Qaradakhi T, Pohanka M, Kobyliak N, Zagatina A, Klimas J, Hayes A, La Rocca G, Soucek M, Kruzliak P. Caffeine and cardiovascular diseases: critical review of current research. *Eur J Nutr.* 2016;55(4):1331-43.
423. Grzegorzewski J, Bartsch F, Köller A, König M. Pharmacokinetics of Caffeine: A Systematic Analysis of Reported Data for Application in Metabolic Phenotyping and Liver Function Testing. *Front Pharmacol.* 2022;12:752826.
424. Smit HJ. Theobromine and the pharmacology of cocoa. *Handb Exp Pharmacol.* 2011;(200):201-34.
425. Judelson DA, Preston AG, Miller DL, Muñoz CX, Kellogg MD, Lieberman HR. Effects of theobromine and caffeine on mood and vigilance. *J Clin Psychopharmacol.* 2013;33(4):499-506.
426. Ried K, Sullivan TR, Fakler P, Frank OR, Stocks NP. Effect of cocoa on blood pressure. *Cochrane Database Syst Rev.* 2012;(8):CD008893.
427. Monteiro J, Alves MG, Oliveira PF, Silva BM. Pharmacological potential of methylxanthines: Retrospective analysis and future expectations. *Crit Rev Food Sci Nutr.* 2019;59(16):2597-2625.
428. Sharifi-Zahabi E, Rezvani N, Hajizadeh-Sharafabad F, Hosseini-Baharanchi FS, Shidfar F, Rahimi M. A comprehensive insight into the molecular effect of theobromine on cardiovascular-related risk factors: A systematic review of in vitro and in vivo studies. *Food Funct.* 2023;14(18):8431-8441.
429. Bhat JA, Kumar M. Neuroprotective Effects of Theobromine in permanent bilateral common carotid artery occlusion rat model of cerebral hypoperfusion. *Metab Brain Dis.* 2022;37(6):1787-1801.
430. Patanè S, Marte F, La Rosa FC, Rocca R. Atrial fibrillation associated with chocolate intake abuse and chronic salbutamol inhalation abuse. *Int J Cardiol.* 2010;145(2):e74-e76.
431. Brosnan JT, Brosnan ME. The sulfur-containing amino acids: an overview. *J Nutr.* 2006;136(6 Suppl):1636S-1640S.
432. Singh P, Gollapalli K, Mangiola S, Schranner D, Yusuf MA, Chamoli M, Shi SL, Lopes Bastos B, Nair T, Riermeier A, Vayndorf EM, Wu JZ, Nilakhe A, Nguyen CQ, Muir M, Kiflezghi MG, Foulger A, Junker A, Devine J, Sharan K, Chinta SJ, Rajput S, Rane A, Baumert P, Schönfelder M, Iavarone F, di Lorenzo G, Kumari

S, Gupta A, Sarkar R, Khyriem C, Chawla AS, Sharma A, Sarper N, Chattopadhyay N, Biswal BK, Settembre C, Nagarajan P, Targoff KL, Picard M, Gupta S, Velagapudi V, Papenfuss AT, Kaya A, Ferreira MG, Kennedy BK, Andersen JK, Lithgow GJ, Ali AM, Mukhopadhyay A, Palotie A, Kastenmüller G, Kaeberlein M, Wackerhage H, Pal B, Yadav VK. Taurine deficiency as a driver of aging. *Science.* 2023;380(6649):eabn9257.

433. Jong CJ, Sandal P, Schaffer SW. The Role of Taurine in Mitochondria Health: More Than Just an Antioxidant. *Molecules.* 2021;26(16):4913.
434. Qaradakhi T, Gadanec LK, McSweeney KR, Abraham JR, Apostolopoulos V, Zulli A. The Anti-Inflammatory Effect of Taurine on Cardiovascular Disease. *Nutrients.* 2020;12(9):2847.
435. Khalaf K, Tornese P, Cocco A, Albanese A. Tauroursodeoxycholic acid: a potential therapeutic tool in neurodegenerative diseases. *Transl Neurodegener.* 2022;11(1):33.
436. Baliou S, Adamaki M, Ioannou P, Pappa A, Panayiotidis MI, Spandidos DA, Christodoulou I, Kyriakopoulos AM, Zoumpourlis V. Protective role of taurine against oxidative stress (Review). *Mol Med Rep.* 2021;24(2):605.
437. Ma N, He F, Kawanokuchi J, Wang G, Yamashita T. Taurine and Its Anticancer Functions: In Vivo and In Vitro Study. *Adv Exp Med Biol.* 2022;1370:121-128.
438. Costantino A, Maiese A, Lazzari J, Casula C, Turillazzi E, Frati P, Fineschi V. The Dark Side of Energy Drinks: A Comprehensive Review of Their Impact on the Human Body. *Nutrients.* 2023;15(18):3922.
439. Curran CP, Marczinski CA. Taurine, caffeine, and energy drinks: Reviewing the risks to the adolescent brain. *Birth Defects Res.* 2017;109(20):1640-1648.
440. Taranukhin AG, Saransaari P, Kiianmaa K, Gunnar T, Oja SS. Comparison of Toxicity of Taurine and GABA in Combination with Alcohol in 7-Day-Old Mice. *Adv Exp Med Biol.* 2017;975 Pt 2:1021-1033.
441. Borlinghaus J, Albrecht F, Gruhlke MC, Nwachukwu ID, Slusarenko AJ. Allicin: chemistry and biological properties. *Molecules.* 2014;19(8):12591-618.
442. Choo S, Chin VK, Wong EH, Madhavan P, Tay ST, Yong PVC, Chong PP. Review: antimicrobial properties of allicin used alone or in combination with other medications. *Folia Microbiol (Praha).* 2020;65(3):451-465.
443. Hu J, Li C, Zhou Y, Ding J, Li X, Li Y. Allicin Inhibits Porcine Reproductive and Respiratory Syndrome Virus Infection In Vitro and Alleviates Inflammatory Responses. *Viruses.* 2023;15(5):1050.
444. Arellano Buendia AS, Juárez Rojas JG, García-Arroyo F, Aparicio Trejo OE, Sánchez-Muñoz F, Argüello-García R, Sánchez-Lozada LG, Bojalil R, Osorio-Alonso H. Antioxidant and anti-inflammatory effects of allicin in the kidney of an experimental model of metabolic syndrome. *PeerJ.* 2023;11:e16132.
445. Sánchez-Gloria JL, Arellano-Buendía AS, Juárez-Rojas JG, García-Arroyo FE, Argüello-García R, Sánchez-Muñoz F, Sánchez-Lozada LG, Osorio-Alonso H. Cellular Mechanisms Underlying the Cardioprotective Role of Allicin on Cardiovascular Diseases. *Int J Mol Sci.* 2022;23(16):9082.

446. Pereverzev A, Ostroumova OD. Potential drug interactions with garlic. *Medical alphabet.* 2021;1(29):47-51.
447. Thomas PA, Dering M, Giertych MJ, Iszkuło G, Tomaszewski D, Briggs J. Biological Flora of Britain and Ireland: Viscum album. *J Ecol.* 2023;111(3):701-739.
448. Poles J, Karhu E, McGill M, McDaniel HR, Lewis JE. The effects of twenty-four nutrients and phytonutrients on immune system function and inflammation: A narrative review. *J Clin Transl Res.* 2021;7(3):333-376.
449. Nicoletti M. The Anti-Inflammatory Activity of *Viscum album. Plants (Basel).* 2023;12(7):1460.
450. Steigenberger C, Schnell-Inderst P, Flatscher-Thöni M, Plank LM, Siebert U. Patient' and social aspects related to complementary mistletoe therapy in patients with breast cancer: A systematic review commissioned by the German agency for Health Technology Assessment. *Eur J Oncol Nurs.* 2023;65:102338.
451. Ma YH, Cheng WZ, Gong F, Ma AL, Yu QW, Zhang JY, Hu CY, Chen XH, Zhang DQ. Active Chinese mistletoe lectin-55 enhances colon cancer surveillance through regulating innate and adaptive immune responses. *World J Gastroenterol.* 2008;14(34):5274-81.
452. Ma L, Phalke S, Stévigny C, Souard F, Vermijlen D. Mistletoe-Extract Drugs Stimulate Anti-Cancer Vγ9Vδ2 T Cells. *Cells.* 2020;9(6):1560.
453. Suveren E, Baxter GF, Iskit AB, Turker AU. Cardioprotective effects of Viscum album L. subsp. album (European misletoe) leaf extracts in myocardial ischemia and reperfusion. *J Ethnopharmacol.* 2017;209:203-209.
454. Myers SP, Cheras PA. The other side of the coin: safety of complementary and alternative medicine. *Med J Aust.* 2004;181(4):222-5.
455. Steele ML, Axtner J, Happe A, Kröz M, Matthes H, Schad F. Adverse Drug Reactions and Expected Effects to Therapy with Subcutaneous Mistletoe Extracts (Viscum album L.) in Cancer Patients. *Evid Based Complement Alternat Med.* 2014;2014:724258.
456. Rosell S, Samuelsson G. Effect of mistletoe viscotoxin and phoratoxin on blood circulation. *Toxicon.* 1966;4(2):107-10.
457. Von Wolzogen H. Die Motive in Wagner's „Götterdämmerung". *Musikal Wochenbl.* 1879;10(1):261.
458. Wang Y, Wang H, Ma T, Liu G, Feng X, Liu X, Ma X, Liu S, Shi D, Wang B, Kang J, Wang H, Wang Z. Hawthorn extract inhibited the PI3k/Akt pathway to prolong the lifespan of Drosophila melanogaster. *J Food Biochem.* 2022;46(8):e14169.
459. Kim E, Jang E, Lee JH. Potential Roles and Key Mechanisms of Hawthorn Extract against Various Liver Diseases. *Nutrients.* 2022;14(4):867.
460. Verma T, Sinha M, Bansal N, Yadav SR, Shah K, Chauhan NS. Plants Used as Antihypertensive. *Nat Prod Bioprospect.* 2021;11(2):155-184.
461. Wu M, Liu L, Xing Y, Yang S, Li H, Cao Y. Roles and Mechanisms of Hawthorn and Its Extracts on Atherosclerosis: A Review. *Front Pharmacol.* 2020;11:118.
462. Z Rashid B, Dizaye KF. The Impact of Procyanidin Extracted from Crataegus azarolus on Rats with Induced Heart Failure. *Cell Mol Biol (Noisy-le-grand).* 2022;68(9):179-185.

463. Tauchert M. Efficacy and safety of crataegus extract WS 1442 in comparison with placebo in patients with chronic stable New York Heart Association class-III heart failure. *Am Heart J.* 2002;143(5):910-5.
464. Orhan IE. Phytochemical and Pharmacological Activity Profile of Crataegus oxyacantha L. (Hawthorn) - A Cardiotonic Herb. *Curr Med Chem.* 2018;25(37):4854-4865.
465. Nitzan K, David D, Franko M, Toledano R, Fidelman S, Tenenbaum YS, Blonder M, Armoza-Eilat S, Shamir A, Rehavi M, Ben-Chaim Y, Doron R. Anxiolytic and antidepressants' effect of Crataegus pinnatifida (Shan Zha): biochemical mechanisms. *Transl Psychiatry.* 2022;12(1):208.
466. De Simone M, De Feo R, Choucha A, Ciaglia E, Fezeu F. Enhancing Sleep Quality: Assessing the Efficacy of a Fixed Combination of Linden, Hawthorn, Vitamin B1, and Melatonin. *Med Sci (Basel).* 2023;12(1):2.
467. Daniele C, Mazzanti G, Pittler MH, Ernst E. Adverse-event profile of Crataegus spp.: a systematic review. *Drug Saf.* 2006;29(6):523-35.
468. Sah A, Naseef PP, Kuruniyan MS, Jain GK, Zakir F, Aggarwal G. A Comprehensive Study of Therapeutic Applications of Chamomile. *Pharmaceuticals (Basel).* 2022;15(10):1284.
469. Dai YL, Li Y, Wang Q, Niu FJ, Li KW, Wang YY, Wang J, Zhou CZ, Gao LN. Chamomile: A Review of Its Traditional Uses, Chemical Constituents, Pharmacological Activities and Quality Control Studies. *Molecules.* 2022;28(1):133.
470. De Cicco P, Ercolano G, Sirignano C, Rubino V, Rigano D, Ianaro A, Formisano C. Chamomile essential oils exert anti-inflammatory effects involving human and murine macrophages: Evidence to support a therapeutic action. *J Ethnopharmacol.* 2023;311:116391.
471. Turk MA, Liu Y, Pope JE. Non-pharmacological interventions in the treatment of rheumatoid arthritis: A systematic review and meta-analysis. *Autoimmun Rev.* 2023;22(6):103323.
472. Chaves PFP, Iacomini M, Cordeiro LMC. Chemical characterization of fructooligosaccharides, inulin and structurally diverse polysaccharides from chamomile tea. *Carbohydr Polym.* 2019;214:269-275.
473. Pratas A, Malhão B, Palma R, Mendonça P, Cervantes R, Marques-Ramos A. Effects of apigenin on gastric cancer cells. *Biomed Pharmacother.* 2024;172:116251.
474. Nieman KM, Zhu Y, Tucker M, Koecher K. The Role of Dietary Ingredients in Mental Energy - A Scoping Review of Randomized Controlled Trials. *J Am Nutr Assoc.* 2024;43(2):167-182.
475. Denisow-Pietrzyk M, Pietrzyk Ł, Denisow B. Asteraceae species as potential environmental factors of allergy. *Environ Sci Pollut Res Int.* 2019;26(7):6290-6300.
476. Kimura R, Schwartz JA, Romeiser JL, Senzel L, Galanakis D, Halper D, Bennett-Guerrero E. The Acute Effect of Chamomile Intake on Blood Coagulation Tests in Healthy Volunteers: A Randomized Trial. *J Appl Lab Med.* 2024:jfad120. Online ahead of print.

477. Povolo C, Foschini A, Ribaudo G. Optimization of the extraction of bioactive molecules from *Lycium barbarum* fruits and evaluation of the antioxidant activity: a combined study. *Nat Prod Res.* 2019;33(18):2694-2698.
478. Wetters S, Horn T, Nick P. Goji Who? Morphological and DNA Based Authentication of a "Superfood". *Front Plant Sci.* 2018;9:1859.
479. Vidović BB, Milinčić DD, Marčetić MD, Djuriš JD, Ilić TD, Kostić AŽ, Pešić MB. Health Benefits and Applications of Goji Berries in Functional Food Products Development: A Review. *Antioxidants (Basel).* 2022;11(2):248.
480. Georgiev KD, Slavov IJ, Iliev IA. Antioxidant Activity and Antiproliferative Effects of Lycium barbarum's (Goji berry) Fractions on Breast Cancer Cell Lines. *Folia Med (Plovdiv).* 2019;61(1):104-112.
481. Ji H, Ma J, Guo L, Huang Y, Wang W, Sun X, Sun R. Amino acid sequence identification of goji berry cyclic peptides and anticervical carcinoma activity detection. *J Pept Sci.* 2021;27(8):e3326.
482. Kwaśnik P, Lemieszek MK, Rzeski W. Impact of phytochemicals and plant extracts on viability and proliferation of NK cell line NK-92 - a closer look at immunomodulatory properties of goji berries extract in human colon cancer cells. *Ann Agric Environ Med.* 2021;28(2):291-299.
483. Sanghavi A, Srivatsa A, Adiga D, Chopra A, Lobo R, Kabekkodu SP, Gadag S, Nayak U, Sivaraman K, Shah A. Goji berry (Lycium barbarum) inhibits the proliferation, adhesion, and migration of oral cancer cells by inhibiting the ERK, AKT, and CyclinD cell signaling pathways: an in-vitro study. *F1000Res.* 2022;11:1563.
484. Kazybay B, Sun Q, Dukenbayev K, Nurkesh AA, Xu N, Kutzhanova A, Razbekova M, Kabylda A, Yang Q, Wang Q, Ma C, Xie Y. Network Pharmacology with Experimental Investigation of the Mechanisms of *Rhizoma Polygonati* against Prostate Cancer with Additional Herbzymatic Activity. *ACS Omega.* 2022;7(17):14465-14477.
485. Patsilinakos A, Ragno R, Carradori S, Petralito S, Cesa S. Carotenoid content of Goji berries: CIELAB, HPLC-DAD analyses and quantitative correlation. *Food Chem.* 2018;268:49-56.
486. Yoo JH, Lee JS, Jang JH, Jung JI, Kim EJ, Choi SY. AGEs Blocker™ (Goji Berry, Fig, and Korean Mint Mixed Extract) Inhibits Skin Aging Caused by Streptozotocin-Induced Glycation in Hairless Mice. *Prev Nutr Food Sci.* 2023;28(2):134-140.
487. Ma ZF, Zhang H, Teh SS, Wang CW, Zhang Y, Hayford F, Wang L, Ma T, Dong Z, Zhang Y, Zhu Y. Goji Berries as a Potential Natural Antioxidant Medicine: An Insight into Their Molecular Mechanisms of Action. *Oxid Med Cell Longev.* 2019;2019:2437397.
488. Uchibayashi M. Etymology of ginger. *Yakushigaku Zasshi.* 2001;36(1):58-60.
489. Ling W, Huang Y, Xu JH, Li Y, Huang YM, Ling HB, Sui Y, Zhao HL. Consistent Efficacy of Wendan Decoction for the Treatment of Digestive Reflux Disorders. *Am J Chin Med.* 2015;43(5):893-913.
490. Santos Braga S. Ginger: Panacea or Consumer's Hype? *Applied Sciences*. 2019; 9(8):1570.

491. Chen L, Wang H, Chen Z, Zhuo W, Xu R, Zeng X, He Q, Guan Y, Li H, Liu H. Ginger from ancient times to the new outlook. *Chem Biodivers.* 2022;19(11):e202200757.
492. Bischoff-Kont I, Primke T, Niebergall LS, Zech T, Fürst R. Ginger Constituent 6-Shogaol Inhibits Inflammation- and Angiogenesis-Related Cell Functions in Primary Human Endothelial Cells. *Front Pharmacol.* 2022;13:844767.
493. Haniadka R, Saldanha E, Sunita V, Palatty PL, Fayad R, Baliga MS. A review of the gastroprotective effects of ginger (Zingiber officinale Roscoe). *Food Funct.* 2013;4(6):845-55.
494. Chen L, Wang H, Chen Z, Zhuo W, Xu R, Zeng X, He Q, Guan Y, Li H, Liu H. The Effect of Dried Ginger (Gan Jiang) on Stomach Energy Metabolism and the Related Mechanism in Rats Based on Metabonomics. *Chem Biodivers.* 2022;19(11):e202200757.
495. Hu Y, Amoah AN, Zhang H, Fu R, Qiu Y, Cao Y, Sun Y, Chen H, Liu Y, Lyu Q. Effect of ginger in the treatment of nausea and vomiting compared with vitamin B6 and placebo during pregnancy: a meta-analysis. *J Matern Fetal Neonatal Med.* 2022;35(1):187-196.
496. Choi J, Lee J, Kim K, Choi HK, Lee SA, Lee HJ. Effects of Ginger Intake on Chemotherapy-Induced Nausea and Vomiting: A Systematic Review of Randomized Clinical Trials. *Nutrients.* 2022;14(23):4982.
497. Araya-Quintanilla F, Gutierrez-Espinoza H, Munoz-Yanez MJ, Sanchez-Montoya U, Lopez-Jeldes J. Effectiveness of Ginger on Pain and Function in Knee Osteoarthritis: A PRISMA Systematic Review and Meta-Analysis. *Pain Physician.* 2020;23(2):E151-E161.
498. Shirvani MA, Motahari-Tabari N, Alipour A. The effect of mefenamic acid and ginger on pain relief in primary dysmenorrhea: a randomized clinical trial. *Arch Gynecol Obstet.* 2015;291(6):1277-81.
499. Fakhri S, Patra JK, Das SK, Das G, Majnooni MB, Farzaei MH. Ginger and Heart Health: From Mechanisms to Therapeutics. *Curr Mol Pharmacol.* 2021;14(6):943-959.
500. Ali BH, Blunden G, Tanira MO, Nemmar A. Some phytochemical, pharmacological and toxicological properties of ginger (Zingiber officinale Roscoe): a review of recent research. *Food Chem Toxicol.* 2008;46(2):409-20.
501. Usman AN, Manju B, Ilhamuddin I, Ahmad M, Ab T, Ariyandy A, Budiaman B, Eragradini AR, Hasan II, Hashim S, Sartini S, Sinrang AW. Ginger potency on the prevention and treatment of breast cancer. *Breast Dis.* 2023;42(1):207-212.
502. Okuhira H, Nakatani Y, Furukawa F, Kanazawa N. Anaphylaxis to ginger induced by herbal medicine. *Allergol Int.* 2020;69(1):159-160.
503. Birt DF, Boylston T, Hendrich S, Jane JL, Hollis J, Li L, McClelland J, Moore S, Phillips GJ, Rowling M, Schalinske K, Scott MP, Whitley EM. Resistant Starch: Promise for Improving Human Health. *Adv Nutr.* 2013;4(6):587-601.
504. Li H, Zhang L, Li J, Wu Q, Qian L, He J, Ni Y, Kovatcheva-Datchary P, Yuan R, Liu S, Shen L, Zhang M, Sheng B, Li P, Kang K, Wu L, Fang Q, Long X, Wang X, Li Y, Ye Y, Ye J, Bao Y, Zhao Y, Xu G, Liu X, Panagiotou G, Xu A, Jia W. Resistant starch

intake facilitates weight loss in humans by reshaping the gut microbiota. *Nat Metab.* 2024 Feb 26. doi: 10.1038/s42255-024-00988-y. Online ahead of print.

505. Sanders LM, Dicklin MR, Palacios OM, Maki CE, Wilcox ML, Maki KC. Effects of potato resistant starch intake on insulin sensitivity, related metabolic markers and appetite ratings in men and women at risk for type 2 diabetes: a pilot cross-over randomised controlled trial. *J Hum Nutr Diet.* 2021;34(1):94-105.
506. Wang Z, Wang S, Xu Q, Kong Q, Li F, Lu L, Xu Y, Wei Y. Synthesis and Functions of Resistant Starch. *Adv Nutr.* 2023;14(5):1131-1144.
507. Klosterbuer AS, Hullar MA, Li F, Traylor E, Lampe JW, Thomas W, Slavin JL. Gastrointestinal effects of resistant starch, soluble maize fibre and pullulan in healthy adults. *Br J Nutr.* 2013;110(6):1068-74.
508. Vijayalakshmi S, Xavier D, Srivastava C, Arun A. Vanilla-Natural Vs Artificial: A Review. *Research Journal of Pharmacy and Technology.* 2019;12(6):3068.
509. Liu YN, Kang JW, Zhang Y, Song SS, Xu QX, Zhang H, Lu L, Wei SW, Liang C, Su RW. Vanillin prevents the growth of endometriotic lesions through anti-inflammatory and antioxidant pathways in a mouse model. *Food Funct.* 2023;14(14):6730-6744.
510. Iannuzzi C, Liccardo M, Sirangelo I. Overview of the Role of Vanillin in Neurodegenerative Diseases and Neuropathophysiological Conditions. *Int J Mol Sci.* 2023;24(3):1817.
511. El Hamd MA, El-Maghrabey M, Almawash S, Radwan AS, El-Shaheny R, Magdy G. Citrus/urea nitrogen-doped carbon quantum dots as nanosensors for vanillin determination in infant formula and food products via factorial experimental design fluorimetry and smartphone. *Luminescence.* 2023 Dec 13. doi: 10.1002/bio.4643. Online ahead of print.
512. Szallasi A. Dietary Capsaicin: A Spicy Way to Improve Cardio-Metabolic Health? *Biomolecules.* 2022;12(12):1783.
513. Wang X, Yu L, Li F, Zhang G, Zhou W, Jiang X. Synthesis of amide derivatives containing capsaicin and their antioxidant and antibacterial activities. *J Food Biochem.* 2019;43(12):e13061.
514. Silva JL, Santos EA, Alvarez-Leite JI. Are We Ready to Recommend Capsaicin for Disorders Other Than Neuropathic Pain? *Nutrients.* 2023;15(20):4469.
515. Abdel-Salam OME, Mózsik G. Capsaicin, The Vanilloid Receptor TRPV1 Agonist in Neuroprotection: Mechanisms Involved and Significance. *Neurochem Res.* 2023;48(11):3296-3315.
516. Al Masaoud FS, Alharbi A, Behir MM, Siddiqui AF, Al-Murayeh LM, Al Dail A, Siddiqui R. A challenging case of suspected solanine toxicity in an eleven-year-old Saudi boy. *J Family Med Prim Care.* 2022;11(7):4039-4041.
517. Rauf A, Joshi PB, Ahmad Z, Hemeg HA, Olatunde A, Naz S, Hafeez N, Simal-Gandara J. Edible mushrooms as potential functional foods in amelioration of hypertension. *Phytother Res.* 2023;37(6):2644-2660.
518. Wennig R, Eyer F, Schaper A, Zilker T, Andresen-Streichert H. Mushroom Poisoning. *Dtsch Arztebl Int.* 2020;117(42):701-708.

519. Hoenigl M, Salmanton-García J, Walsh TJ, Nucci M, Neoh CF, Jenks JD, Lackner M, Sprute R, Al-Hatmi AMS, Bassetti M, Carlesse F, Freiberger T, Koehler P, Lehrnbecher T, Kumar A, Prattes J, Richardson M, Revankar S, Slavin MA, Stemler J, Spiess B, Taj-Aldeen SJ, Warris A, Woo PCY, Young JH, Albus K, Arenz D, Arsic-Arsenijevic V, Bouchara JP, Chinniah TR, Chowdhary A, de Hoog GS, Dimopoulos G, Duarte RF, Hamal P, Meis JF, Mfinanga S, Queiroz-Telles F, Patterson TF, Rahav G, Rogers TR, Rotstein C, Wahyuningsih R, Seidel D, Cornely OA. Global guideline for the diagnosis and management of rare mould infections: an initiative of the European Confederation of Medical Mycology in cooperation with the International Society for Human and Animal Mycology and the American Society for Microbiology. *Lancet Infect Dis.* 2021;21(8):e246-e257.
520. van Amsterdam J, Opperhuizen A, van den Brink W. Harm potential of magic mushroom use: a review. *Regul Toxicol Pharmacol.* 2011;59(3):423-9.
521. Crocq MA. History of cannabis and the endocannabinoid system. *Dialogues Clin Neurosci.* 2020;22(3):223-228.
522. Hill KP, Palastro MD. Medical cannabis for the treatment of chronic pain and other disorders: misconceptions and facts. *Pol Arch Intern Med.* 2017;127(11):785-789.
523. Solmi M, De Toffol M, Kim JY, Choi MJ, Stubbs B, Thompson T, Firth J, Miola A, Croatto G, Baggio F, Michelon S, Ballan L, Gerdle B, Monaco F, Simonato P, Scocco P, Ricca V, Castellini G, Fornaro M, Murru A, Vieta E, Fusar-Poli P, Barbui C, Ioannidis JPA, Carvalho AF, Radua J, Correll CU, Cortese S, Murray RM, Castle D, Shin JI, Dragioti E. Balancing risks and benefits of cannabis use: umbrella review of meta-analyses of randomised controlled trials and observational studies. *BMJ.* 2023;382:e072348.
524. Petrilli K, Ofori S, Hines L, Taylor G, Adams S, Freeman TP. Association of cannabis potency with mental ill health and addiction: a systematic review. *Lancet Psychiatry.* 2022;9(9):736-750.
525. Holt A, Nouhravesh N, Strange JE, Kinnberg Nielsen S, Schjerning AM, Vibe Rasmussen P, Torp-Pedersen C, Gislason GH, Schou M, McGettigan P, Lamberts M. Cannabis for chronic pain: cardiovascular safety in a nationwide Danish study. *Eur Heart J.* 2024;45(6):475-484.
526. Jeffers AM, Glantz S, Byers AL, Keyhani S. Association of Cannabis Use With Cardiovascular Outcomes Among US Adults. *J Am Heart Assoc.* 2024;13(5):e030178.
527. Labadie M, Nardon A, Castaing N, Bragança C, Daveluy A, Gaulier JM, El Balkhi S, Grenouillet M; French Poison Centre Research Group; Christine Tournoud. Hexahydrocannabinol poisoning reported to French poison centres. *Clin Toxicol (Phila).* 2024 Mar 1:1-8. doi: 10.1080/15563650.2024.2318409. Online ahead of print.
528. Rigg KK, Kusiak ES. Perceptions of fentanyl among African Americans who misuse opioids: implications for risk reduction. *Harm Reduct J.* 2023;20(1):179.

529. Miyoshi H, Nakamura R, Kido H, Narasaki S, Watanabe T, Yokota M, Ishii T, Kato T, Saeki N, Tsutsumi YM. Impact of fentanyl on acute and chronic pain and its side effects when used with epidural analgesia after thoracic surgery in multi-modal analgesia: a retrospective cohort study. *Ann Palliat Med.* 2021;10(5):5119-5127.
530. Judd D, King CR, Galke C. The Opioid Epidemic: A Review of the Contributing Factors, Negative Consequences, and Best Practices. *Cureus.* 2023;15(7):e41621.
531. Tay Wee Teck J, Oteo A, Baldacchino A. Rapid opioid overdose response system technologies. *Curr Opin Psychiatry.* 2023;36(4):308-315.
532. Vallee BL. Alcohol in human history. *EXS.* 1994;71:1-8.
533. Iranpour A, Nakhaee N. A Review of Alcohol-Related Harms: A Recent Update. *Addict Health.* 2019;11(2):129-137.
534. Varghese J, Dakhode S. Effects of Alcohol Consumption on Various Systems of the Human Body: A Systematic Review. *Cureus.* 2022;14(10):e30057.
535. Wu X, Fan X, Miyata T, Kim A, Cajigas-Du Ross CK, Ray S, Huang E, Taiwo M, Arya R, Wu J, Nagy LE. Recent Advances in Understanding of Pathogenesis of Alcohol-Associated Liver Disease. *Annu Rev Pathol.* 2023;18:411-438.
536. Rumgay H, Murphy N, Ferrari P, Soerjomataram I. Alcohol and Cancer: Epidemiology and Biological Mechanisms. *Nutrients.* 2021;13(9):3173.
537. Goodwin ME, Sayette MA. A social contextual review of the effects of alcohol on emotion. *Pharmacol Biochem Behav.* 2022;221:173486.
538. Freisthler B, Wolf JP, Hodge AI, Cao Y. Alcohol Use and Harm to Children by Parents and Other Adults. *Child Maltreat.* 2020;25(3):277-288.
539. Caputo C, Wood E, Jabbour L. Impact of fetal alcohol exposure on body systems: A systematic review. *Birth Defects Res C Embryo Today.* 2016;108(2):174-80.
540. Olson ML, Rossheim ME, Sanders SB, Yurasek AM. Alcohol demand and supersized alcopop consumption among undergraduate college students. *Exp Clin Psychopharmacol.* 2022;30(1):120-125.
541. Mishra S, Mishra MB. Tobacco: Its historical, cultural, oral, and periodontal health association. *J Int Soc Prev Community Dent.* 2013;3(1):12-8.
542. Gardner MN, Brandt AM. "The doctors' choice is America's choice": the physician in US cigarette advertisements, 1930-1953. *Am J Public Health.* 2006;96(2):222-32.
543. Vitória P, Pereira SE, Muinos G, Vries H, Lima ML. Parents modelling, peer influence and peer selection impact on adolescent smoking behavior: A longitudinal study in two age cohorts. *Addict Behav.* 2020;100:106131.
544. Scales MB, Monahan JL, Rhodes N, Roskos-Ewoldsen D, Johnson-Turbes A. Adolescents' perceptions of smoking and stress reduction. *Health Educ Behav.* 2009;36(4):746-58.
545. Kopetz C, Woerner JI. People Downplay Health Risks to Fulfill Their Goals: A Motivational Framework for Guiding Behavioral Policy. *Policy Insights from the Behavioral and Brain Sciences*. 2021;8(1): 92-100.

546. Saha SP, Bhalla DK, Whayne TF Jr, Gairola C. Cigarette smoke and adverse health effects: An overview of research trends and future needs. *Int J Angiol.* 2007;16(3):77-83.
547. Cao S, Yang C, Gan Y, Lu Z. The Health Effects of Passive Smoking: An Overview of Systematic Reviews Based on Observational Epidemiological Evidence. *PLoS One.* 2015;10(10):e0139907.
548. Goodchild M, Nargis N, Tursan d'Espaignet E. Global economic cost of smoking-attributable diseases. *Tob Control.* 2018;27(1):58-64.
549. Sridharan V, Shoda Y, Heffner JL, Bricker J. Addiction Mindsets and Psychological Processes of Quitting Smoking. *Subst Use Misuse.* 2019;54(7):1086-1095.
550. Park E, Kang HY, Lim MK, Kim B, Oh JK. Cancer Risk Following Smoking Cessation in Korea. *JAMA Netw Open.* 2024;7(2):e2354958.
551. Saint-André V, Charbit B, Biton A, Rouilly V, Possémé C, Bertrand A, Rotival M, Bergstedt J, Patin E, Albert ML, Quintana-Murci L, Duffy D; Milieu Intérieur Consortium. Smoking changes adaptive immunity with persistent effects. *Nature.* 2024;626(8000):827-835.
552. Cho ER, Brill IK, Gram IT, Brown PE, Jha P. Smoking Cessation and Short- and Longer-Term Mortality. *NEJM Evid.* 2024;3(3):EVIDoa2300272.
553. Hamadneh S, Hamadneh J. Active and Passive Maternal Smoking During Pregnancy and Birth Outcomes: A Study From a Developing Country. *Ann Glob Health.* 2021;87(1):122.
554. Banderali G, Martelli A, Landi M, Moretti F, Betti F, Radaelli G, Lassandro C, Verduci E.Short and long term health effects of parental tobacco smoking during pregnancy and lactation: a descriptive review. *J Transl Med.* 2015;13:327.
555. Glantz SA, Nguyen N, Oliveira da Silva AL. Population-Based Disease Odds for E-Cigarettes and Dual Use versus Cigarettes. *NEJM Evid.* 2024;3(3):EVIDoa2300229.
556. Pisinger C, Godtfredsen N, Bender AM. A conflict of interest is strongly associated with tobacco industry-favourable results, indicating no harm of e-cigarettes. *Prev Med.* 2019;119:124-131.
557. Kurihara K. Glutamate: from discovery as a food flavor to role as a basic taste (umami). *Am J Clin Nutr.* 2009;90(3):719S-722S.
558. Celestino M, Balmaceda Valdez V, Brun P, Castagliuolo I, Mucignat-Caretta C. Differential effects of sodium chloride and monosodium glutamate on kidney of adult and aging mice. *Sci Rep.* 2021;11(1):481.
559. EFSA Panel on Food Additives and Nutrient Sources added to Food (ANS); Mortensen A, Aguilar F, Crebelli R, Di Domenico A, Dusemund B, Frutos MJ, Galtier P, Gott D, Gundert-Remy U, Leblanc JC, Lindtner O, Moldeus P, Mosesso P, Parent-Massin D, Oskarsson A, Stankovic I, Waalkens-Berendsen I, Woutersen RA, Wright M, Younes M, Boon P, Chrysafidis D, Gürtler R, Tobback P, Altieri A, Rincon AM, Lambré C. Re-evaluation of glutamic acid (E 620), sodium glutamate (E 621), potassium glutamate (E 622), calcium glutamate (E 623), ammonium glutamate (E 624) and magnesium glutamate (E 625) as food additives. *EFSA J.* 2017;15(7):e04910.

560. Boyko M, Gruenbaum BF, Oleshko A, Merzlikin I, Zlotnik A. Diet's Impact on Post-Traumatic Brain Injury Depression: Exploring Neurodegeneration, Chronic Blood-Brain Barrier Destruction, and Glutamate Neurotoxicity Mechanisms. *Nutrients.* 2023;15(21):4681.
561. Kraal AZ, Arvanitis NR, Jaeger AP, Ellingrod VL. Could Dietary Glutamate Play a Role in Psychiatric Distress? *Neuropsychobiology.* 2020;79:13-19.
562. Bawaskar HS, Bawaskar PH, Bawaskar PH. Chinese Restaurant Syndrome. *Indian J Crit Care Med.* 2017;21(1):49-50.
563. Loï C, Cynober L. Glutamate: A Safe Nutrient, Not Just a Simple Additive. *Ann Nutr Metab.* 2022;78(3):133-146.
564. Newby DE, Mannucci PM, Tell GS, Baccarelli AA, Brook RD, Donaldson K, Forastiere F, Franchini M, Franco OH, Graham I, Hoek G, Hoffmann B, Hoylaerts MF, Künzli N, Mills N, Pekkanen J, Peters A, Piepoli MF, Rajagopalan S, Storey RF; ESC Working Group on Thrombosis, European Association for Cardiovascular Prevention and Rehabilitation; ESC Heart Failure Association. Expert position paper on air pollution and cardiovascular disease. *Eur Heart J.* 2015;36(2):83-93b.
565. Liu C, Chen R, Sera F, Vicedo-Cabrera AM, Guo Y, Tong S, Coelho MSZS, Saldiva PHN, Lavigne E, Matus P, Valdes Ortega N, Osorio Garcia S, Pascal M, Stafoggia M, Scortichini M, Hashizume M, Honda Y, Hurtado-Díaz M, Cruz J, Nunes B, Teixeira JP, Kim H, Tobias A, Íñiguez C, Forsberg B, Åström C, Ragettli MS, Guo YL, Chen BY, Bell ML, Wright CY, Scovronick N, Garland RM, Milojevic A, Kyselý J, Urban A, Orru H, Indermitte E, Jaakkola JJK, Ryti NRI, Katsouyanni K, Analitis A, Zanobetti A, Schwartz J, Chen J, Wu T, Cohen A, Gasparrini A, Kan H. Ambient Particulate Air Pollution and Daily Mortality in 652 Cities. *N Engl J Med.* 2019;381(8):705-715.
566. Kish R. Are electric vehicles really green? *Econ Aff.* 2023;43(2):275-286.
567. Boogaard PJ. Human biomonitoring of low-level benzene exposures. *Crit Rev Toxicol.* 2022;52(10):799-810.
568. Chiavarini M, Rosignoli P, Sorbara B, Giacchetta I, Fabiani R. Benzene Exposure and Lung Cancer Risk: A Systematic Review and Meta-Analysis of Human Studies. *Int J Environ Res Public Health.* 2024;21(2):205.
569. Shala NK, Stenehjem JS, Babigumira R, Liu FC, Berge LAM, Silverman DT, Friesen MC, Rothman N, Lan Q, Hosgood HD, Samuelsen SO, Bråtveit M, Kirkeleit J, Andreassen BK, Veierød MB, Grimsrud TK. Exposure to benzene and other hydrocarbons and risk of bladder cancer among male offshore petroleum workers. *Br J Cancer.* 2023;129(5):838-851.
570. McFarland MJ, Hauer ME, Reuben A. Half of US population exposed to adverse lead levels in early childhood. *Proc Natl Acad Sci U S A.* 2022;119(11):e2118631119.
571. Münzel T, Gori T, Babisch W, Basner M. Cardiovascular effects of environmental noise exposure. *Eur Heart J.* 2014;35(13):829-36.

572. Alberghini L, Truant A, Santonicola S, Colavita G, Giaccone V. Microplastics in Fish and Fishery Products and Risks for Human Health: A Review. *Int J Environ Res Public Health.* 2022;20(1):789.
573. Yee MS, Hii LW, Looi CK, Lim WM, Wong SF, Kok YY, Tan BK, Wong CY, Leong CO. Impact of Microplastics and Nanoplastics on Human Health. *Nanomaterials (Basel).* 2021;11(2):496.
574. Tarazona JV, Court-Marques D, Tiramani M, Reich H, Pfeil R, Istace F, Crivellente F. Glyphosate toxicity and carcinogenicity: a review of the scientific basis of the European Union assessment and its differences with IARC. *Arch Toxicol.* 2017;91(8):2723-2743.
575. Costas-Ferreira C, Durán R, Faro LRF. Toxic Effects of Glyphosate on the Nervous System: A Systematic Review. *Int J Mol Sci.* 2022;23(9):4605.
576. Wang PW, Hung YC, Lin TY, Fang JY, Yang PM, Chen MH, Pan TL. Comparison of the Biological Impact of UVA and UVB upon the Skin with Functional Proteomics and Immunohistochemistry. *Antioxidants (Basel).* 2019;8(12):569.
577. Ferguson KK, Colacino JA, Lewis RC, Meeker JD. Personal care product use among adults in NHANES: associations between urinary phthalate metabolites and phenols and use of mouthwash and sunscreen. *J Expo Sci Environ Epidemiol.* 2017;27(3):326-332.
578. Wolff MS, Buckley JP, Engel SM, McConnell RS, Barr DB. Emerging exposures of developmental toxicants. *Curr Opin Pediatr.* 2017;29(2):218-224.
579. Guarnotta V, Amodei R, Frasca F, Aversa A, Giordano C. Impact of Chemical Endocrine Disruptors and Hormone Modulators on the Endocrine System. *Int J Mol Sci.* 2022;23(10):5710.
580. Tang ZR, Xu XL, Deng SL, Lian ZX, Yu K. Oestrogenic Endocrine Disruptors in the Placenta and the Fetus. *Int J Mol Sci.* 2020;21(4):1519.
581. Sree CG, Buddolla V, Lakshmi BA, Kim YJ. Phthalate toxicity mechanisms: An update. *Comp Biochem Physiol C Toxicol Pharmacol.* 2023;263:109498.
582. Li MC, Chen CH, Guo YL. *Phthalate esters and childhood asthma: A systematic review and congener-specific meta-analysis. Environ Pollut.* 2017;229:655-660.
583. Brassea-Pérez E, Hernández-Camacho CJ, Labrada-Martagón V, Vázquez-Medina JP, Gaxiola-Robles R, Zenteno-Savín T. Oxidative stress induced by phthalates in mammals: State of the art and potential biomarkers. *Environ Res.* 2022;206:112636.
584. Calvo MS, Dunford EK, Uribarri J. Industrial Use of Phosphate Food Additives: A Mechanism Linking Ultra-Processed Food Intake to Cardiorenal Disease Risk? *Nutrients.* 2023;15(16):3510.
585. Ritz E, Hahn K, Ketteler M, Kuhlmann MK, Mann J. Phosphate Additives in Food—a Health Risk. *Dtsch Arztebl Int.* 2012;109(4):49-55.
586. Achinger SG, Ayus JC. Left *ventricular hypertrophy: is hyperphosphatemia among dialysis patients a risk factor? J Am Soc Nephrol.* 2006;17(12 Suppl 3):S255-61.
587. Kotopoulou S, Zampelas A, Magriplis E. Dietary nitrate and nitrite and human health: a narrative review by intake source. *Nutr Rev.* 2022;80(4):762-773.

588. Flores M, Toldrá F. Chemistry, safety, and regulatory considerations in the use of nitrite and nitrate from natural origin in meat products - Invited review. *Meat Sci.* 2021;171:108272.
589. Valent P, Groner B, Schumacher U, Superti-Furga G, Busslinger M, Kralovics R, Zielinski C, Penninger JM, Kerjaschki D, Stingl G, Smolen JS, Valenta R, Lassmann H, Kovar H, Jäger U, Kornek G, Müller M, Sörgel F. Paul Ehrlich (1854-1915) and His Contributions to the Foundation and Birth of Translational Medicine. *J Innate Immun.* 2016;8(2):111-20.
590. Xue H, Thaivalappil A, Cao K. The Potentials of Methylene Blue as an Anti-Aging Drug. *Cells.* 2021;10(12):3379.
591. Saha BK, Burns SL. The Story of Nitric Oxide, Sepsis and Methylene Blue: A Comprehensive Pathophysiologic Review. *Am J Med Sci.* 2020;360(4):329-337.
592. Koszucka A, Nowak A, Nowak I, Motyl I. Acrylamide in human diet, its metabolism, toxicity, inactivation and the associated European Union legal regulations in food industry. *Crit Rev Food Sci Nutr.* 2020;60(10):1677-1692.
593. Rifai L, Saleh FA. A Review on Acrylamide in Food: Occurrence, Toxicity, and Mitigation Strategies. *Int J Toxicol.* 2020;39(2):93-102.
594. Bušová M, Bencko V, Veszelits Laktičová K, Holcátová I, Vargová M. Risk of exposure to acrylamide. *Cent Eur J Public Health.* 2020;28 Suppl:S43-S46.
595. Bukowska B, Mokra K, Michałowicz J. Benzo[*a*]pyrene-Environmental Occurrence, Human Exposure, and Mechanisms of Toxicity. *Int J Mol Sci.* 2022;23(11):6348.
596. Walker RS, Sattenspiel L, Hill KR. Mortality from contact-related epidemics among indigenous populations in Greater Amazonia. *Sci Rep.* 2015;5:14032.
597. Marr JS, Cathey JT. New hypothesis for cause of epidemic among native Americans, New England, 1616-1619. *Emerg Infect Dis.* 2010;16(2):281-6.
598. Glatter KA, Finkelman P. History of the Plague: An Ancient Pandemic for the Age of COVID-19. *Am J Med.* 2021;134(2):176-181.
599. Barbieri R, Signoli M, Chevé D, Costedoat C, Tzortzis S, Aboudharam G, Raoult D, Drancourt M. Yersinia pestis: the Natural History of Plague. *Clin Microbiol Rev.* 2020;34(1):e00044-19.
600. Viegas C, Moreira R, Faria T, Caetano LA, Carolino E, Gomes AQ, Viegas S. Aspergillus prevalence in air conditioning filters from vehicles: Taxis for patient transportation, forklifts, and personal vehicles. *Arch Environ Occup Health.* 2019;74(6):341-349.
601. Cadena J, Thompson GR 3rd, Patterson TF. Aspergillosis: Epidemiology, Diagnosis, and Treatment. *Infect Dis Clin North Am.* 2021;35(2):415-434.
602. Wilson AM, Canter K, Abney SE, Gerba CP, Myers ER, Hanlin J, Reynolds KA. An application for relating Legionella shower water monitoring results to estimated health outcomes. *Water Res.* 2022;221:118812.
603. Kao AS, Myer S, Wickrama M, Ismail R, Hettiarachchi M. Multidisciplinary Management of Legionella Disease in Immunocompromised Patients. *Cureus.* 2021;13(11):e19214.

604. Oder M, Kokličč T, Umek P, Podlipec R, Štrancar J, Dobeic M. Photocatalytic biocidal effect of copper doped TiO2 nanotube coated surfaces under laminar flow, illuminated with UVA light on Legionella pneumophila. *PLoS One.* 2020;15(1):e0227574.
605. Falla AM, Hofstraat SHI, Duffell E, Hahné SJM, Tavoschi L, Veldhuijzen IK. Hepatitis B/C in the countries of the EU/EEA: a systematic review of the prevalence among at-risk groups. *BMC Infect Dis.* 2018;18(1):79.
606. Saseetharran A, Hiebert L, Gupta N, Nyirahabihirwe F, Kamali I, Ward JW. Prevention, testing, and treatment interventions for hepatitis B and C in refugee populations: results of a scoping review. *BMC Infect Dis.* 2023;23(1):866.
607. Showa SP, Nyabadza F, Hove-Musekwa SD. On the efficiency of HIV transmission: Insights through discrete time HIV models. *PLoS One.* 2019;14(9):e0222574.
608. Phanuphak N, Gulick RM. HIV treatment and prevention 2019: current standards of care. *Curr Opin HIV AIDS.* 2020;15(1):4-12.
609. Javanian M, Barary M, Ghebrehewet S, Koppolu V, Vasigala V, Ebrahimpour S. A brief review of influenza virus infection. *J Med Virol.* 2021;93(8):4638-4646.
610. Sekiya T, Ohno M, Nomura N, Handabile C, Shingai M, Jackson DC, Brown LE, Kida H. Selecting and Using the Appropriate Influenza Vaccine for Each Individual. *Viruses.* 2021;13(6):971.
611. Holmes EC, Goldstein SA, Rasmussen AL, Robertson DL, Crits-Christoph A, Wertheim JO, Anthony SJ, Barclay WS, Boni MF, Doherty PC, Farrar J, Geoghegan JL, Jiang X, Leibowitz JL, Neil SJD, Skern T, Weiss SR, Worobey M, Andersen KG, Garry RF, Rambaut A. The origins of SARS-CoV-2: A critical review. *Cell.* 2021;184(19):4848-4856.
612. Zhang JJ, Dong X, Liu GH, Gao YD. Risk and Protective Factors for COVID-19 Morbidity, Severity, and Mortality. *Clin Rev Allergy Immunol.* 2023;64(1):90-107.
613. GBD 2021 Demographics Collaborators. Global age-sex-specific mortality, life expectancy, and population estimates in 204 countries and territories and 811 subnational locations, 1950-2021, and the impact of the COVID-19 pandemic: a comprehensive demographic analysis for the Global Burden of Disease Study 2021. *Lancet.* 2024;S0140-6735(24)00476-8. Online ahead of print.
614. Narayanan SA, Jamison DA Jr, Guarnieri JW, Zaksas V, Topper M, Koutnik AP, Park J, Clark KB, Enguita FJ, Leitão AL, Das S, Moraes-Vieira PM, Galeano D, Mason CE, Trovão NS, Schwartz RE, Schisler JC, Coelho-Dos-Reis JGA, Wurtele ES, Beheshti A. A comprehensive SARS-CoV-2 and COVID-19 review, Part 2: host extracellular to systemic effects of SARS-CoV-2 infection. *Eur J Hum Genet.* 2024;32(1):10-20.
615. Davis HE, McCorkell L, Vogel JM, Topol EJ. Long COVID: major findings, mechanisms and recommendations. *Nat Rev Microbiol.* 2023;21(3):133-146.
616. Sykes JE. Tick-Borne Diseases. *Vet Clin North Am Small Anim Pract.* 2023;53(1):141-154.

617. Gilbert L. The Impacts of Climate Change on Ticks and Tick-Borne Disease Risk. *Annu Rev Entomol.* 2021;66:373-388.
618. Cavallo I. Ticks survive for 27 years in entomologist's lab. *Binghamton News*. 2022;18 February. https://www.binghamton.edu/news/story/3485/ticks-survive-for-27-years-in-entomologists-lab.
619. Poczai P, Karvalics LZ. The little-known history of cleanliness and the forgotten pioneers of handwashing. *Frontiers in Public Health.* 2022;10:979464.
620. Obeng B, Potts CM, West BE, Burnell JE, Fleming PJ, Shim JK, Kinney MS, Ledue EL, Sangroula S, Baez Vazquez AY, Gosse JA. Pharmaceutical agent cetylpyridinium chloride inhibits immune mast cell function by interfering with calcium mobilization. *Food Chem Toxicol.* 2023;179:113980.
621. Cohn EF, Clayton BLL, Madhavan M, Lee KA, Yacoub S, Fedorov Y, Scavuzzo MA, Paul Friedman K, Shafer TJ, Tesar PJ. Pervasive environmental chemicals impair oligodendrocyte development. *Nat Neurosci.* 2024 Mar 25. doi: 10.1038/s41593-024-01599-2. Online ahead of print.
622. Ahuja V, Macho M, Ewe D, Singh M, Saha S, Saurav K. Biological and Pharmacological Potential of Xylitol: A Molecular Insight of Unique Metabolism. *Foods.* 2020;9(11):1592.
623. Lowe C, Anthony J. Pilot study of the effectiveness of a xylitol-based drinking water additive to reduce plaque and calculus accumulation in dogs. *The Canadian Veterinary Journal = La Revue Veterinaire Canadienne.* 2020;61(1):63-68.
624. Wilk K, Korytek W, Pelczyńska M, Moszak M, Bogdański P. The Effect of Artificial Sweeteners Use on Sweet Taste Perception and Weight Loss Efficacy: A Review. *Nutrients.* 2022;14(6):1261.
625. Debras C, Chazelas E, Srour B, Druesne-Pecollo N, Esseddik Y, Szabo de Edelenyi F, Agaësse C, De Sa A, Lutchia R, Gigandet S, Huybrechts I, Julia C, Kesse-Guyot E, Allès B, Andreeva VA, Galan P, Hercberg S, Deschasaux-Tanguy M, Touvier M. Artificial sweeteners and cancer risk: Results from the NutriNet-Sante population-based cohort study. *PLoS Med.* 2022;19(3):e1003950.
626. Naddaf M. Aspartame is a possible carcinogen: the science behind the decision. *Nature.* 2023 Jul 14. doi: 10.1038/d41586-023-02306-0.
627. Witkowski M, Nemet I, Alamri H, Wilcox J, Gupta N, Nimer N, Haghikia A, Li XS, Wu Y, Saha PP, Demuth I, König M, Steinhagen-Thiessen E, Cajka T, Fiehn O, Landmesser U, Tang WHW, Hazen SL. The artificial sweetener erythritol and cardiovascular event risk. *Nat Med.* 2023;29(3):710-718.
628. Peteliuk V, Rybchuk L, Bayliak M, Storey KB, Lushchak O. Natural sweetener *Stevia rebaudiana*: Functionalities, health benefits and potential risks. *EXCLI J.* 2021;20:1412-1430.
629. Du M, Stitzinger SH, Spille JH, Cho WK, Lee C, Hijaz M, Quintana A, Cissé II. Direct observation of a condensate effect on super-enhancer controlled gene bursting. *Cell.* 2024:S0092-8674(24)00362-3.

630. Chkhaberidze N, Axobadze K, Kereselidz M, Pitskhelauri N, Jorbenadze M, Chikhladze N. Study of Epidemiological Characteristics of Fatal Injuries Using Death Registry Data in Georgia. *Bull Emerg Trauma.* 2023;11(2):75-82.
631. Gaissmaier W, Gigerenzer G. 9/11, Act II: a fine-grained analysis of regional variations in traffic fatalities in the aftermath of the terrorist attacks. *Psychol Sci.* 2012;23(12):1449-54.
632. Passmore J, Yon Y, Mikkelsen B. Progress in reducing road-traffic injuries in the WHO European region. *Lancet Public Health.* 2019;4(6):e272-e273.
633. Laver L, Pengas IP, Mei-Dan O. Injuries in extreme sports. *J Orthop Surg Res.* 2017;12(1):59.
634. Emery CA, Pasanen K. Current trends in sport injury prevention. *Best Pract Res Clin Rheumatol.* 2019;33(1):3-15.
635. Read C, Beaumont C, Isbell J, Dombrowsky A, Brabston E, Ponce B, Hale H, Mccollough K, Estes R, Momaya AM. Spectator injuries in sports. *J Sports Med Phys Fitness.* 2019;59(3):520-523.
636. Jiang D. Risk Management of Sports Venues and Olympic Sports Cooperation Spirit under Complex Environment. *J Environ Public Health.* 2022;2022:9127539.
637. Kumar S, Joseph S, Abraham A. Prevalence of depression amongst the Elderly population in old age homes of Mangalore city. *J Family Med Prim Care.* 2021;10(5):1868-1872.
638. Ribeiro JD, Huang X, Fox KR, Franklin JC. Depression and hopelessness as risk factors for suicide ideation, attempts and death: meta-analysis of longitudinal studies. *Br J Psychiatry.* 2018;212(5):279-286.
639. Zhang Y, Chen Y, Ma L. Depression and cardiovascular disease in elderly: Current understanding. *J Clin Neurosci.* 2018;47:1-5.
640. Gómez Penedo JM, Schwartz B, Deisenhofer AK, Rubel J, Babl AM, Lutz W. Interpersonal clarification effects in Cognitive-Behavioral Therapy for depression and how they are moderated by the therapeutic alliance. *J Affect Disord.* 2021;279:662-670.
641. Alrasheed M, Hincapie AL, Guo JJ. Drug Expenditure, Price, and Utilization in the U.S. Medicaid: A Trend Analysis for SSRI and SNRI Antidepressants from 1991 to 2018. *J Ment Health Policy Econ.* 2021;24(1):3-11.
642. Kosanovic Rajacic B, Sagud M, Pivac N, Begic D. Illuminating the way: the role of bright light therapy in the treatment of depression. *Expert Rev Neurother.* 2023;23(12):1157-1171.
643. Kandola A, Ashdown-Franks G, Hendrikse J, Sabiston CM, Stubbs B. Physical activity and depression: Towards understanding the antidepressant mechanisms of physical activity. *Neurosci Biobehav Rev.* 2019;107:525-539.
644. Pop LM, Iorga M, Iurcov R. Body-Esteem, Self-Esteem and Loneliness among Social Media Young Users. *Int J Environ Res Public Health.* 2022;19(9):5064.
645. Benedyk A, Reichert M, Giurgiu M, Timm I, Reinhard I, Nigg C, Berthe O, Moldavski A, von der Goltz C, Braun U, Ebner-Priemer U, Meyer-Lindenberg A, Trost H. Real-life behavioral and neural circuit markers of physical activity as a

compensatory mechanism for social isolation. *Nat Mental Health.* 2024;2:337-342.
646. Hirano Y, Tamura S. Recent findings on neurofeedback training for auditory hallucinations in schizophrenia. *Curr Opin Psychiatry.* 2021;34(3):245-252.
647. García-Cabeza I, Díaz-Caneja CM, Ovejero M, de Portugal E. Adherence, insight and disability in paranoid schizophrenia. *Psychiatry Res.* 2018;270:274-280.
648. Guaiana G, Abbatecola M, Aali G, Tarantino F, Ebuenyi ID, Lucarini V, Li W, Zhang C, Pinto A. Cognitive behavioural therapy (group) for schizophrenia. *Cochrane Database Syst Rev.* 2022;7(7):CD009608.
649. Faghel-Soubeyrand S, Lecomte T, Bravo MA, Lepage M, Potvin S, Abdel-Baki A, Villeneuve M, Gosselin F. Abnormal visual representations associated with confusion of perceived facial expression in schizophrenia with social anxiety disorder. *NPJ Schizophr.* 2020;6(1):28.
650. Nielssen OB, Malhi GS, McGorry PD, Large MM. Overview of violence to self and others during the first episode of psychosis. *J Clin Psychiatry.* 2012;73(5):e580-7.
651. Leucht S, Bauer S, Siafis S, Hamza T, Wu H, Schneider-Thoma J, Salanti G, Davis JM. Examination of Dosing of Antipsychotic Drugs for Relapse Prevention in Patients With Stable Schizophrenia: A Meta-analysis. *JAMA Psychiatry.* 2021;78(11):1238-1248.
652. Budiono W, Kantono K, Kristianto FC, Avanti C, Herawati F. Psychoeducation Improved Illness Perception and Expressed Emotion of Family Caregivers of Patients with Schizophrenia. *Int J Environ Res Public Health.* 2021;18(14):7522.
653. Gaebel W, Zielasek J. Schizophrenia in 2020: Trends in diagnosis and therapy. *Psychiatry Clin Neurosci.* 2015;69(11):661-73.
654. Gassner L, Geretsegger M, Mayer-Ferbas J. Effectiveness of music therapy for autism spectrum disorder, dementia, depression, insomnia and schizophrenia: update of systematic reviews. *Eur J Public Health.* 2022;32(1):27-34.
655. Thibaut F. Anxiety disorders: a review of current literature. *Dialogues Clin Neurosci.* 2017;19(2):87-88.
656. Choi KW, Kim YK, Jeon HJ. Comorbid Anxiety and Depression: Clinical and Conceptual Consideration and Transdiagnostic Treatment. *Adv Exp Med Biol.* 2020;1191:219-235.
657. Bauer A, Knapp M, Matijasevich A, Osório A, de Paula CS. The lifetime costs of perinatal depression and anxiety in Brazil. *J Affect Disord.* 2022;319:361-369.
658. Aydemir O, Akkaya C. Association of social anxiety with stigmatisation and low self-esteem in remitted bipolar patients. Acta Neuropsychiatr. 2011;23(5):224-8.
659. Penninx BW, Pine DS, Holmes EA, Reif A. Anxiety disorders. *Lancet.* 2021;397(10277):914-927.
660. Ströhle A, Gensichen J, Domschke K. The Diagnosis and Treatment of Anxiety Disorders. *Dtsch Arztebl Int.* 2018;155(37):611-620.
661. Gong W, Geertshuis SA. Distress and eustress: an analysis of the stress experiences of offshore international students. *Front Psychol.* 2023;14:1144767.

662. Korabelnikova EA, Danilov AB, Danilov AB, Vorobyeva YD, Latysheva NV, Artemenko AR. Sleep Disorders and Headache: A Review of Correlation and Mutual Influence. *Pain Ther.* 2020;9(2):411-425.
663. Song EM, Jung HK, Jung JM. The association between reflux esophagitis and psychosocial stress. *Dig Dis Sci.* 2013;58(2):471-7.
664. Pimple P, Hammadah M, Wilmot K, Ramadan R, Al Mheid I, Levantsevych O, Sullivan S, Lima BB, Kim JH, Garcia EV, Nye J, Shah AJ, Ward L, Raggi P, Bremner JD, Hanfelt J, Lewis TT, Quyyumi AA, Vaccarino V. The Relation of Psychosocial Distress With Myocardial Perfusion and Stress-Induced Myocardial Ischemia. *Psychosom Med.* 2019;81(4):363-371.
665. McLachlan KJJ, Gale CR. The effects of psychological distress and its interaction with socioeconomic position on risk of developing four chronic diseases. *J Psychosom Res.* 2018;109:79-85.
666. Wong AMF. Beyond burnout: looking deeply into physician distress. *Can J Ophthalmol.* 2020;55(3 Suppl 1):7-16.
667. Serpa-Barrientos A, Calvet MLM, Acosta AGD, Fernández ACP, Rivas Díaz LH, Albites FMA, Saintila J. The relationship between positive and negative stress and posttraumatic growth in university students: the mediating role of resilience. *BMC Psychol.* 2023;11(1):348.
668. Liu T, Li J, Li Q, Liang Y, Gao J, Meng Z, Li P, Yao M, Gu J, Tu H, Gan Y. Environmental eustress promotes liver regeneration through the sympathetic regulation of type 1 innate lymphoid cells to increase IL-22 in mice. *Hepatology.* 2023;78(1):136-149.
669. Bienertova-Vasku J, Lenart P, Scheringer M. Eustress and Distress: Neither Good Nor Bad, but Rather the Same? *Bioessays.* 2020;42(7):e1900238.
670. Wilbert-Lampen U, Leistner D, Greven S, Pohl T, Sper S, Völker C, Güthlin D, Plasse A, Knez A, Küchenhoff H, Steinbeck G. Cardiovascular events during World Cup soccer. *N Engl J Med.* 2008;358(5):475-83.
671. Jawad M, Hone T, Vamos EP, Roderick P, Sullivan R, Millett C. Estimating indirect mortality impacts of armed conflict in civilian populations: panel regression analyses of 193 countries, 1990–2017. *BMC Med.* 2020;18(1):266.
672. Singh B, Singh S, Kaur J, Singh K, Popalzay AW. Conflict and social determinants of health: would global health diplomacy resolve the Afghanistan healthcare conundrum? *Global Security: Health, Science and Policy.* 2023;8:1.
673. Messman BA, Slavish DC, Briggs M, Ruggero CJ, Luft BJ, Kotov R. Daily Sleep-Stress Reactivity and Functional Impairment in World Trade Center Responders. *Ann Behav Med.* 2023;57(7):582-592.
674. Malmros RA. Prevention of terrorism, extremism and radicalisation in Sweden: a sociological institutional perspective on development and change. *European Security.* 2022;31(2):289-312.
675. Singh SB, Zondi LM. Human Beings and Safety: The Role of Community Safety Structures in the Fight Against Crime, Msinga Local Municipality, Dundee, South Africa. *Oriental Anthropologist.* 2020;20(1):10–32.

676. Dornquast C, Kroll LE, Neuhauser HK, Willich SN, Reinhold T, Busch MA. Regional Differences in the Prevalence of Cardiovascular Disease. *Dtsch Arztebl Int.* 2016;113(42):704-711.
677. Lin JG, Kotha P, Chen YH. Understandings of acupuncture application and mechanisms. *Am J Transl Res.* 2022;14(3):1469-1481.
678. Ahn AC, Wu J, Badger GJ, Hammerschlag R, Langevin HM. Electrical impedance along connective tissue planes associated with acupuncture meridians. *BMC Complement Altern Med.* 2005;5:10.
679. Iravani S, Cai L, Ha L, Zhou S, Shi C, Ma Y, Yao Q, Xu K, Zhao B. Moxibustion at 'Danzhong' (RN17) and 'Guanyuan' (RN4) for fatigue symptom in patients with depression: Study protocol clinical trial (SPIRIT Compliant). *Medicine (Baltimore).* 2020;99(7):e19197.
680. Goldman N, Chen M, Fujita T, Xu Q, Peng W, Liu W, Jensen TK, Pei Y, Wang F, Han X, Chen JF, Schnermann J, Takano T, Bekar L, Tieu K, Nedergaard M. Adenosine A1 receptors mediate local anti-nociceptive effects of acupuncture. *Nat Neurosci.* 2010;13(7):883-8.
681. Lin SS, Zhou B, Chen BJ, Jiang RT, Li B, Illes P, Semyanov A, Tang Y, Verkhratsky A. Electroacupuncture prevents astrocyte atrophy to alleviate depression. *Cell Death Dis.* 2023;14(5):343.
682. Tao J, Zheng Y, Liu W, Yang S, Huang J, Xue X, Shang G, Wang X, Lin R, Chen L. Electro-acupuncture at LI11 and ST36 acupoints exerts neuroprotective effects via reactive astrocyte proliferation after ischemia and reperfusion injury in rats. *Brain Res Bull.* 2016;120:14-24.
683. Oh JE, Kim SN. Anti-Inflammatory Effects of Acupuncture at ST36 Point: A Literature Review in Animal Studies. *Front Immunol.* 2022;12:813748.
684. Wu T, Kou J, Li X, Diwu Y, Li Y, Cao DY, Wang R. Electroacupuncture alleviates traumatic brain injury by inhibiting autophagy via increasing IL-10 production and blocking the AMPK/mTOR signaling pathway in rats. *Metab Brain Dis.* 2023;38(3):921-932.
685. Wang W, Chen C, Wang Q, Ma JG, Li YS, Guan Z, Wang R, Chen X. Electroacupuncture pretreatment preserves telomerase reverse transcriptase function and alleviates postoperative cognitive dysfunction by suppressing oxidative stress and neuroinflammation in aged mice. *CNS Neurosci Ther.* 2024;30(2):e14373.
686. Yang Y, Deng P, Si Y, Xu H, Zhang J, Sun H. Acupuncture at GV20 and ST36 Improves the Recovery of Behavioral Activity in Rats Subjected to Cerebral Ischemia/Reperfusion Injury. *Front Behav Neurosci.* 2022;16:909512.
687. Yang X, Xiong X, Yang G, Wang J. Effectiveness of Stimulation of Acupoint KI 1 by Artemisia vulgaris (Moxa) for the Treatment of Essential Hypertension: A

Systematic Review of Randomized Controlled Trials. *Evid Based Complement Alternat Med.* 2014;2014:187484.
688. Yu J, Jiang Y, Tu M, Liao B, Fang J. Investigating Prescriptions and Mechanisms of Acupuncture for Chronic Stable Angina Pectoris: An Association Rule Mining and Network Analysis Study. *Evid Based Complement Alternat Med.* 2020;2020:1931839.
689. Zhang X, Qiu H, Li C, Cai P, Qi F. The positive role of traditional Chinese medicine as an adjunctive therapy for cancer. *Biosci Trends.* 2021;15(5):283-298.
690. Verma N, Rastogi S, Chia YC, Siddique S, Turana Y, Cheng HM, Sogunuru GP, Tay JC, Teo BW, Wang TD, Tsoi KKF, Kario K. Non-pharmacological management of hypertension. *J Clin Hypertens (Greenwich).* 2021;23(7):1275-1283.
691. Pavão TS, Vianna P, Pillat MM, Machado AB, Bauer ME. Acupuncture is effective to attenuate stress and stimulate lymphocyte proliferation in the elderly. *Neurosci Lett.* 2010;484(1):47-50.
692. Loizzo JJ, Blackhall LJ, Rapgay L. *Ann NY Acad Sci.* 2009;1172(1):218-30.
693. von Haehling S, Qusar N, Gawaz M, Bigalke B. *Clin Res Cardiol.* 2012;101:Suppl 1,P1695.
694. von Haehling S, Stellos K, Qusar N, Gawaz M, Bigalke B. *Int J Cardiol.* 2013;168(2):1509-15.
695. Li K, Zhang Q, Cai H, He R, Nima Q, Li Y, Suolang D, Cidan Z, Wangqing P, Zhao X, Li J, Liu Q. *Front Nutr.* 2022;9:888317.
696. Göring HD. Patient Goethe – A Pathography. *Akt Dermatol.* 2012;38:183-186.
697. Ajdžanović VZ, Šošić-Jurjević BT, Ranin JT, Filipović BR. Biologia Futura: does the aging process contribute to the relativity of time? *Biol Futur.* 2023;74(1-2):137-143.
698. Andrade FR, Antunes JLF. Time and memory in time series analysis. *Epidemiol Serv Saude.* 2023;32(1):e2022867.
699. Kokalj Ž, Džeroski S, Šprajc I, Štajdohar J, Draksler A, Somrak M. Origins of Mesoamerican astronomy and calendar: Evidence from the Olmec and Maya regions. *Sci Data.* 2023;10(1):558.
700. Hatchell C. In: Naked Seeing: The Great Perfection, the Wheel of Time, and Visionary Buddhism in Renaissance Tibet. *Oxford: Oxford University Press.* 2014:1-496.
701. Castillo M. Thinking in different directions. *AJNR Am J Neuroradiol.* 2014;35(4):615-6.
702. Jaffe A. The illusion of time. *Nature.* 2018;556(7701):304-305.
703. Davis D. Kampf der Titanen ("Clash of the Titans"). [Film] *Metro-Goldwyn-Mayer Studios, Inc. Beverly Hills, CA, USA.* 1981;01h:50m:13s-01h:50m:28s